Johann Gottlieb Wizler

Fränkische ökonomisch- landwirtschaftliche Mannigfaltigkeiten

Erster Band

Johann Gottlieb Wizler

Fränkische ökonomisch- landwirtschaftliche Mannigfaltigkeiten
Erster Band

ISBN/EAN: 9783741170843

Hergestellt in Europa, USA, Kanada, Australien, Japan

Cover: Foto ©knipser5 / pixelio.de

Manufactured and distributed by brebook publishing software
(www.brebook.com)

Johann Gottlieb Wizler

Fränkische ökonomisch- landwirtschaftliche Mannigfaltigkeiten

Johann Gottlieb Wizler

Fränkische ökonomisch- landwirtschaftliche Mannigfaltigkeiten

Fränkische
ökonomisch-landwirthschaftliche
Mannichfaltigkeiten.

Mit Kupfern und Tabellen.

Erster Band.
Nebst einem vollständigen Register.

Schwabach,
Gedruckt und verlegt von Johann Gottlieb Mizler, Hochfürstl. Brandenb. gnädigst privil. Buchdrucker.

Register
über die sechs Stücke des ersten Bandes,
wobey zu bemerken ist, daß durch die Römische Zahl, die Zahl eines Stückes,
und durch die Ziffer die Seite des Stückes angezeiget wird.

Klee

Nachricht für den Buchbinder.

1. Das Kupfer, welches den Riß eines Kornmagazins vorstellet, gehört zu dem britten Stück zwischen die 30. und 31ste Seite.

2. Die TABELLE über alle in der Orts Markung u. s. w. ist in dem vierten Stück zwischen die Seiten 10 und 11 zu heften.

Fränkische
oekonomisch = landwirthschaftliche
Mannichfaltigkeiten.

des
Erften Bandes
Erftes Stuck.

Schwabach,
Gedruckt und verlegt von Johann Gottlieb Mizler, Hochfürstl. privil. Buchdrucker.
1 7 7 7.

Mancherley Nachrichten.

Die Höhe des Menschlichen Cörpers, theilet man in X Gesichts-Längen, oder Theile.

So weit bey 2. ausgestreckten Armen, die äußersten Finger von einander stehen, so lang ist auch der Mensch.

Und welcher 5 Schuh, 6 Zoll lang ist, wiegt gemeiniglich 140 Pfund.

Im Sommer wiegt ein gesunder Cörper gegen 3 Pf. weniger als im Winter.

Ein neugebohrnes Kind wiegt 5 bis 8 Pf.

Bey Kindern schlägt der Puls, in einer Minute, 115 mahl,
* erwachsenen 80 mahl,
* alten 70 mahl.

Das Pulver soll erfunden worden seyn Ao. 1351.

Die Buchdrucker Kunst wurde erfunden Ao. 1436. und gleich darauf die Schwabacher Schrifft.

Das Sächsische Porcelain, seit Ao. 1702.

Die zu Bruckberg etablirte feine Porcelain-Fabrique, Ao. 1767.

Die Posten sind in Teutschland errichtet worden Ao. 1641.

Die eichenen Säg-Spähne zum Gerben, statt des Lohes zu gebrauchen, wurden in Engeland erfunden Ao. 1765.

Die Sonnenhitze bringt nicht über 2 Schuhe in die Erde,

Und die Kälte auch nicht über 2 Schuh, ingleichen der Regen.

18 Pf. Torff geben so viel Hitze als 16 Pf. Buchenholz und 10 Pf. Steinkohlen noch mehr.

Zu einem Bett von Eiderdun, das 5 Schuh lang ist, werden nur 3 Pf. Eiderdun erfordert.

A 2   Das

Das teutsche Apothecken-Gewicht hat 12 Unzen, oder 24 Loth.

Das teutsche Gold-und Silbergewicht, hat nach der Cölnischen Marck, 8 Unzen, oder 16 Loth. Nach den Richtpfenning wird die Marck in 65536 Theile dividirt.

67 Ducaten müssen eine Cölnische Marck wägen.

1 Französische alte Louisd'or hält 21. Karat, 10 Gran Gold, und gehen 35 St. auf die Marck.

1 Französische neue Louisd'or, soll 22 Karat fein Gold halten, und 30 Stuck auf die Marck gehen.

1 Carolin muß 3 Gold-Gulden, ⎫ am Gewicht
1 Maxd'or 2 Gold-Gulden ⎭ haben.

72 Gold-Gulden, thun 1 Cöln. Marck.

1 Marck Silber, hält nach der Probierwaag, 16 Loth oder 288 Grän, 1 Loth bestehet aus 18 Grän.

In Holland und Frankreich, bedienet man sich des Troischen Gewichts, welches schwehrer ist, dann 19 Marck Troisch, thun 20 Marck Cölnisch.

1 Marck fein Gold hat 24 Karat und der Karat 12 Gräne.

Das Gold verhält sich in der Proportion gegen das Silber, wie 1 zu 13⅓.

Den Werth der Geld-Sorten, siehe unten.

In Deutschland wird verarbeitet, das Gold zu 18 Karat. Das Silber zu 13 Loth.

Die silbernen Dresen aber, sollen 15 Loth, 3 Quint, 2 Pf. sein halten.

Von den Edelgesteinen.

Die vornehmsten Diamant-Gruben, sind in den Staaten des großen Moguls, in dem Königreich Golconda. Der Diamant wird nach Karat und Grän, verkaufft.

Der Rubin ist, nach dem Diamant, der härteste Edelstein. 1 Karat kostet 8 Thaler. 2 Karat 40 Thaler. 2c.

Der Orientalische Saphir, ist Himmelblau.

Der Topase ist Goldgelb mit etwas grün vermischt.

Der Smaragd aus Orient, hat ein lebhaftes Grün. 1 Karat kostet 1 Thaler.

Der Krysolith und Krysopeß, ist gelb mit grün vermischt.

Der Ametist, ist violet.

Der Gronat, ist dunkelroth.

Der Hyacinth, hat ein ins gelb fallendes Roth.

Der Berill, hat eine Meergrüne Farbe.

Perlen, die orientalischen sind die besten. 1 Unze Staub Perlen, gilt 1 Thaler 12 Ggr. Durchborthe, die Unze 3 Thaler 12 Gr. Größere, die Unze 6 Thlr., 7 und mehr Thlr. Baroque Perlen, 500. auf 1 Unze, 10 Thaler.

Ein

Ein paar seidene Manns-Strümpfe sollen 3 Unzen, die Weiber-Strümpfe 2 Unzen wägen.

Ein guter Bienenschwarm wiegt 6 Pf., ein dergleichen Schwarm giebt 2½ Pf. Wachs und 25 biß 30 Pf. Honig. Alle Herrn Geistliche und Schuldiener, sollten sich ein Geschäfft aus der Bienen-Zucht machen.

Die geometrische Ruthe, wird in 10 Schuh, der Schuh in 10 Zoll eingetheilet, und heißt die Decimal-Ruthe.

Die Rhein-Ländische oder Fränkische Ruthe, hat 12 Schuh, und der Schuh 12 Zoll.

Ein Morgen oder Tagwerk, hat 360 Ruthen, im Obern-Franken; hingegen 1 Morgen im Unterland, nur 180 Ruthen.

Eine Hufe Lands, sind 24 biß 30 Morgen.

1. Nürnberger Sra. hat 16 Mezen, und der Mezen 16 Maas.

1 Nürnberger Sra. Kern oder Waizen, hat Ao. 1767. gewogen, 476. Pf.

1 Sra. Korn, 480 Pf.

1 Sra. Gersten, 800 Pf.

1 Hohenlohisches Simri ist so viel als 1 Nürnberger Mezen.

1 Claffter Holz hält 5½ Schuh in der Weite und Höhe, die Scheidlänge ist 3½ Schuh.

1 Juder Wein, hält 12 Eymer, diese sind in Franken sehr unterschieden.

1 Rhein. Stuck, hält gemeiniglich 13 Eymer.

1 Mosel Stuck, nur 12 Eymer.

1 Französische Meile, macht ½ teutsche.

1 Englische Meile macht 1⁄11 teutsche.

General-Regeln bey der Landwirthschafft.

1.) Es solte in jedem Amt ein Mann seyn, der auf den Feldbau, Wiesen Nutzung, und die Bienenzucht Achtung gäbe, und diejenigen, welche sich darauf mit Nutzen befleisigten, öffentlich zur Nachfolge anzeigte.

2) Die Frühlingshuth auf den Wiesen, wäre vollends abzustellen, wie es schon in vielen Orten geschehen: ingleichen wo es thunlich

3) Alle Herbstwiesen in Öhmetwiesen zu verwandeln.

4) Alle taugliche Huthwäsen zu hegen und zu Wiesen zu machen, sodann unter die Inwohner, nach den Gemeinrechten, zu vertheilen, jedoch das ein ganzer Bauer 2, ein Halbbauer oder Guthsbezieher aber 1 Theil davon bekäme: Tropfhäusler die nur Wasser und Weyde genießen, haben hieran keinen Theil.

5) An allen Orten sollen die Kuppelhuthschafften mit Benachbarten abgeschafft, und jeder Gemeinde ihr Antheil, nach den Gemeind-Rechten, zugetheilet werden.

6) In jeden Amt wäre die Einrichtung zu machen, daß alle Aecker und Wiesen

beschrieben

beschrieben und bey entstehenden Wetterschaden oder Ueberschwemmung, der Schaden nach den Morgen erseßet würde, so wie es bey der Brand-Assecurations-Societät geschiehet.

7) Da die Schweinszucht einen grossen Theil der Nahrung des Landmanns ausmacht, so wäre solche überal besser einzuführen. Jeder Bauer, Müller und Beck müste eine Schweinsmutter halten; wer den Sommer über am meisten junge Schweinlein ziehet, oder erlanget, solte 1 Ducaten aus der Gemeind-Cassa bekommen, hingegen jeder Gemeiner, so eine fremde, nehmlich Böhmische oder Bayrische Sau von den Schweintreibern kauft, solle davor 10 kr. in die Gemeind-Cassa bezahlen.

8) So wie die Gemeind-Wiesen und Waasen unter die Gemeind-Theilhabere zu vertheilen nüßlich, so wäre auch

9) Ein gleiches mit denen Gemeinhölßern zu beobachten. Dann jeder siehet auf das, was ihm eigen gehöret, mehr, und cultiviert es besser, als was res communitatis ist. Dem Mißbrauch kan durch die Forstbediente gesteuert werden, wann selbige alle Jahr nicht mehr zu hauen erlauben, als was der Wald Forstmäßig erträgt.

10) In den Dörffern sollen keine andere Handwerker als Schmidt und Wagner, in den Städten aber keine Bauern seyn.

11) In jeden Orts Markung sollen die Strassen in bessern Stand erhalten werden; jeder soll, wie in Holland und Schweden, nach der Anzahl seiner besißenden Morgen Landes, seine Anzahl Ruthen, nach den Numern in guten Stand erhalten, und wo sich bey der Visitation ein Mangel erfindet, die Reparation von Dorfsherrschafft wegen, auf seine Kosten geschehen, wann sich nehmlich erfindet, daß zwischen 10 und 15 der Weg böß, so muß nach dem Flurbuch Cajus oder Mevius solchen District machen, und man weiß auch gleich, wer in mora verßret.

Ueberhaupt wäre im Fränkischen Crayß, bey den vielerley Herrschafften, und mancherley Unterthanen, da immer ein Theil auf den andern jaloux ist, und einen Eingriff seiner vermeintlichen Jurium besorget, nöthig und gut, wann solche gemeinnüßliche Dinge, als a) die reparation der Strassen, b) die Abtheilung der Kuppelhuthen c) die Veränderung der Herbst-in Ohmetwiesen, d) die Abtheilung der Gemeind-Wiesen, dann dergleichen Güter und Hölzer, als eine Policeymäßige Crayßsache in deliberation genommen und einmüthige Schlüße gefaßt, alle besorgliche præjudize abgewendet, dagegen das gemeine Beste der Unterthanen besorgt würde. Die Herrschafften profitiren per indirectum allemahl davon.

Special-Regeln, die Landes-Oeconomie betreffend.

1. Vom Bauwesen.

1) Es soll kein Hauß oder Scheuer mehr auf blosen Erdboden gesetzt, sondern allemal eine Grund-Mauer 1½ Schuh in- und 1½ Schuh auffer dem Boden geführt, sodann erst die Schwellen drauf gelegt werden.

2) In jedem Ort sind statt der vielen nur 1 oder 2 Backöfen zu bauen, um vieles Holz und andere Kosten zu ersparen, dergleichen Einrichtung haben in Franken schon viele Ortschafften gemacht.

3) Ungebrannte Backenstein von den Zieglern zu kauffen, und unterm Dach zu verwahren, welche wie die Egyptische, zu allem Gemäuer im Hauß, wo sie dem Wetter nicht exponirt sind, zu gebrauchen, und nur ⅓ so viel als die Gebrannten kosten.

4) Hirten- und Brechhäuser, Wagenschüpfen, sind nur von Leimen, Strohquecken, und Geschlier zu bauen, weil es viel wohlfeiler ist und treflich hält.

5) Keine hölzerne Schwellen sind auf den blosen Erdboden zu legen, oder solche nur schlecht zu untermauern, sondern wenigstens ein Grund-Mäuerlein eines Schuhes hoch vorher aufzumauern, und dann erst die Schwellen darauf zu legen, sonst verfault das Gebälk in wenig Jahren.

6) Die Köpfe der Balken an Häußern, Brunnentrög, Latten-Zaun, Dachrinnen, sind mit warmen Theer zu bestreichen, es erhält sie vor aller Fäulnis; das Pfund kostet in Croaßheim nur 3 kr.

7) An statt der kostbaren Bretter wären die Stuben und Kammern auch Böden mit Estrig, nehmlich Laimen, etwas ungelöschten Kalch, gestoßenem Ziegelmehl, Ochsenblut, und Urin, zu belegen.

8) Statt der kostbaren Ziegeldächer, dergleichen von Stroh und Laimen zu machen und frische Quacken von den Aeckern darunter zu mischen; sie machen im Winter warm und im Sommer kühl auf den Böden. Dächer von Rohr und Schilf sind noch besser.

9) Wann ein Schloth brennend wird, so zündet man einige Ehlen lange Schwefelfäden auf den Heerd an, es wird das Feuer im Schloth so gleich auslöschen.

10) Die Hofraite und Bauernhöfe statt der kostbaren Stickzäume mit Wänden von Laimen, Stroh, Quecken, welche in den Laimen zutreten, damit zu machen und außen mit einem Sprezwurf von Kalch zu bedecken.

11) Die Ratten in Häußern zu vertreiben, nimmt man Filz von alten Hüthen, schneidet solche in ganz kleine Stücklein, nicht größer als Erbsen, bestreue solche mit Zucker und Habermehl, so werden die Ratten solche freßen und alle crepiren.

12) Daß

12) Daß die Backensteine leicht werden, und weniger Holz im Brennen kosten, soll der Ziegler in die Mitte ein Loch machen, auch Zoll dicke Stäbe in solche stecken, und wann sie trocken, wieder herausziehen, so werden sie leicht und im mauren der Mörtel sich besser hinein legen, folglich festere Mauern geben; man meliet auch Spreuer und Lohe unter den Laimen.

13) An den Bauernhäusern sollen wenig Thüren und kleine Fenster seyn, auch diese nicht über 1½ Schuh hoch und weit : Man ersparet den Glaser und öftere Reparation; ist auch wärmer.   Dagegen sollen

14) In allen Stuben oben an der Decke, Luftlöcher 1 Zoll weit und 3 hoch gemacht werden, daß alle ungesunde Luft sich hinaus ziehe.

15) In die Schlöthe soll man keine hölzerne Stecken zum Fleisch aufhängen einmauren, weil diese leicht in Brand gerathen und grofen Schaden verursachen, sondern eiserne Stäbe dazu nehmen.

16) Das Holz an den Häußern, item Wände und Bettstatten, mit Vitriol-Wasser bestrichen, bewahrt es vor der Fäulnis und vertreibt die Wanzen.

17) Ziegeldächer zu verkröten, daß weder Wind, Schnee noch Regen hinein dringe : Man nimmt Flachs- oder Hanfeichel, welche abfallen, wann solcher gebrochen wird, trischt solche ganz klein, siebet sie durch ein klares Sieb, ferner nimmt man Töpfe oder Häfnerthon, läßt ihn trocken und klein schlagen, alsdann ebenfalls durch ein klares Sieb laufen, dann ⅔ Laimen und ⅓ Flachseichel genommen, mit ersten einen starken Teig gemacht und die Fugen der Ziegel zwischen den Latten damit bestrichen, dienet treflich; die Latten dörfen aber nicht mehr als 7 höchstens 8 Zoll von-einander liegen.

18) Zu einem guten Mörtel werden erfordert, 1 Theil Kalch, 2 Theil Fluß-Sand. Der schwarze wird mit Sand, der weiße aber mit Wasser gelöscht, und erfordert 1 Theil Kalch 2 Theil Wasser, daraus werden hernach 2 Mlt. Kalch.

19) Zu einer Klaffter Backstein Mauer, 6 Schuh weit und hoch, 1 Schuh dick, rechnet man 1 Mlt. Kalch, und 300 Backstein; Arbeitslohn 30 Kr.   Zu einer Klaffter Mauer von rauhen Brocken werden erfordert : 2 Mlt. Kalch und 2½ Fuhr Bro-cken Steine; Arbeitslohn 36 Kr. Not. Das Malter, womit der Kalch zu messen, ist 2 Schuh hoch und weit.

20) Ein Mlt. Kalch kostet den Ziegler zu stehen mit allen Kosten, auf 10 Kr. und er ver-kauft es vor 20 biß 24 Kr.

21) Die Kirchenthürne sollten nicht mehr so hoch gebaut und die Ziegel alle glaßürt werden, so würden sie noch zweymal so lang dauern.

22) Da bekanntlich im Anspachischen zu Roth und bey Crailßheim besondere Schneid-mühlen angerichtet worden, wo Bäume von 40 Schuh lang zu allen Sorten Bau-hölzern mit grofer Menage geschnitten werden können, massen 4 mahl so viel Holz dadurch erlängt, als was sonst von den Zimmerleuten in die Spähn gehauen wird; so sollte das zur Holzmenage so nützliche Werk aller Orten eingeführet werden.

23) Alle Landleute solten wild und zahme Bäume um ihre Häußer und Scheuern setzen, sie dienen vor Sturm und Regen, auch bey entstehenden Brand haben sie ihren Nutzen.

Ausserordentliches Mittel, zu Vermehrung des Getraids und Fütterung.

Eine Materie, die in Ermanglung des Viehdungs, sowohl Getraid als Graß, ungemein befördert, ist bisher in der Land-Oeconomie sehr gewünschet worden.

Daß der Mergel eine grosse Fruchtbarkeit zuwegen gebracht, hat zwar seine Richtigkeit: Das Tungen mit Kalch, ist zwar in dem Leipziger Intelligenzblatt 1766. p. 348. bis 359. umständlich beschrieben, allein diß, was wir jetzt als ein Geheimnuß eröffnen wollen, ist weit besser.

Ein gewisser Herr Geistlicher in unserm Frankenland, der durch seine öconomische Preiß-Schriften und Erfahrungen, so bekannt als berühmt ist, hat ein Mittel der Fruchtbarkeit zuwege gebracht, wodurch das Wachsthum des Grases sowohl, als des Getraydes, ungemein befördert, und welches sowohl in der Pfalz, als in dem Hohenloischen und Rotenburgischen schon etliche Jahr, mit grossem Nutzen, gebraucht wird. In dem Marggrafthum Anspach, und zwar in der Gegend um Crailsheim, befindet sich viel Gipßstein, dieser wann er gar klein gestampft, oder gestossen, den Winter über ins trockene und unter Dach gebracht, mit etwas Holzaschen, oder ausgelauchten Vitriol-Schiefer vermischt, und den Saamen des Winterbaues, oder im Frühling bey regnerischer Zeit, auf die magerste trockene Wieße gestreuet wird, bringt bey jenem eine ungemeine Vermehrung des Getraydes von allerley Art, und bey diesen, den besten Klee, in ungleich grosser Menge. An spröden und steinigten Rungen, würket dieser vermischte Gipß, Klee zu 3 Schuh hoch, und dauert 16 verschiedene Jahre. Man erspahret all andern Thung damit, und der Landmann wird dadurch in den Stand gesetzt, viel mehr Vieh zu halten, welches den Nutzen in der Zucht, Milch, Schmalz und Thung reichlich vermehret. Alle künstliche Arten den Feldbau und Wießwachs zu vermehren, sind nichts, gegen dieses wohlfeile und simple Mittel. Auf einen Morgen Lands von 360 Ruthen, streut man 8 bis 10 Metzen, deren 16 ein Nürnberger Sea. thun; man ist im Begriff eine Quantität dieser Gipßthung Materie in Crailsheim, verfertigen zu lassen, und sodann Männiglich zu verkaufen, folglich den Nutzen in Franken allgemein zu machen. Liebhaber können sich dißfalls, an den Verfasser dieses oekonomischen Calenders, abdressiren, und alle Willfährigkeit gewärtigen.

Das Mees obiger Materie, kan in Crailsheim, vor 20 kr. verschafft werden: eine einzige Probe von etlichen Metzen, die der vernünftige Bauers- oder Landmann damit macht, wird ihm der Wahrheit davon überzeugen, und der Erfolg alle witrige Vorurtheile künftig bereiten.

B   Nach-

Nachricht von dem Kleebau im Durlachischen.

Es gibt dreyerley Klee, nehmlich den Lucerner, 3 blätterigten, und Espercette.

Der erstere, nemlich der Lucerner erfodert einen guten lockern und nicht ausgemergelten Boden, und muß der Klee Acker den Winter ganz mit Thung überstreuet werden, so hat man sich alle Jahre eine reichliche Heu-Ernde des allerbesten Futters zu versprechen. Diese Gattung Klee dauert 7, 8 bis 10 Jahr, nachdem solcher einen convenablen Boden antrifft; nach der Hand wird der Boden wohl gebauet, und mit Früchten angeblümt, so wird solcher ohne Thungung vielmehr Früchten als vorher ertragen. Kan man allenfalls Salp-Aschen auf den Klee Acker ausstreuen, so bringt es einen doppelten Nutzen.

Auf einen Morgen zu 360 Ruthen muß man 30 bis 36 Pf. Saamen aussäen.

Mit den Flandrischen oder 3 blätterigten Klee hat es eine ganz andere Beschaffenheit, dieser dauert nur 3 Jahr lang, er erfordert aber nur einen mittelmäßigen Boden, am besten ist derselbe zu nutzen, wenn man zu Anfang des Aprils 30 bis 36 Pf. dieses Saamens auf einen Morgen Acker säet, welcher mit Winter-Frucht angebauet ist, so gehet der Klee mit der Frucht auf, ohne daß man nöthig hat, solchen Saamen unterzulegen zu lassen. In der Ernde wird die Früchte wie gewöhnlich doch um eine Hand höher abgeschnitten, den Klee aber samt den Stoppeln lässet man noch etwa 14 Tag stehen, und alsdenn wird solcher, wann er sich etwas wieder aufgerichtet, mit samt den Stoppeln abgemähet, und als Heu eingeführet, welches ein herrliches Winter Futter giebt, wann es wie gewöhnlich auf den Stroh-Stuhl geschnitten wird. (Es darf aber auf diesen Kleeacker weder Rind noch Schaafvieh mehr gehütet werden.) Das zweyte Jahr kan dieser Klee wenigstens 3 bis 4 mal gemähet und grün gefüttert oder auch zu Heu gemachet werden. Von einen Morgen solchen Klees kan man sich wenigstens 12 Wägen Heu auch zum öfftern noch mehrers versprechen. Im dritten Jahr lässet dieser Klee wachs um ein gar merkliches nach, so daß derselbe nur einmahl im Junio abgemähet wird, wovon sich gegen 5 bis 6 Wägen Heu zu versprechen. Allein gleich nach dieser Heu Ernde wird der Acker umgebrochen, und den Sommer über etlichemal damit continuiret, sodann im Herbst mit Winter-Frucht angesäet, so wird solcher ungethunge weit mehr Früchte tragen als vorher, also daß man auf diese Art die Aecker ohne Thung verbessern kan. Ist der Acker das 3te Jahr nur mit Winter Frucht bebauet, so kan das Früh-Jahr darauf solcher wieder mit Klee auf den Saamen gesäet werden, und so fähret man alle 3 Jahr damit fort, man verlieret hierbey nichts als den Haber Bau, welcher aber durch das reichliche Futter doppelt ersetzet wird, man hat keine Brag und die Aecker werden nichts destoweniger nicht ausgemergelt, sondern vielmehr gebessert. Der Espercette auf teutsch Esper Klee wird mit vortrefflichen Nutzen an steinigten und abhängischen Rainen oder Anhöhen gebauet; dieser Boden ist vor solchen der beste, doch muß es kein weisser oder rother Kieß Boden seyn. Zu einem Morgen werden bis 24 Mez

Saa

Saamen erfordert und dieſer muß im Sept. ausgeſäet werden. Im erſten Jahr hat man, weilen die ſehr ſtark und tiefe Wurzeln ſich erſt vermehren müſſen, keinen gar zu groſſen Nutzen davon, jedoch bringet ſolches der nachherige Ertrag ziemlich herein. Das Gras ſo man ohngefähr 3 mahl abmähen kan, wann es zu blühen anfängt, iſt vor alles Vieh ein vortreffliches Futter, und man hat dabey wegen der Blähung des Viehes wie bey andern Klee nichts zubeſorgen. Der Lucerner Klee kan zwar im Herbſt, wann ein ſtarker Reif überfallen iſt, bey dem Vieh einigen Schaden verurſachen, er iſt aber bey weiten nicht ſo gefährlich als der 3 blätterigte oder Flanderiſche Klee, wann nemlich ſolcher dem Viehehender gegeben wird, bevor die Blüthe anfängt hervor zu kommen, ſo wird das Vieh, beſonders wann man ihm gleich darauf zu ſaufen gibt, dergeſtalten davon aufgeblähet, daß es binnen einer viertel Stund plätzet und todt darnieder fällt; dieſem Uebel aber iſt ſogleich dadurch abgeholfen, wann man dem Vieh im exuliirenden Fall, ein Trinckglas ſtarken Brandewein einſchüttet, und ihme auch ein Stück Butter oder Schmaltz ſo groß als ein ſtarkes Ey den Hals hinunter ſchiebet, ſo thut es ihnen keinen Schaden. Ich habe zuvor ehe ich dieſes Mittel wuſte, verſchiedene Stück Vieh eingebüſet, ſeitdeme aber alles geblähte Vieh durch ſolches Mittel glücklich gerettet.

Nota: Solcher Eſpercette dauert nach ſelbſtig gemachter Erfahrung bis 20 Jahr und ſchaft auf Gütern, wo es an benöthigten Futter mangelt, und man zum erſten erliegenden Thüngen kein Vieh erhalten kan, den gröſten Nutzen; ich wuſte dahero kein beſſeres Mittel als erwehnten Klee-Bau zu gebrauchen. Ich bin nach einer zejährigen angewendeten Mühe und gemachten vielen Proben endlich ſoweit gekommen, daß ich jetzo vor beſtändig 100 Morgen dergleichen Kleebau im Flor ſtehen habe; (Dieſe Morgen ſeynd nur 120 Ruthen gerechnet.) und damit wenigſtens 120 Stück Rindvieh, ohne meine Meyerey und Bau-Pferde, ſodann 350 Stück Schaaf unterhalte, daß ich alſo meine Revenüen um ein Triplum vermehret ſehe.

Von ermeldten Saamen ſind zu haben:

Lucerner Klee-Saamen das Pfund pro 24 kr.

Der blätterigte Klee das Pf. pro 15 kr.

Und das Durlacher Ster. Eſpercette, ſo eine Anſpachiſche Metzen beträgt, pro 1 fl. ohne die Transportkoſten.

Dieſe wahrhaffte Beſchreibung iſt von einem vornehmen Cavalier aus der Marg-grafſchaft Baden Durlach zu unſerer groſen Danknehmigkeit communiciret worden. Da nun der Viehſtand bey der Landes-Oeconomie der allernöthigſte iſt, dieſes aber ohne genugſame Fütterung bey ermangelnden genugſamen Wieſen nicht erhalten werden kan; ſo iſt nichts räthlicher, als daß der Landmann ſeinen Feldbau auf ſolche Art anſtelle und anfangs mit 1. Morgen die Probe mache; es wird gewiß niemand reuen. Ueberdiß iſt das Exempel der Bauern im Jigrund bekannt, und fehlt nichts, als daß jeder ausweiſen werde, ſolches auch in hieſiger Gegend nachzuahmen.

Ein

Eine andere gründliche Nachricht, wie der Kleebau in der Neckar-Gegend, besonders um Wimpfen, Kochendorff, Moßbach 2c. tractiret wird.

Die Art des Klees, den man allda anbauet, blühet roth, und mag wohl mit dem so genannten Nürnber, er Klee einerley seyn. Die Neckar-Maas Saamen ist in dortiger Gegend zu haben vor 40 kr. Zwey dergleichen Maas machen 5 Pfund Klee-saamen wohl gewogen.

Im Frühling, wann die Winter Getraid-Saamen grünen, und gelinde feuchte Witterung ist, säen die Leute auf solchen Getraid-Saamen den Klee, der Acker mag mit Korn, Dinkel oder gemischter Frucht besäet seyn.

Wann das Getraid in der Erndte-Zeit geschnitten wird, und der Klee nach Unter-schied der Aecker und Jahreszeit lang oder kurz sich zeiget, so wird das Getraide über den Klee weggeschnitten, und die Stupfel darinnen gelassen, iedoch vor der Schaaf- und Rindvieh-Huth geheget.

Nach Unterschied guter oder schlechter Aecker und favorabler Witterung wird der Klee in 14. Tagen oder 3. Wochen abgemähet und zu Winter-Frucht gemachet, mit der Huth aber darf er nicht besuchet werden.

Zeitlich im Herbst wird der Klee mit langem Dung bedecket, und entweder sogleich mit Salzbötzig besäet, oder

Es geschiehet letzteres erst in dem künftigen Frühejahr, wann der Dung abgerechet wird, theils die es daran wenden wollen, besäen ihn mit Halbbötzig im Herbst, und geben im Frühjing noch etwas zu.

Dieses ganze Jahr über, nehmlich im Sommer-Bau bleibet der Klee, und wird 4. auch 5. mahl sowohl zur Größerey als zu Heu genutzet. Wann er mit dem Salz-bötzig nicht verkürtzet wird, wächst er Tisch hoch.

Will man ihn zu Heu machen, so wird er gemähet, wann er in der vollen Blüt ste-het, ordentlich geleget, daß er auf der obern Seite wohl dürr wird; dann umgewendet, und auch auf der andern Seite gedörret. Ist er wohl dürr, so wird er entweder zu Früh oder zu Abends, wann er wieder etwas feuchte angezogen, auf Büschel gebunden, zu-sammen, und aufeinander geleget, daß ihn die Luft durchdringen und wieder trocken ge-nug machen kan.

Kommet der Herbst wieder, so wird er zum andern mahl wieder also gedungt und mit Salzbötzig besorget wie das erste mahl.

So auch den Frühling darauf, wann der Acker in den Brag-Fluhr kommet, wie das vorige mahl tractiret.

In der Brag wird der Acker wiederum 2. bis 3. mahl mit Klee benutzet, gegen Derith somahl aber wiederum nach Erforderung bearbeitet, und mit Winter-Frucht be-säet, ohne weitere Dungung.

Alt-

Alle Inwohner behaupten einmüthig, daß das Getraid auf solchen Aeckern alsdann viel stärker wachse als auf andern, und sogleich vom Ansehen unterschieden werden könnten, als wenn sie gepferchet wären.

Das Salzbötzig mag hierbey zwar ein Hauptrequisitum seyn, weil es auf allen
Feldern gut und schlechten getrieben wird, und mögte sich, wo dergleichen nicht zu haben
ein Surrogatum ausfindig machen lassen, welches in dem Geheimnus des Crailshei-
mer Gips und dessen Anschwängerung bestehet.

Dadurch also, daß man keine Brach mehr nöthig hat, sondern den Acker alle Jahr
bauen kan, benutzet man denselben um ⅓ mehr, und der Viehstand vermehrt sich durch
die erlangende mehrere Fütterung auch um so viel, mithin ist Herrschaften und Unterthanen daran gelegen, die Sache mit Ernste anzugreiffen, und allen widrigen Einstreuun-
gen, nachdrücklich zu begegnen.

Vom Wießwachs überhaupt.

1.) Viele Wiesen tragen nichts als Spitzgras, Federn, Krändel und dergleichen un-
nütz Zeug, welches daher kommt, weil der Boden, naß, kalt, oder keine bessere
Graswurzeln allda befindlich, so müsten solche Wiesen umgerissen, kreutzweiß geegt,
gewalzt und dann mit Lucern, Esparcette, Reygraß, Schneckenklee, besaamt
werden, so bekommt man bessres und noch so viel Futter.

2) Viele Huthwäsen sind auf solche Art trefflich zunutzen, wenn das erste mahl Haber
oder Gersten mit untergesäet wird. Ingleichen

3) Die Gemeinschaftliche Hüttungen, Koppelwarden, unter den Gemeinden abzu-
theilen, daß jede ihren Antheil behalten und genießen könne.

4) Wer zu viel oder entlegene Aecker hat, soll sie mit Klee und Futter-Kräutern anbauen, und solche von der Gemeind gehegt werden.

5) Die Frühl nach-Wiesen Huth ist dem Graswachs schädlich, und also zu unterlassen,
weil das Vieh sich gerne niglich krank daran frißt, auch den Wachsthum verhindert.

6) Dagegen die taugliche Wiesen zu nutzbaren Wiesen zu machen.

7) Gips zerstossen und auf die Wiesen gestreuet, verschafft viel Gras.

8) Die Maulwürfe zu vertreiben, muß man in ihre Gänge lebendige Krebse stecken, so
werden sie alle entweichen. Oder welsche Nüsse mit den grünen Schaalen gesotten entzwey geschnitten und in die Löcher gestecket, vertreibt sie auch.

9) Ameisen zu vertreiben, muß man die Bücke abhauen, die Löcher ausgraben, Kalch
hinein thun und mit Erden einebnen.

10) Wann bey ermangelnden Sonnenschein das Heu oder Grummet nicht genug gedörrt werden kan, sondern etwas feucht eingebracht werden muß, darauf aber in der
Scheuren dampfig und schwarz wird, auch sich wohl gar entzündet; So müssen
dem vorzukommen, etliche Stangen in das Viertel oder Heustock bis auf den

We-

Boden gesteckt, und umgerüttelt werden, daß es Luft bekommt, sonst ist Schaden und grose Gefahr zu besorgen.

11) Wer Salz auf sein Heu und Grummet legw:is streuet, der verhindert die Anzündung und das Vieh wird solch Futter mit mehrerm Appetit fressen, auch bessern Nutzen geben.

12) Durch die Veränderung der Herbst-in Grumetwiesen, kan unglaublich viel mehr Fütterung erlangt und die Vehzucht ungemein verbessert werden.

13) Das schädliche Unkraut des Krenzels auf den Wiesen zu vertreiben, ist nichts bessers als gestossenen Gips mit Viehurin vermischt darauf zu streuen; es vertreibet auch das Moos und bringet trefflich Gras dagegen.

14) Die sogenannte Rangeres, Burgunder Rüben, Turnips, welches alles einerley ist, geben die beste Fütterung sowohl Sommrs-als Winterszeit-vor alles Vieh, und kan auf allen Aeckern gepflanzt werden: Ein Morgen Lands trägt so viel, als 3. Tagwerk Wiesen an Fütterung geben. Das Vieh wird davon fett, gibt viel mehr Milch, und kan allen Landleuten nicht gnug angepriesen werden. Auf Verlangen kan man Saamen davon aus Franken verschaffen.

15) Von Veränderung der Herbst in Ohmetwiesen, dann Verwandlung der tauglichen Huthwäsen zu Wiesen, und deren Vertheilung unter die Einwohner, hat ein Hochlöbl. Magistrat zu Rothenburg andern zum Exempel, durch gedruckte Obrigkeitliche Verordnungen den sehr löbl. Anfang gemacht, und einige Orthschafften haben desswegen ihre Dankbarkeit darinn bezeigt, daß manche 45 bis 100 fl. in das neue Zucht-und Waisenhaus allda verehrt.

Daraus ersiehet man, daß es auch unter den Bauersleuten viele gibt, die es erkennen.

Vom Ackerbau und Verwahrung des Getrayds.

1) Es ist die gröste Nothwendigkeit. den Acker tiefer zu pflügen, oder wie man sagt, tiefer zu ackern, die alte ungegründete Meynung, man ackere nur den bösen Boden herauf, fahren zu lassen, sondern nur mit etlichen Beethen eine Prob zu machen, sodann

2) Erdäpfel, dergleichen Birn, welsche Rüben, Rangeres oder Burgunder Rüben, item Toback in i le Reurise zu bauen.

3) Wann das Getraid vom Feld eingeheimstet ist, solches in den Scheuren wohl austrocknen zu lassen, daß es nicht anlauft, auch das Viertel unten im Stock mit Erlenlaub bestreuet, welches die Mäuse vertreibt, hernach wann es getroschen, wird das Getraid anfänglich auf den Boden ganz dünn kaum ½ Schuh hoch geschüttet, daß es recht austrocknet, und wohl dörret, alsdann nach und nach etwas dicker aufgeschüttet, solches verhindert, daß weder der schwarz noch weise Wurm drein kommt, und wann solche schon auf dem Boden, so wird im Herbst frisch gepflockter Hopfen darauf ausgebreitet und getrocknet, so wird aller Wurm das künfftige Jahr vergehen. 4) Die

4) Die dem Ackerbau so schädliche Quäcken sollen durch enge eiserne Egen nach der Länge und Quere aufgeriffen, dann mit eisern Rechen vollends zusammen auf Haufen geleget, sodann nach Hauß getragen, rein ausgewaschen, kurz geflopft und dem Rind und Schwein Vieh unter dem Futter zu freffen gegeben werden.

5) Wann das Getrayd mit der Senfe abgemehet wird, so hat man groffen Vortheil gegen die Sichel.

6) Die fogenannte Ackerwerbel, welche auf Wiefen und Aeckern fo groffen Schaden thun, zu vertreiben: Muß man in dem Orth, wo man fie fpühret, daß fie Schaden thun, alte Töpfe oder Häfen in die Ackerfurchen dem Boden gleich, eingraben, so fallen fie drein und können ausgerottet werden.

7) Der Sibirifche Lein hat die nützliche Eigenschaft, daß folcher etliche Jahr dauert, darf mit der Sichel abgefchnitten und wie anderer Flachs geröftet werden, er wird wohl 2. Ehlen lang. Im Herbft thut man etwas Thung darauf und rechet im Frühling folchen wieder weg, so wird man den zten Flachs mit Vergnügen auf gehen fehen.

8) Von des Mergels groffen Nutzen, auf magern, fandigen und leichtmelbigen Aeckern, ift in unfern öconomifchen Nachrichten fchon erwehnet worden, und die es probiret, haben den grofen Nutzen erfahren. Daß folcher in unfern Franckenland faft überall zu haben fey, lehrt die Erfahrung, man darf nur in Hohlwegen, Wafferriffen, und fonft nachfehen, fo wird man deffen Laagen finden. Um zu wiffen, ob es wahrer Mergel fey, darf man nur 3. bis 4. Pfund an die Lufft legen, fo wird er in kurter Zeit in Grücken brechen, auch fich manchmal eine weife Rinde wie ein Reif anlegen. Wirft man ihn ins Kohlfeuer, fo wird er kniftern, als wann Salz hinein geworffen worden wäre. Oder lege ein Stücklein einer welfchen Nuß groß in ein Glas, fchütte kalt Waffer oder Efig drüber, daß er bedeckt ift, fo wird er brauffen und Blafen aufwerffen, fobann ganz zerfallen.

Der Mergel, fo auftrocknen, kiefiegt und leichten Aeckern etwa eines Zolls hoch ausgebreitet wird, verbindet fich mit dem leichten Sandboden, und verurfacht die Fruchtbarkeit auf 10 bis 12. Jahre. Auf ftarken fchweren und leimigten Boden taugt er nicht, weil fo'cher ohnedem veft ift, und zu viel binden würde. Auf den Wiefen fpühret man ebenfalls deffen trefflichften Nutzen. Da nun der Landmann öfters viel Aecker, aber wenig Vieh und Thung, wegen ermanglender Fütterung hat, fo follte er fich alle Mühe geben, diefe wohlfeile Thunguna zu gebrauchen. Mancher hat den Mergel unter feinem fchlechten Acker kaum etliche Schuh tief liegen, und weiß es nicht, machte er einen Graben, thäte den Mergel heraus, und füllte das Loch mit den obern fchlechten Boden ein, fo hätte er nicht nöthig, folchen anderwärts herbey zu führen. Mit dem Turbillifchen Erdbohrer, der in Anfpach gemacht wird, und den fich jede Gemeind anfchaffen follte, kan man in etlichen Stunden erfahren, ob und wie tief der Mergel liege, und was das Land 3. Schuh tief vor einen Erdboden habe. Kurz der Mergel ift die fettefte und früh barfte Thungung. 9) Nach

9) Nach der Erfahrung verschiedener Landwirthe, soll die Auswahl eines tüchtig und trockenen Saamen-Waitzens, nebst der Behutsamkeit, kein anderes als altes 2. jähriges Saamen-Getraid, wann solches vollkommen gewachsen und trocken heimgebracht auch sauber geputzt worden, das beste Mittel wider den Brand seyn.

10) Wann man das um Bamberg häufig auf den Aeckern wachsende Süßholz, auch hier herum bauen wollte, würde es guten Nutzen geben.

11) Vom Ackerbau erhalten wir das zum menschlichen Leben unentbehrliche Getrayd, da aber dieses alljährlich aus seinen bekannten Ursachen, wo nicht dem schwarzen doch dem weisen Wurm auf denen Getraydböden unterworfen ist; So wird das experimentirte Mittel vorgeschlagen. 1. Pf. Vitriol zu 10. Pf. Wasser zu vermischen und damit die Kornböden zu bespritzen, welches allen Wurm vertreiben werde. Das Pf. Vitriol kostet bekanntlich nur 9 bis 10 kr. und ist zu Crailsheim in Quantität zu haben. vid. Anspach. öconomische Nachrichten 1766. pag. 387.

Von der Vieh-Zucht.

1) Der Viehstand ist das nöthigste Stück im Haushalten und Feldbau, sowohl wegen der Nutzung als Arbeit, deßwegen jeder Haußwirth zu dessen Unterhaltung nach hinlänglichen Futter bedacht seyn solle.

2) Wie es aber gar viel auf die Art des Viehes, es seyen Pferd, Rind, Schaaf oder Schweine ankommt, also hat man im Marggrafthum Anspach längst vor schöne, tüchtig und ausländische Beschehler gesorgt. Bey dem übrigen Vieh ist nur zu beobachten, daß schönes grosses Vaselvieh durch die Gemeinden selbst angeschafft und solches keineswegs denen armen Hirten, wie gewöhnlich, übertragen werde.

3) Im Anspachischen hat ein vornehmer Cavallier, aus solch guter Absicht, eine Art Seidenböcke, welche alle Jahr geschoren, und davon das feinste Garn wie Seiden erlangt: item Schaafböcke oder Störe aus Angora mit grossen Kosten, angeschafft, und ist geneigt, diese Art Viehes, dessen Haar und Wolle die allerfeinste Zeuge abgeben, und wovon das Pfund Garn auf 8. Ehlen gewürket wird, im ganzen Land zu vermehren, wovon der Author dieses mehrere Nachricht geben kan.

4) Die Kälber, so man zuruck binden will, soll man länger saugen lassen.

5) Auch keine Ochsen-Kälber vor ½ Jahren schneiden.

6) Jeder Bauer, Müller und Beck sollte Schweinsmütter halten, und damit diese nicht finnig werden, soll man beständig ein Stück Eisen in den Trog legen, auch Farrenkraut, Angelica, Liebstöckelwurzel und solch Kraut.

7) In Rindviehställen soll man zwar alle Tage fleißig Stroh, Weyherstreu, Laub und Nadeln einstreuen, aber nur alle 8. bis 14. Tage ausmisten, es ist besser vor das Vieh und den Thung. Die Mistlätt soll tief und so beschaffen seyn, daß der Urin oder Odel aus dem Stall immediate in solche, nicht aber auf die Gassen lauffe.

8) Bur-

8) Burgunder Rüben oder Mangeres sollten alle Landwirthe anbauen, weil es ein trefflich Futter vor alles Vieh im Sommer und Winter ist. Saamen kan man in Stefft, auch in Anspach haben.

9) Auch Brennesseln sollen in Menge gebaut werden, weil sie klein gestossen, mit Kleyen, gelben Ruben und Hexeln, das Vieh, wann man ihm alle 3 Stund davon gibt, in 4. Wochen sett machen.

10) Maltz-Räumen und dergleichen Staub aus den Bräuhäusern ist auch sehr gut.

11) Vor die Fell in Augen bey Pferden und Fohlen, dienet folgendes Mittel: 1 Pf. ungelöschten Kalch, in ein Maas Brunnenwasser gethan, in einem neuen Topf gesotten, 3. Tag stehen gelassen, alsdenn auch ein Löschpapier, so nicht geleimt, filtriret, sofort 6 Loth dieses Wassers zu ½ Loth Grünspan und Salmiac, jedes in ein Glas gethan, so wird ein schönes blaues Wasser draus, solches streicht man dem Pferd des Tages etlichmahl mit einem subtilen Federlein in das mangelhafte Aug, worauf sich nach 8. Tagen das Fell verlieren wird.

Eine Stute trägt gemeiniglich				49. Wochen.
, Kuhe				40. ,
, Schaaf oder Ziege				21. ,
, Schweins Mutter			16. bis 18.	,
, Hund				9. ,
, Rehe				30. ,
, Haase				4. ,

Feder-Vieh brütet

Ein Schwan, Pfau, Truthenne				4. Wochen.
, Ente				3. ,
, Gemeine Henne, Rebhuhn				3. ,
, Fasan-Henne				4. ,
, Taube				3. ,

12) Da in manchen Jahren die Viehseuchen gantze Länder unglücklich machen, so sollten gantze Aemter zusammen stehen und eine Assecurations Societät errichten, mithin dergleichen grosses Unglück zu gleichen Bürden tragen, welches auch bey Wetterschlägen geschehen könnte. Dergleichen schon in denen Königl.

C   Preußi-

Preußischen Landen eingeführet seyn soll. Vid. Anspach. öconomische Nachrichten 1766. p. 257. ingleichen das Tractätlein vom redlichen Schäfer.

13) Weil dem Landmann räthlich ist, sich auch der Geflügel Zucht zu befleißigen, so dienet folgendes: Die jungen Pippen werden mit gehackten Brennesseln und Schnittlach, auch Waißen-Kleyen, gefüttert, müssen aber alle Tage frisch Wasser zu trinken haben.

14) Hüner Nester oder Körbe von Stroh sollen gegen Morgen stehen, der Boden mit Laimen bekleibet und mit Grommet belegt werden.

15) Schwarz und braune Hüner sind besser zur Zucht, als die weißen: Wann solche im Winter warm stehen und zuweilen fœnum græcum mit gerösteter Gersten bekommen, dann mit laulechten Wasser getränket werden, so legen sie viel Eyer.

16) Die Stangen, worauf die Hüner zu Nachts sitzen, sollen 3. Schuh vom Boden, schreg an der Wand stehen.

17) Einer Bruthenne werden 16. auch 20. Eyer unterlegt, die Hünlein, so am ersten ausschliefen, müssen der Henne weggethan und im Pelz verwahrt werden, biß sie alle ausgeschlossen, sonst verläßt die Bruthenne die Eyer.

18) Diejenigen Hüner, welche ihre Eyer ins Verborgene legen, bruten am besten.

19) Welche nicht bruten sollen, steckt man 24. Stund in einen finstern Ort, und gibt ihnen nichts zu fressen, so vergeht es ihnen.

20) Alles junge Geziefer muß vor Kält und Regen verwahret werden.

Von der Bienenzucht.

Da die Erzeugung des Wachs und Honigs von den Bienen manchem Landmann des Jahrs schon 50. bis 100. fl. erträgen hat, so meritirt es wohl, daß ein jeder sich darauf befleisige. Es sind zu dem Ende neuerlich schöne Bücher davon herausgekommen, als:

Der Fränkische Bienenmeister, item

Kurze Anweisung zur Bienenzucht.

Herrn Pfarrer Eyrichs Plan.

in welchen alles enthalten, was zu solcher Wissenschaft dienet.

Baum- und Garten-Gewächse.

1) Ein gut Baum-Wachs zu machen: Nimm 1. Pfund Rindsunschlit, 3. Loth Mastir oder Fichtenharz, 2. Loth Pech, ½ Pf. rothe Farb, alles warm geschmolzen, umgerühret und dann zum Gebrauch verwahret.

2) In jedem Kirchspiel wäre ein Baumgarten von ½ Morgen groß anzulegen, mit einem Zaun vor Hasen und Gewild zu verwahren, welche Nuß-Aepfel-Birn- und Zwetschgen-Kern hinein zu säen, eine Baumschule darinn zu ziehen, den jungen Purschen das Oculiren und Pelzen allda zu lernen, hochstämmige Bäume allda zu ziehen, und wann sie 6 Schuh hoch dann 2 Zoll dick, in die Gärten zu versetzen. Die Schulmeister könnten am besten davor sorgen, und den 10ten Stamm zum Lohn bekommen.

3) Wilde Castanien, Eicheln und Büchlein in die Wälder, wo die Stöcke ausgegraben werden, zu stecken und solch Holz nachzuziehen.

4) In den Gärten, an den Zäunen und Hecken, Hopfensechster einzulegen, und vor dem Unkraut zu verwahren, bringt so viel, daß mancher seinen Erbzinns vom Guth damit entrichten kan.

5) Siberischen Lein zum Flachsbau anzusäen, und bey der Landes-Oeconomie den Saamen zu verlangen.

6) Wann Gemeindwälder nach den Gemeindrechten vertheilt und jedem sein Loos zugetheilt wird, ist es viel nützlicher, ein guter Haußhalter siehet besser auf das Seinige, und ein böser darf nicht mehr hauen, als der Wildmeister forstmäßig erlaubt.

7) Auf sandige magere Aecker soll man Zwetschgen und Weichselbäume pflanzen, weil davon, wie in Franken, großer Nutzen zu ziehen ist.

8) Hopfen sollen alle Landwirthe an tauglichen Rangen auch an denen Gartenzäunen und Hecken pflanzen, und wann er ein Jahr wohlfeil ist, solchen, wann er wenig Tage auf den Böden abgeschwelkt, in Wein- oder alte braune Bierfässer thun, wohl einstampfen und zufrunden, so hält er sich etliche Jahr und behält alle balsamische Krafft. Wann er nun theurer wird, wie offt geschiehet, so kan solcher eben so wohl als der frische verkaufft werden.

9 Daß die Pflanzen von Collraben und Wärsching nicht kropficht werden, soll man ein Loch 4 Zoll tief und weit machen, die Pflanze hinein stecken, sodann das Loch mit Sand wohl ausfüllen, hernach die Pflanze öfters begiesen, so wird der Wurm, so den Kropf verursacht, wegbleiben.

10) Eine Hecke um Gärten zu ziehen, weil das Holzwerk zur Verzaunung immer rarer wird, ist nichts besseres, als der Weißdorn, oder Hagenbutten, auch

C 2   Hüfftig

Hüfftenkern, wann solche im Herbst, da sie reif, gesammlet, in der Luft getrocknet, und im Frühling nach der Linie alle 3 Zoll weit ein Kern gesteckt,
sodann vor dem Unkraut beständig gesäubert und wann die Pflanzen hervor
kommen, bey grosser Dürre etwas begossen werden.

11) Das Moos an den Bäumen wird vertrieben, wenn man selbige mit dem Kalch-
wasser besprenget.

12) Auch werden die Raupen vertrieben, wenn im May, Jun. und Julii bey
trockenen Nächten, da die Nachtvögel fliegen und ihre Eyer ansetzen, in den
Baumgärten ein Rauch gemacht wird.

13) Um frühzeitigen und starken Spargel zu bekommen, streue man bey angehenden Frost im Winter Gerberlohe 3 bis 4. Zoll hoch auf die Spargelbethe,
und im Frühling mit etwas Sand nach dem Umhacken besprengt.

14) Man solte mehr Kürbis anbauen, welche Nahrung vor Menschen und Vieh
geben, die Kerne aber zu Oehl geschlagen werden können.

15) An allen Seen und Weyhern auch Bächen soll der Landmann eine gute Art
Bandweyden stecken, ja ein jeder Wiesenbesitzer kan sich keine bessere Unter-
markung machen, als mit einer solchen einfachen Waydenzucht, es hat seinen
grossen Nutzen.

16) Nußbäume solten in Baumschulen gezogen, sodann nahe an die Häuser und
Scheuren gesetzt werden; es hat, wenn sie groß, mancherley Nutzen.

17) Wann ein Baum keine Früchte tragen will, soll man ihn an der Wurzel
anbohren und den überflüßigen Safft nehmen.

Forsteysachen.

Im Januario.

1) Wird Bau- und Brennholz gehauen, und

2) Bey gutem Winterweg aus dem Wald geführt ;

3) Von denen gefällten Ficht- und Forlbäumen sind die Küh oder Zapfen abpflücken zu lassen, damit solche im Sommer in einem an die Sonne gestellten
Kasten auffspringen und der Holzsame dadurch erlangt werde.

4) Es müssen aber solche Zapfen biß dahin an einen trockenen Ort aufgeschüttet,
manchmal mit einem Rechen umgerüttelt und vor der Feuchte verwahret
werden.

5) Wann

4) Wann das Holz gefällt zur Abfuhr gerichtet, muß man sorgen, daß keine neue Holzwege gemacht, auch keine Schwiffen oder Störz gehauen werden.

Im Februario.

Wird auch noch mit den Holzungen, Küh abpflücken, und Holzführen continuirt.

Im Martio.

1) Wann der Boden nicht mehr gefrohren, werden die Stöck heraus gethan und auf Klaffteern 6 Schuh hoch und weit gesetzt, von der Klaffter giebt man 1 fl. Grabelohn, auch an Theils Orten Keil, Hauen und Schaufel nebst Hebel dazu.

2) Ist der Fichten-Forl-und Tannensaamen zu besäen, auch mit jungen Buchen, Ahorn, Erlen, Linden und Weiden zu bepflanzen.

Im April.

1) Die Schläge durch Ausgrabung der Stöcke zu reinigen und solche Plätze mit Holzsaamen zu besäen.

2) Auf die Blüthe der wilden Bäume Acht zu geben, um wahrzunehmen, ob dieses Jahr der Holzsame gerathe?

3) Die abgestandenen Bäume vollends ausziehen und hauen zu lassen.

4) In den Forlwäldern wird jetzo durch Ausgrabung der alten Forststöcke der Anfang mit dem Theerbrennen gemacht. Im Amt Crailsheim werden des Jahrs biß 100 Centner gebrennt. Der Centner kostet 5 fl. Man schmauchet auch Kühnruß davon.

Im Majo.

1) Die ganz jungen Schläge mit Dornen zu bestecken, damit das Wild den jungen Stümpfen keinen Schaden durch das Abbeißen zufüge. Ein anderes Mittel ist: Man nehme ¼ Pf. alt Unschlit, ¼ Pf. alt Schmeer, ¼ Pf. zerriebenes Schießpulver, und für 5 kr. Teufelsdreck; lasse alles im Hafen auf einer Glut zergehen, tunke wollene kleine Flecklein drein, stecke sie an oben gespaltene kleine Steckelein, und stecke diese hie und da herum, wiederhole es den Sommer über ein paarmal, er wird spüren, daß weder roth noch schwarz Wildpret auf solchen Platz gehet. Es hilft auch auf Wiesen und Aeckern.

2) Sorge zu tragen, daß die sogenannten Maßen oder Birken nicht abgehauen, auch von den Hirten keine Rutzen geschnitten und denen Innwohnern beym

ersten

erſten Viehaustreiben verehrt, als wodurch jährlich viel 100. junge Stämmlein verderbt werden.

3) Das Vieh nicht in die jungen Schläge treiben zu laſſen.

4) Von denen Bäumen, welche künftig gehauen werden, kan man jetzo die Aeſte
zur Streu und Fütterung abputzen, auch das Harz abkratzen, durch verpflich-
tete Leute.

Im Junio.

1) Auf Pfingſten das Mayenſtecken nicht zu geſtatten.

2) Nicht in Wäldern graſen oder Hüten zu laſſen, wo junge Schläge ſind.

3) Keine jungen Eichen vor die Lebküchner als ein Zeichen des Meerhs hauen zu
laſſen, ſondern acht darauf zu geben.

4) Aus den Thannen werden jetzo Weinpfähle, Dachſchindeln, und dergleichen
Nutzholz gefertiget.

5) In dieſem Monat wird der Ulmenbaum-Saamen zeitig.

Im Julio.

1) An denen Foel- und Fichtbäumen, welche künftig in Hieb kommen oder wo
das Harz heraus bringt, kan ſolches abgekratzt und genutzt werden, doch daß
man keine junge und friſche Bäume antaſte.

2) Von denen folgendes Jahr umhauenden Laub und Nadelhölzern kan man jetzo
die Aeſte zu Streu und Fütterung wieder abnehmen.

3) Dieſen Monat wieder kein Vieh in die jungen Schläge treiben noch darinnen
graſen zu laſſen.

Im Auguſt.

Iſt eben dasjenige, wie im vorigen Monath zu beobachten.

Im September.

1) Nachzuſehen, ob es Gläckerig gibt, um ſich wegen Einſchlagung der Schwein
oder Verlehung der Eicheln, Büchlein ꝛc. darnach zu richten.

2) Die Thannen-Zapfen, wovon das vortreffliche Oehl gemacht wird, zu brechen und deßwegen die Saamentragende Bäume zu fällen.

Im

Im October.

1) Mit dem Hieb des Bau und Brennholzes anzufangen, bey den liegenden Bau-stämmen aber die Lupfen sogleich abzuhauen, damit der Safft desto eher zu-rück trette.

2) Auf die Holzhauer zu sehen, daß sie die schönen Schreibbäum und Säeg-Plöcke nicht zu Klaffterholz aufhauen.

3) So viel einer Klaffter-Holz hauet, der muß auch die Stöcke davon um Lohn gleichfalls heraus thun, ehe der junge Anflug nachkommt.

4) Den Holzsaamen auszusäen, Eichel und Büchlein zu stecken, auch die Pflanz-schulen damit zu versehen.

5) Junge Stämmlein aus solchen zu verpflanzen.

6) Das alte Gras in Schlägen ausrupfen zu lassen, damit der Holzsaame desto eher in die Erde falle.

Im November.

1) Bau und Brennholz fällen zu lassen.

2) Die Stöcke heraus zu thun.

3) Wann der Boden noch offen, Holzsaamen auf die Blössungen zu säen.

Im December.

1) Ist das Bau und Brennholzfällen, wann solches nicht zu hart gefrohren, wie im Januario fortzusetzen, und bey dem Winterweg aus dem Wald zu führen.

2) Die schädliche Schneebrücke zu verhindern, ist solcher von den jungen schwanken Bäumen abzuschütteln.

3) Das im Winter gesammlete Harz wird in einem darzu erbauten Ofen ausge-lassen und zweyerley Art Pech davon gemacht. Theils vor die Schuster, theils zu Verpichung der braunen Bier-Fässer. Der Centner kostet letzo 8 fl. — :

Jn unserm Frankenland wachsen folgende Hölzer:

a) Nadelhölzer.

1) Die Fichte

2) - Thanne.

3) - Lerchenbaum.

4) - Forl.

b) Laub-

b) **Laubhölzer.**

1) Ahorn.
2) Aspen.
3) Birken.
4) Buchen, nämlich die rothe und weiße.
5) Eichen.
6) Erlen.
7) Eschen.
8) Ulmen, oder Ormen.
9) Linden.
10) Weyden.

Not. Einiges hievon ist aus Herrn Beckmanns Forst=Calender genommen.

Bergwerkssachen.

Es zeigen sich bey dem einreissenden Holzmangel, hier und da Spuhren von Steinkohlen, Torf, auch Allaun und Vitriolschiefer, dergleichen schon an manchen Orten mit Nutzen entdeckt und Werke angerichtet worden. Man braucht solche Steinkohlen zum kochen, sieden, Ziegelbrennen, auch die Schmiede bedienen sich derselben mit grosser Fertigkeit und Nutzen.

In dem Marggrafthum Anspach sind deßwegen Privilegia ertheilt, nach welchen Jedermann, mit gewissen Conditionen, dergleichen Mineralien nachsuchen und solche Werke bauen darf.

Es ist auch bereits im Verwalter=Amt Sulz, dann zu Crailßheim, Steinkohlen, Allaun, und Vitriol=Schiefer in Menge gefunden, auch Sudhäuser angerichtet worden. Der Ctr. ist allda vor 12. fl. biß 15 fl. zu haben. Weil man nicht weniger viel Schwefelkieß dabey gefunden, und Proben damit gemacht worden, so können Liebhaber die Erlaubnis bekommen, solche erblich oder Pachtweiß an sich zu bringen. Da nun dergleichen Mineralien noch an vielen andern Orten ebenfalls anzutreffen sind, so kommt es nur darauf an, daß erfahrne Liebhaber sich die Mühe geben, hie und da nachzusuchen, Proben zu machen und sich bey der Hochfürstl. Land Oeconomie Deputation alhier beßfalls zu melden.

Man findet auch hier und dar viele Morgen sumpfigte Plätze, wo weder Mensch noch Vieh hinein kan, diese wären nun durch ausstechende Gräben nicht nur in die beste Wiesen zu verwandeln, sondern auch der daselbst gewachsene etliche

Schuh

Schuh tieffe Torf auszustechen, an der Sonne zu trocknen und sowohl zum Kochen, Einheißen, als Bierbrauen, Ziegel und Kalchbrennen, Salzsieden rc. mit großer Menage zu gebrauchen.

Kurz es liegen noch so viele herrliche Dinge vor unsern Augen, welche aller Attention würdig sind, allein ein Nachbar gönnet es, bey denen grosen Vermischungen, dem andern nicht, und der Bauer, sich selbst gelassen, will nur nach dem alten Schlendrian forthausen, ohne zu bedenken, daß er bey denen nicht geringer werden den Herrschafftlichen Prästandis, sich durch solche neue Erfindungen auch mehrern Nutzen schaffen könnte: Wann er aber durch die Obrigkeit dazu genöthiget wird, und siehet, daß die Neuerung, aus keiner andern Absicht, als zu seinem Besten geschehe, so folget er auch.

Von Handwerks- und andern Sachen.

1) Das junge Reißig und Aeste von Eichen-Holz, zerstoßen, gibt das beste Lohe vor die Gerber, und ist schad, daß man es verbrennt: eichene Sägspäne taugen auch vortreflich dazu, besser als die alte Baum- und Fichten-Rinde.

2) Die Weinhefen in Säcke zu thun und zu keltern, gibt den stärksten Wein und köstbare Farb vor die Kupferdrucker.

3) Den Wurm am Finger zu vertreiben, nehme man Rocken-Mehl und Wein-Eßig, koche solches zum Brey, und wann er kalt, so beschmiere man den Finger dick und offt damit, bis der Schmerz vergehet, und der Schade geheilt ist.

4) Wer Getränke auf freyen Feld gern frisch haben will, der muß es in die Erde ein paar Schuh tief eingraben, und die Erde drüber legen, sodann grad über solchem Gefäß etwas Heu oder Stroh anzünden, wornach alle Kälte in die Erde sich um dasselbe ziehet und eißkalt macht.

5) Ratzen und Mäuse zu vertreiben, nehmet 1. Unze nux vomica oder Krähen-Augen, pulverisire und vermische es mit Butter oder Schwein-Schmalz zu einem Taig, von diesem thue einer Haselnuß groß in weiß Papier und st ke in jedes Loch, wo die Ratzen und Mäuse aus- und eingehen, dergleichen Dingen, so werden sie alle davon sterben.

6) Da die Buchbinder, Sattler, und dergleichen Handwerker viel Papp oder Kleister nöthig haben, welcher aus Rocken-Mehl gemacht wird, dieses aber ziemlich im Preiß stehet, so können die Handwerksmeister leichter dazu kommen, wenn sie die zeitige wilden Castanien sammlen, dörren, und auf den Mühlen schroten lassen, woraus alsdenn ein schönes Mehl und durch Uebergießung siedenden Wassers und beständiges Umrühren, der beste Kleister oder Papp wohlfeil gemacht wird, weil keine Motte oder Schabe drein kommt.

D   7) Die

7) Die Motten oder Schaben zu vertreiben, daß sie nicht in das Peltzwerk kommen, ist kein besser Mittel, als solches im Frühling gleich wohl ausklopfen, dann in leinen Tuch eingeschlagen, sofort in wohlverwahrte Truhen oder Coffres zu verwahren. Dann im Sommer legt diß Ungeziefer seine Eyer in das Peltzwerk, wo es zukommen kan, von welchen die Motten wachsen und alles zertreffen.

8) Theer, so von alten verfaulten Foel- oder Kühnstöcken gebrennt wird, dient nicht nur zur Wagenschmier, sondern bewahrt auch die Bronnentrög, Dachrinnen, Orange-Kästen, Fensterrahmen rc. wann solcher mit etwas gelb oder weißer Farb vermengt und das Holtzwerk damit angestrichen wird, vor aller Fäulniß. Im Amt Crailsheim bey Hn. Oberforster Teichmann, kan man den Ctr. vor 5. fl. haben.

9) Gegossenes Eisen weich zu machen, daß es sich unter dem Schmidhammer arbeiten lässet, nimmt man Beinasche, Kohlenstaub und etwas Alaun, überzieht damit das Eisen und läst es im Feuer glühen.

Jetziger Geld-Cours, wie solcher von denen 3. correspondirenden Craysen, Francken, Bayern und Schwaben, nach dem Conventions-Fuß gesetzet worden, die feine Cölnische Marck Silber vor 24 fl. gerechnet.

Gold-Sorten:	fl.	kr.		fl.	kr.
1. Carolin gilt	11.		1. Ducaten soll wägen	60.	Aß.
halbe dito	5.	30.	1. Carolin 2 Ducaten	47.	Aß.
1. Schildlouisd'or	10.	36.	1. Maxd'or 1. Ducaten	51.	Aß.
wird noch vor 11 fl. genommen.			1. Duplone 1 Ducaten	55.	Aß.
halbe dito	5.	18.	1. Schildlouisd'or 2. Duc.	20.	Aß.
1. Sonnen Douplone	10.	35	Jedes ermanglende Aß muß vor 5. kr. bezahlt werden.		
1. gantze Maxd'or	7.	20.			
halbe dito	3.	40	**Silber-Sorten.**		
1. Reichsducaten, wovon die Marck 23 Karat 8 Grän fein Gold halten soll	5.		1. Conventions Thaler	2.	24.
			1. dergleichen Gulden	1.	12.
1. Gold-Gulden	3.	40.	1. solcher halber Gulden		36.
1. Louis-Friedrich- und Augustd'or	8.	50.	1. dergleichen Kopfstück		24.
			1. halbes Kopfstück		12.
1. gantze Severin	14.	44.	1. Landmüntz		3.
1. halbe dito	7.	22.	1. Conventions Kreutzer		1.
Rußisch und Türkis. Ducaten	4.	50.	Alle andere unconventionsmäßige Müntz ist verbotten.		

1. alten

1. alter nach dem Leipziger Fuß aus-
gemünzter Species Thaler, davon die Marck 14 Loth 4 Gr. fein
Silber hält   2. 40.
Alle andere Species Thaler   2. 30.
1. Französ. Loub-thaler   2. 45.
1. dergleichen halber   1 fl. 22 kr. 2 Pf.

1. Französ. Erec Thlr.   2. 12.
1. Anspach. Reichs-Thlr.   1. 28.
1. solcher Gulden   56.
1. dergleichen halber Gulden   28.
Die feine Cölnische Marck Silber wird
in der Münz zu Schwabach bezahlt vor
23 fl. 30 kr.

Zinß Ausrechnung a 5 pro Cento.

Tragen in einem Jahr, in einem Monat, in einem Tag.

fl. Capital	fl.	kr.	R.	fl.	kr.	R.	fl.	kr.	R.
1000	50	—	—	4	10	—		8	1
500	25	—	—	2	5	—		4	
100	5	—	—		25	—			3
50	2	30	—		12	5		1	
25	1	15	—		6	1			
20	1	—	—		5	—			
15	—	45	—		3	3			
10	—	30	—		2	2			
5	—	15	—		1	1			
4	—	12	—		1	—			
1	—	3	—			—			

Einige Arzney-Mittel

Aus Herrn D. Tissots Anleitung für den gemeinen Mann.

Aderlassen ist gut, wenn zu viel Blut im Cörper ist, wann Entzündung vorhanden,
bey Wunden und Quetschungen, bey schwangern Frauen, die heftigen Husten
haben. Bey heftigen Kopfschmerzen und Schwindel: Herzklopfen, Seitenstechen.
Einem erwachsenen Menschen lässet man 10 Unzen Blut weg. p. 551.

In allen hitzigen Fiebern kan man Kirschen, Erd-Johannes-Beer-Him-
und Maulbeer zu essen geben; auch die virguleuse und St. Germain Bien. Safft
von reifen Pflaumen mit Wasser. Item der Safft von süßen Pomeranzen und
Citronen, die Schaale aber, welche erhitzt, ist wegzuwerfen: Das Getränk darf
alle Viertelstunde genommen werden, die größte Kälte aber soll es nicht haben. p. 65.

In Fieberhafften Krankheiten ist nichts bessers als ein Chstier. Mäßige Mittagsmahlzeit von einer Speiß, und Nachts weniger, ist das beste Mittel zur Genesung.

Bey Entzündung auf der Brust, ist alle Tag ein Fußbad zu gebrauchen. Alle 2. Stunden eine Taße von dem Getränk No. 8. nehmlich eine Unze oximel squilliticum, 5. Unzen von einem starken Fliberthee. p. 79. 653.

Beym Seitenstechen, braucht man Bocksblut und Ruß in einem Ey, Hünermist, Wermuth, Pfeffer und andere Specerey in Wein, Bier oder Waffer eingenommen. p. 113.

Halskrankheiten, als die Bräune, Verschwellung der Mandeln und des Zäpfleins sind offt gefährlich. Man muß eine Ader öfnen, um den Hals herum Schröpfe zu setzen, Fußbäder zu nehmen. Einen Umschlag von No. 9. flanellene Tücher in ein Decoct von Käsepapelnblumen oder mit Wullkraut, Flieder-Klapperrosen, Camillenblumen in Waffer oder Milch gekocht, ist sehr dienlich.

Ein Gurgeltrank oder vielmehr eine infusion von Wintergrün oder rothen und Stockrosen, zu jedem Oeßel nimmt man 2 Unzen Weineßig, eben so viel Honig, und gurgelt sich warm damit. p. 120.

Es kan auch bey den kleinen Kindern oder andern, welche sich nicht gurgeln können, in den Hals gespritzt werden.

Man kan sich der kleinen Hollunder Spritzen bedienen, die auf dem Land jedes Kind zu machen weiß. p. 124.

Diese Hülfsmittel bereiten auch die Geschwür zum Durchbruch.

Gegen die Schnupfen, hat man viele Hülfsmittel, als Apfelrosanen, Süßholz, Feigen, Rosinen, Borragen, Erdepheu, Ehrenpreiß, Isopp Nesseln. Auch ein Thee von Kirschenstielen hilfft vor den Schnupfen. p. 141.

Zahnwehe, rühret her vom Anfraß der Zähne, von der Entzündung der Zahn-Nerven, oder von einem kalten Fluß.

Alle hitzige Mittel sind hiebey gefährlich: in diesen Fällen ist das Pulver No. 21. zu gebrauchen. p. 150. 657.

Als:

Als: Jalappe, Senesblätter, Cremor Tartari, jedes 30 Gran, pulverisirt, wohl vermischt, in 8 gleiche Theile. Kostet höchstens 2 Schillinger, Toback-
rauchen ist auch gut.

Man hat auch Zahnschmerzen gestillet, durch ein Pflaster an dem untern Kinnbacken, von einem Ey, Brandwein und Mastix, auf den Ort gelegt, wo man
in den Winkel des Kinnbacken den Puls fühlet. p. 153.

Beym Schlagfluß ist der Kopf des Kranken zu entblösen, ihm frische Lufft
zu verschaffen und den Hals völlig offen zu halten. Den Kopf hoch und die Füsse
niedrig zu legen. Am Arm Ader zu lassen. Ein Clystier zu geben, von den besten
Kräutern mit Oehl und Salz. Viel Wasser trinken zu lassen, wo in iede Kanne 3½ Quint Salpeter vermischt ist. Eine volle Unze von geläutertem Weinstein
und viel Molke. Das ganze Uebel kommt daher, weil das Blut in allzu grosser
Menge und Stärke nach dem Gehirn hinziehet und durch dessen Druck alle Bewegung der Nerven hindert. Man muß die Schenkel unter dem Knie stark binden,
damit das Geblüt nicht so nach dem Kopf steigt. Ein Thee von Carbobenedicten,
ein Clystier von Senesblätter. Zum Getränk ein starker Melissenthee: An die
Waaden ein Pflaster von spanischen Fliegen zu setzen. p. 159.

Sonnenstich, ist eine Krankheit, wann die Sonne zu stark auf den Kopf
sticht, wodurch die Blutgefässe trocken, das Blut dick wird, worauf eine Entzündung erfolgt, und bisweilen in kurzer Zeit den Tod verursachet. Ein Sonnenstich war die Ursach an dem Tode des Manasses, des Mannes der Judith.

Das geschwindeste Mittel ist eine Aderläße: Fußbäder von laulechten Wasser:
Clystier von erweichenden Kräutern.

Eine Mandelmilch No. 4. nehmlich 3. Unzen Mandeln, 1 Unze Kürbis- oder
Melonen-Kern in Mörsner zerstossen, nach und nach ein Oehel Wasser drüber
gegossen, ein Loth Zucker darzu gethan, p. 170. 651. (Not. 1 Oehel ist der
vierte Theil einer Kanne oder Maas;) Zur Vorsorg, soll man etliche Blätter Papier oder auch ein Stücklein Pergament unter das Huth-Futter auf den Wirbel
tragen.

Gliederreißen, sobald das Uebel gewiß ist, setzt man ein Clystier von No.
5. 2 Hand voll Blumen von Käse-Papeln, zerhackt, ein Oehel siebend Wasser
drüber gegossen, eine Unze Honig darzu gethan, ein Aderlaß am Arm, eine Tisane
N. 2. von 2 Unzen Gersten, oder Haber wohl geklaubt, 1½ Quint Salpeter mit

5 Oehel

5 Oeßel Waſſer gekocht, durch ein leinen Tuch geſeiget, anderthalb Unzen Honig und 1 Unze Weineßig dazu gethan. p. 176. 650.

Wütender Hundsbiß, ſo auch von andern Thieren geſchehen kan. Das Gift ſteckt im Speichel : ie weiter die Raſerey des Hundes ſchon gekommen, deſto gefährlicher iſt der Biß.

Das Queckſilber iſt das Gegengift und ſicherſte Mittel. Einige brennen die Wunden mit einem glüenden Eiſen. Den Stein aus der Inſel Malta drauf gelegt. p. 197.

Item man nimmt wilde Maßlieben, die Wurzel ſamt den Blättern 1 Handvoll, die Wurzel vom wilden Roſenſtock und die Blätter 1 Handvoll, Salbey 1 Handvoll, Scorzinari 6 Wurzeln, 9 Knoblauchsknöpf, 1 Handvoll Kuchenſaft, alles klein zerſtoſſen, ſodann 3 Schoppen weiſſen Wein drüber gegoſſen, 24 Stund in heiſer Aſchen ſtehen laſſen : den Safft hernach ausgedruckt in Bouteillen gefüllt; ſobald ein Menſch gebiſſen iſt, gibt man ihm davon alle Morgen nüchtern 1 gutes Glaß voll zu trinken, und läſt ihn 3 Stund drauf faſten, kan auch ein wenig friſch Waſſer genommen werden. Die Wunde muß dabey ſogleich und offt mit friſchen Salzwaſſer ausgewaſchen werden. p. 197.

Vom kalten Fieber, dergleichen iſt das 1. 2. 3. und 4tägige, die China-Rinde, ſonſt das Jeſuiten-Pulver genannt, welches dieſe Herren Parres aus Peru in der Provinz Quito nach Europa gebracht, iſt das ungzlichſte Mittel dagegen. Zum Trank tauget: ½ Pf. Brod, einer Haſelnuß groß Butter, in ein Maas Waſſer gekocht, bis das Brod zergangen iſt, alsdann durchgeſeyet, und dem Kranken alle 3. oder 4. Stund davon gegeben. pag. 63. Wann das Fieber nach dem 6ten oder 7ten Anſtoß wieder kommt, ſo giebt man den Patienten das Pulver N. 14. p. 656. Von der beſten China in Pulver eine Unze, man theilt es in 8 gleiche Theile ab, und gibts alle 3 Stunden ein, es kan auch nach Beſchaffenheit die Doſis 1½ Unzen ſeyn. Das Getränk iſt alle Viertelſtund ein kleines Glaß von Fliderthee mit Honig verſüßt laulecht, dabey herum gegangen; wann die Hitze ſich einfindet, kan man auch den Trank N. 2 p. 650. wie oben beym Gliederre-ſen erwehnet, welcher kühlender iſt, gebrauchen. Wann ein Schweiß kommt, trocknet man ihn wohl ab, und ißt ein wenig Haberſuppe. p. 275.

Von den Koliken, man nennt gemeiniglich alle Schmerzen im Unterleib ſo: eigentlich aber iſt es die Krankheit, welche den Magen und Gedärme angreift. Sie kommt manchmal a) von einer Entzündung her, b) öffters von der Galle. Dann iſt die c) Windkolick auch eine Art, eine andere die d) von Erkältung herkommt:

baum. Die Heilungsart der erstern ist eine grosse Aderläß am Arm. Ein Clystir von Käsepappeln und Oehl, oder Gersten und Oehl. Man läßt den Kranken eine Menge Mandelmilch, N. 4. vid. oben beym Sonnenstich p. 651. Planetenet Töchter in laulecht Wasser getunkt, auf den Unterleib gelegt, alle Stunden auch öfter abgewechselt. Die Wind-Colic rühret her, von Most oder neuen Wein, Bier, auch von Früchten und Gartengewächsen. Man heilet sie durch Clystier, reiben des Unterleibs mit warmen leinen Tüchern, Gebrauch des Camillen-Thees p. 319.

In der Ruhrkrankheit ist das Recept N. 34. 35. zu gebrauchen, Brechweinstein 6 Gran, Ipecacuana, 45. biß 50 Gran. p. 662.

Von der zähen Blasen.

Es schret dem Vieh bisweilen eine Blase unter der Zungen, erstlich einer Haselnuß groß, auch oben auf der Zungen, bisweilen am Hintern unter dem Schwanz auf, darauf geschwüllt solchen das Maul, es zittert, stehet und frißt nicht, die Blasen nimmt immer zu, wird in 3. Stunden eines Hünereyes groß, es geschwüllt auch der Kopf: Wann du nun solches gewahr wirst, so reiße die Blase auf, halte einen leinen Lumpen entgegen, es ist ein vergifftes Wasser, gieb fleißig Achtung, daß solches dem Vieh nicht den Hals hinunter kommt, sondern aus dem Maul heraus gebracht wird; darnach nimm Salz und Ruß unter einander, reibs damit heraus, schmiere es mit alten Schmeer, über eine kurze Zeit fähret die Blase wieder auf, dahero müssen vorgedachte Mittel wiederholet werden, und solches gleich Anfangs geschehen, ausser deme dem Viehe in 3. Stunden das Maul und der Kopf verschwüllt, daß ihme nimmer zu helfen, sondern solches crepiren muß.

Vor die Pest.

Nimm Haseläpstein, Nußbaum-Schwämmen, Birken-Schwammen, Hirschzungen, von jedem gleich viel, mache zu Pulver, mische solche unter einander, und gieb jedem, sowohl kranken als gesunden Viehe drey Morgen nacheinander einen halben Löffel voll auf einmal ein, es hülst ein ganzes Jahr vor die Pest.

Item dem Viehe Morgens nüchtern ein wenig Salpeter in frischen Wasser zu trinken geben, kühle und hülst 24 Stund vor die Pest.

Item

Item nimm Knoblauch und Schwefel, und gibb dem Vieh nüchtern im Brod, so kan in 24. Stunden kein Gifft hafften.

Oder: Wann einem Vieh Pestilenzbeulen auffahren, so lasse Christwurz in die Beulen ziehen, nehme sonach einen Schuß Pulver, vertreib solchen und gibb dem Vieh in frisch Wasser ein, so wirds wieder gesund.

Item Bibernellwurz dem Viehe Morgens nüchtern im Brod geben, präservirt auch 24. Stunden vor die Pest.

Hierbey ist auch zu wissen, daß die Schweine und Hüner nicht mehr an denen Rinderställen gelitten werden sollen; dann wann ein Ochs unter dem Futter Saukoth frißt, bekommt solcher gleich die Pest, besonders wann die Schweine nicht gesund seyn, desgleichen so derselbe unter dem Heu Hünerkoth frißt, bekommt er das Grimmen, laufft auf, geschwüllt und crepirt, davor dienet starke Laugen, 9. oder 10. Tropfen Scorpionöl darunter gemischt, und warm eingeschluckt.

Fränkische
oekonomisch-landwirthschaftliche
Manichfaltigkeiten.

des

Ersten Bandes
Zweytes Stück.

Schwabach,

Gedruckt und verlegt von Johann Gottlieb Mizler, Hochfürstl. privil. Buchdrucker.

Innhalt.

Project

einer

Fränkischen Bienen-Ordnung.

Nachdeme bißhero, durch Obrigkeitliche Aufmunterung, die Bienenzucht in unsern Franken, ziemlich wohl von statten gegangen, so daß nicht nur einzele Unterthanen sich dergleichen angeschafft und guten Nutzen davon erhalten, sondern auch ganze Orte und Gesellschafften zusammen getretten, wegen Beobachtung der Lage, Stände, Körbe, dann Futter und Wartung der Bienen gewisse Regeln vestgesetzt, auch was zum Nachtheil derselben gereichen kann, einander getreulich eröffnet haben, gleichwohlen es noch an einem besondern Bienen-Recht oder Ordnung, wie es in den vorkommenden zweifelhafften Fällen und Strittigkeiten zu halten seye, ermangelt und eben dieses manche von solchem löblichen Unternehmen abgeschröcket hat.

So ist man, auf Ansuchen vieler Bienen-Freunde, veranlasset worden, vorberist mit der berühmten Oberlußnitzischen Bienen-Gesellschafft Communication zu pflegen und deren Gedanken dißfals sich auszubitten, sodann eine, nach den Umständen unsers Frankenlandes, convenable Ordnung zu verfassen, welche in vorkommenden Fällen, zu einiger Nachachtung dienen könnte, nicht zweiflend es werden sämtliche Hn. Beamte die Aufnahm der Bienen-Zucht, sowohl nach dem bereits unterm 7ten May 1767. ergangenen Hochfürstl. Ausschreiben, als durch einenen Vorgang und Ermunterung, wo und wann Gelegenheit darzu vorhanden ist, solche auf alle Weise zu unterstützen und zu befödern bemühet seyn, damit jedermann Recht und Gerechtigkeit wiederfahren mög, sintemal unser Frankenland vor Zeiten nicht nur, besonders in der Gegend von Nürnberg, gleichsam die Mutter der Bienen-Zucht gewesen, sondern auch das Land allenthalben vor dieses nützliche Insect fruchtbar und bequem ist.

Man hofft dahero umso vielmehr eine allgemeine beyfällige Beirückung nach und nach zu bewürken, weil dieses darduch erzielte Product dem Landmann einen grosen

X 2   Gewinn

Gewinn, ohne sonderbare Anlage bringen kann. Zu dem Ende sollen also folgende Verordnungen bey vorkommenden strittigen Fällen, zur Entscheidung dienen.

Cap. I.

Was bey Erkauffung der Bienen Rechtens ist.

§. 1.

Der Verkäuffer eines Bienenstocks hat vor nichts zu stehen, als daß derselbe nicht Weiselloß seye, welches man beym Erkauff sogleich nicht wissen kan, sondern der Käuffer sich auf die Ehrlichkeit des Verkäuffers verlassen muß. Daher soll der Verkäuffer eines Bienenstocks gehalten seyn, denselben auf 3 Wochen lang, von dem Tag an, da derselbe abgeholt wird, zu gewähren, daß er nicht Weißloß sey, weil eine solche Zeit hinlänglich ist, mit Gewißheit zu erfahren, ob der erkauffte Stock Weiselloß sey oder nicht. Wird nun solcher innerhalb 3 Wochen also befunden, so ist der Verkauffer gehalten, denselben wieder zurück zu nehmen und das Kauffgeld heraus zu geben. Sollte sich aber bey genauer Besichtigung des Weisellosen Stocks zeigen, daß derselbe nach der Abholung, erst bey dem Käufer, es sey nun muthwilliger- oder unvorsichtiger Weise, beschädigt oder nicht genugsam vor den Mäusen verwahret oder mit untauglichen Honig gefüttert worden, so ist alsdann der Verkäuffer frey zu sprechen und der Käufer hat den Stock für gut zu bezahlen.

§. 2. Wann bey Erkaufung der Bienen ein gewisser Termin festgesetzet worden, an welchem der Käufer solchen abholen solle, dieser aber durch erhebliche Ursachen daran verhindert würde, so soll er dem Verkäufer hievon Nachricht geben, und dieser sodann gehalten seyn, den verkauften Bienen 8 biß 14 Tag länger zu behalten und zu versorgen, sondern auch denselben 3 Wochen lang, von dem Tag der würklichen Abholung an gerechnet, zu gewähren, daß er nicht Weiselloß sey.

§. 3. Wann jemand im Herbst einen Bienenstock kauft, mit der Bedingnus, daß der Verkaufer denselben so lang beherbergen soll, biß solcher in künftigem Winter, bey guter Bahn, sicher an Ort und Stelle gebracht werden könne, dieser Stock aber im Frühjahr Weiselloß befunden wird, so kan der Kaufer in diesem Fall keine Schadloßhaltung von dem Verkaufer fordern.

§. 4. Welder von beyden, der Kaufer oder Verkaufer den behandelten Bienen an Orth und Stelle bringen soll, kommt darauf an, wie es beede Theile ausgemacht, und darauf gründen sich übrige Vorfallenheiten.

§. 5. Wann ein Bienenstock während der Gewährzeit, auf dem Bienenstand des Kaufers, von Raubbienen angefallen und ausgeraubet wird, so hat der Kaufer wegen seiner Nachlässigkeit den Schaden allein zu tragen; Auch ist

§. 6. Der Käufer eines Bienenstocks nicht schuldig, das Geld für denselben eher zu erlegen, als biß die Gewährzeit vorüber ist.

Cap. II.

Cap. II.
Von Anlegung der Bienenstände überhaupt.

§. 1.

Gleichwie jedermann der Bienenbau verstattet wird, also kan auch ein jeder in seinen eigenen Waldungen dergleichen Stände anrichten, maßen allerdings biß die beste Lage um der Honigbau willen ist. Doch soll es also geschehen, daß die Bienen einander im Flug nicht Schaden thun können, dann man hat aus der Erfahrung, daß die Bienen, welche über der andern Lage wegfliegen und also im Heimweg wieder darüber fliegen müssen, Honigraubereyen angestellt haben, dahero solches auch bey Anlegung der Bienenstände in Dörfern zu beobachten ist.

§. 2. Wollen einige Bienenfreunde einen Bienengarten auf Gemein-Plätzen außer den Orth anlegen, ist es von der Gemeind nicht zu verwehren, zumahl wann sie sich durch einigen Grundzinß oder Bestandgeld von jedem Stock, mit selbigen abfinden; sonsten dependirt es von eines jeden Willkühr, in seiner Hofreith und Garten, soviel Bienen als er will, zu halten.

§. 3. Weil jedoch die Erfahrung gelehret hat, daß allzuviel Bienen in einem Orth nicht gut thun, und Gegenden damit übersetzt werden können, zumahl wo sie auswärts nicht Nahrung genug finden, so wird es disfals auf den Ausspruch erfahrner Bienen-Väter, welche in jedem Amtsbezirk zu wählen und zu verpflichten sind, ankommen, ob nach Beschaffenheit der Umstände, die Anzahl zu vermindern seye oder nicht, wenigstens mögte alsdann die Haltung der Bestandbienen zu unterlassen seyn.

§. 4. Damit die Bienen auch hinlängliche Nahrung haben mögen, so soll jeder Liebhaber derselben jährlich eine Anzahl nutzbarer Linden, Palm-und Saal-Weyden, Haselstauden, Stachel-und Schießbeer-Holz ꝛc. zu Hecken und hochstämmigen Bäumen pflanzen, auch Melißen und andere dienliche Kräuter dahin setzen: wer hingegen einen solchen Baum frevenlich umhaut oder verderbt, soll in der Heerschafft Straff mit 5 fl. verfallen seyn.

§. 5. Weilen offters geschehen, daß die Lebküchner ihre Honig-Tonnen oder Körbe, worinn unreiner frembder Honig gewesen, öffentlich in die freye Lufft, ausgesetzt, denen sobann die Bienen nachgeflogen und dardurch entweder getödet oder faulbrüstig geworden, als solle dieses bey 5 fl. Straff verbotten seyn: wie sie dann vom Stock des fremden Honigs sich hüten sollen, zu der Zeit ihre Fenster und Häuser offen zu lassen, weil die Bienen darnach begierig fliegen, aber dardurch in unsäglicher Menge getödtet werden.

§. 6. Wer einen Bienen den Honig beraubt oder solchen gar stihlt, der solle mit 25 fl. vor jeden Bienen, oder wo er nicht soviel im Vermögen hat, nach Obrigkeitlicher Erkanntnus mit ohnausbleiblicher Zuchthaußstraf belegt werden, maßen da ein dergleichen Diebstahl solcher Sachen, die nicht können verschlessen werden, und also eine algemeine Sicherheit genießen müssen, um so strafbarer ist, als an andern Dingen. Fügte sichs nun, daß jemand einen andern über dergleichen Honig-

oder

oder Bienendieberey enträffe, so soll er solches nicht verschweigen, sondern das Drittel der Geldstraffe für seine Anzeige bekommen, im Verschweigungsfall aber eben so wie der Bienendieb gestrafft werden.

§. 7. Damit eine hohe Landes-Regierung von dem Fleiß oder Unfleiß derer Unterthanen, desto besser urtheilen und erforderliche Vorsehung thun könne, so soll der Schulthes oder Gemein-Vorsteher alljährlich dem Amt eine Verzeichnus auf Martini bringen, wie viel Bienen zum überwintern aufgestellt worden, und wer dann am meisten Bienen erzogen, der soll von der Herrschafft eine Medaille oder Denkmünz zur Ehre bekommen.

Cap. III.
Was bey dem Bienenschwärmen Rechtens ist.

§. 1.

Ein jeder Bienenwirth soll gehalten seyn, sobald er wahrnimmt, daß seine Bienen schwärmen, zu klingeln; um dadurch den Nachbaren ein Zeichen davon zu geben. Wann

§. 2. Ein Bienenschwarm sich in des Nachbars Garten oder Hof anhänget, und der Eigenthümer hat ihn biß dahin verfolgt, so kan der Nachbar denselben Bienen nicht ansprüchig machen, sondern er muß jenem solchen fassen und heim thun lassen, jedoch daß dem Nachbarn dabey an Bäumen und sonst kein Schaden zugefügt oder solcher nach Billigkeit ersetzt werde.

§. 3. Wann dem Eigenthümer ohne sein Wissen, ein Bienen schwärmet und sich in der Nachbarschafft irgendwo anhängt, derselbe aber durch Nachbarn bezeugen kann, daß sie von seinem Bienenstock einen Schwarm haben aufsliegen und sich irgendwo anhängen sehen, so soll der Eigenthümer berechtigt seyn, den Schwarm zu fassen, wo er sich angesetzet.

§. 4. Wann zwey verschiedenen Bienenwirthen zu gleicher Zeit jedem ein Bienen schwärmet, und beede Schwärme sich vereinigen und zusammen hängen, so sollen diese zwey Schwärme, weil sie nicht wohl getheilet werden können, und also in einen Korb gefaßt werden müssen, denen beeden Eigenthümern mit einander gehören, welche aber auch die Kosten zu gleichen Theilen zu tragen haben.

§. 5. Wann ein Vorschwarm und ein Nachschwarm, welche zween verschiedenen Eigenthümern gehören, sich vereinigen und zusammen hängen, und also in einen Korb gefaßt werden müssen, so soll demjenigen, dem der Vorschwarm gehört, zwey Drittheil, und dem andern 1 Drittheil davon zukommen und einer dem andern den Werth hinaus geben, oder drum loosen.

§. 6. Wann ein Bienenschwarm auf eines Nachbarn Bienenstand zufliegt und sich allda in einen Stock begiebt, der zwar Weiselloß aber noch nicht von Honig und Bienen ganz entblöset ist, so soll dieser Schwarm demjenigen, dem er durchgegangen ist, und demjenigen, in dessen Stock er sich begeben hat, zu gleichen Theilen gehören, dann es ist nicht nur billig, daß der Eigenthümer des Stocks, für den noch in demselben befindlichen Honig schadlos gehalten werde, sondern

es

es ist auch sehr wahrscheinlich, daß die Bienen dieses Schwarms schon geraume Zeit vorher diesen Stock besucht, und verursachet haben, daß er Weiselos geworden ist, nur muß der Eigenthümer den entfliehenden Schwarm auf der Stelle biß zu des Nachbars Bienenstand verfolgen und denselben sogleich herbey rufen.

§. 7. Wann aber ein Bienenschwarm sich auf einen fremden Bienenstand, und zwar in einen Korb begiebt, der entweder ganz leer oder mit Wachsfladen angebauet, aber von Bienen ganz verlassen ist, so soll alsdann dieser Schwarm dem Eigenthümer, dem er entflogen ist, gehören, welcher aber in diesem Fall den Bienenkorb zu vergüten hat.

§. 8. Wann ein Bienenschwarm aus dem Orth, wo dessen Eigenthümer wohnet, hinaus fliegt und der Eigenthümer denselben verfolget, und ihn auf dem freyen Felde, es sey nun an einer Hecke, Baum oder Zaun antrifft, so soll er befugt seyn, denselben da, wo er ihn antrifft, zu fassen, und weder Forstbediente noch sonst jemand, soll die Erlaubnuß haben, sich einen solchen Schwarm zuzueignen.

§. 9. Wann ein Bienenschwarm durchgehet, und sich im Wald in einen holen Baum begiebt, und der Eigenthümer ihn biß dahin verfolgt, und gefunden hat, so soll er ihn nicht eigenmächtig herausnehmen, sondern den Ort bezeichnen und es sogleich dem Forstbedienten melden, welcher sodann bald möglich sich mit ihm hinaus begeben und einen Augenschein einnehmen soll, ob dieser Schwarm ohne große Beschädigung des Baues oder des Schwarms selber, herausgenommen werden könne oder nicht? In dem ersten Fall, soll es dem Eigenthümer nicht verwehret werden, seinen Schwarm heraus zu nehmen und zu fassen; in dem andern Fall aber, soll dieser Schwarm in dem holen Baum verbleiben, und dem Forstbedienten sowohl als dem Eigenthümer, dem er entflohen ist, zu gleichen Theilen gehören.

§. 10. Ob aber derjenige, welcher sich bey dem Forstbedienten für den Eigenthümer eines in einen holen Baum entflohenen Bienenschwarms angibt, auch würcklich der rechtmäßige Eigenthümer sey, kan man erfahren; 1) Wann man nachfragt, ob er Bienen halte oder nicht. 2) Wann man entweder noch an demselben oder an dem folgenden Tag in dem holen Baum einschlägt und in demselben 2 bis 3 kleine Wachsfladen von 3 bis 4 Zoll lang, findet, welches ohngefähr das Gewürke ist, welches ein Bienenschwarm an dem ersten und andern Tag in seiner neuen Wohnung verfertiget. Findet man aber Wachsfladen die 8 oder 10 Zoll lang sind, und in denselben Honig, der bereits zugespündet, so ist dieses ein gewisses Anzeigen, daß die Bienen sich schon mehr Tage in diesem holen Baum aufgehalten haben und also der angebliche Eigenthümer ein Betrüger und vom Amt nach Befinden mit 2 Rch r. zu straffen, dahero

§. 11. Wann auf dem freyen Feld oder im Wald ein Bienenschwarm gefunden wird, auf welchen niemand einen gegründeten Anspruch machen kan, so soll er dem Forstbedienten heim fallen und gehörig seyn, weil dergleichen Schwarm als

ein

ein wilder Vogel anzusehen ist, oder der Finder des Bienen dem Forstbedienten davon billigen Abtrag thun.

§. 12. Wann, wie zum öftern geschiehet, 2 auch 3 verschiedene Schwärme aus benachbarten Bienenständen zusammen flögen und sich an einen Ast oder Orth anlegten und die Bienenwirthe, von solchen, in der Nachfolge mit dem gewöhnlichen Zeichen allda zugleich einträfen, so sollen sie eine Wasserwanne oder groß Faß herbeyschaffen, die zusammen gezogene Schwärme conjunctim in selbige schlagen und einkehren, sodann 2 biß 3 Bienenkörbe hinein thun, dieses Behältnus mit einem leinenen Tuch überdecken und so verwahrt die Nacht hindurch still- stehen lassen, wodurch die Bienen sich sodann selbst separiren und jeder Schwarm mit seinem Weisel besonders sich in dem Behältnus anlegen wird, da dann den andern Morgen darauf jeder Bienenwirth einen Schwarm davon, zu sich nehmen kan, oder es müsse die Entscheidung durchs Loosen geschehen.

§. 13. Es soll sich auch kein Bienenwirth unterstehen seine Körbe mit der so genannten Bienenschminke zu schmieren, in der Absicht fremde Schwärme an sich zu ziehen, oder so er dergleichen thun will, um die Schwärme eher in seine Reßier zum anlegen zu reitzen, so soll er seinem Nachbar anzeigen, daß er es ebenfals in seinem Stande, mit gleicher Schminke thue, bey Strafe ein Rthlr.

§. 14. Zu Vermeidung vieler Streitigkeiten, die offt bey dem Schwärmen vorkommen, so wird die bisher mit grosen Nutzen befundene Kunst des Ablegens, mittelst versetzter Körbe oder Stöcke und eingesetzter fertiger Weysel vorzüglich anempfohlen. In welchem Stück die Oberlausitzische vornehme Bienengesellschafft bißhero ganz vorzügliche Kunst und Probe erwiesen hat.

Cap. IV.
Von Raubereyen der Bienen und was dabey Rechtens.

Da bishero so viel Feldverderbliche Processe wegen der Raubbienen angestellt worden, als ist nothwendig, durch folgendes solchem Unheil ein Ende zu machen.

§. 1. Man hat zwar, nach dem Innhalt alter Bienenbücher, welche die Natur der Bienen nicht recht gekannt, vorgegeben, als ob jemand sich durch Kunst oder sympathetische Mittel Raubbienen machen, und sie dem Nachbarn zuweisen könne: allein es ist lauter Aberglauben, e. g. sie durch eine Wolfsgurgel fliegen zu lassen, oder mit stärkenden Sachen dazu zu zwingen, nicht zu gehen. Item da manche Leute die Meynung hegen, daß diejenigen Bienen, welche an einem gewissen Tag auf den Bienenstand gesetzt, Raubbienen werden, so soll, wann dergleichen Streitigkeiten wegen der Raubbienen vorkommen, darauf keinesswegs reflectiret werden.

§. 2.

§. 2. Weil aber gleichwohl allzubekant ist, daß alljährlich gnug Raubereyen der Bienen vorfallen, da ein Stock den andern gewaltsam anfällt, ihm den Honig raubet, das Gewürk zernitlet und den ganzen Stock ruiniret; als lehret die Erfahrung, daß jede Biene, ihrer Natur gemäß, dem Honig nachgehet, wo ihr Gelegenheit gegeben wird, mithin auch in die Stöcke einbringet und wann sie die Bienen, nemlich die Schildwach des angefallenen Stocks überwältigen kan, ihm das seinige beraubet; also erhellet, daß die allermeiste Schuld an der dazu gegebenen Gelegenheit lieget, weil auch nur leere Bienen-Körbe, worinnen schon Bienen-Tafeln gewesen, Raubbienen herbey locken können, dahero solche ja nicht neben den Bienen, auf dem Stand, zu keiner Zeit zu lassen, und muß wider den, dessen Stöcke beraubet worden, behörige Untersuchung angestellet werden.

§. 3. Da aber die Ursachen des Beraubens vielerley sind, so muß die Untersuchung nachfolgender Fragen geschehen: Vorausgesetzt, daß das Rauben gemeiniglich von Ostern bis alten Walpurgis und von Bartholomäi bis alten Michaelis geschiehet.

1) Der beraubte Eigenthümer muß endlich erhärten können, ob er beym Füttern oder Zeiteln nicht unvorsichtig mit dem Honig umgegangen, und solchen vor dem Stock auf dem Stand oder Graß verzettelt habe.

2) Ob er nicht etwa am Tage, sonderlich bey warmen Sonnenschein gefüttert.

3) Ob er seine Stöcke auch vor denen gewöhnlichen Krankheiten, auch Schimmel, Maden und Moder rc. fleißig verwahret, als wodurch seine Bienen muth- und krafftloß worden.

4) Ob er auch alle Ritzen, die ausser dem Flugloch, öfters an dem Korb vorgefunden werden, gehörig verstopfet habe.

5) Ob seine beraubte Bienen nicht Weyselloß gewesen.

6) Ob er wegen der Näscher, seinen Bienen nicht das Flugloch kleiner gemacht, wann er gemerket, daß jene seinen Stock besuchen.

7) Ob er seinen schwachen Bienen, die dem Raub freylich eher ausgesetzet sind, als die starken, nicht dann und wann, mit einer Stärkung, das ist, mit frischem Honig, darinn reiner Kornbrandewein, oder Wein oder geriebene Muscaten-Nuß, mit untermenget worden, zu statten gekommen seye.

8) Ob er die kleine Hilfs-Mittel, welche Bienen-Vättern wohl bekannt, + E durch widrigen Geruch rc. angewandt, und sich also dadurch etwas zu präcapiren gesucht.

9) Ob er sich mit elenden, schwachen und miserablen Stöcken abgegeben, davon der meiste Theil der Bienen im Winter umgekommen und also zwar wohl noch Vorrath aber nicht Volk und Muth genug haben, durch ihre Schildwachen gegen frembde sich zu vertheidigen.

Falls nun ein solcher Eigenthümer all obiges eidlich oder an Eydesstatt zuerhärten im Stande, so ist er an der Beraubung nicht selbst Schuld, sondern seine beraub-

ten Stöcke müßen ihm von dem Eigenthümer des Raubers gut gethan werden.
Da hingegen die seit kurzem erfundene Flugblechlein, welches an dem Flugloch
des Stocks vest gemacht wird,
vid. kurze Anweisung zur Bienen-Zucht, pag. 16. und 17.
wider die Näscher und Raubbienen, sehr gute Dienste thun, indem vermittelst derselben auf die leichteste Art, das Flugloch weiter und enger gemacht, und also der
Steck vor den Raubbienen am besten gesichert werden kan, so solten alle Bienenwirthe inskünftige solcher Flugblechlein sich bedienen, nebstdeme den angefallenen Stock
mit einem vorgehängten Tuch biß unten auf ein Finger breit, bedecken, den beraubten Stock beyseit und an dessen Stelle einen neuen leeren Bienen-Korb setzen, so
werden die Rauber von selbsten, wann sie nichts finden, wieder heim ziehen, und
also Friede werden. Dann wer es unterlässet, ist selbst Schuld daran, wann seine
Stöcke ausgeraubet werden; indeme, sobald ein fleißiger Bienenwirth einige Anzeigen
von fremden Näschern und Raubbienen wahrnimmt, so kan er vermittelst eines
solchen Flugblechleins entweder seine Bienenstöcke ganz verschließen, ohne daß ihnen
die nöthige Luft entzogen wird, oder das Flugloch so eng machen, daß nicht mehr als
eine einzige Biene zugleich aus und eingehen kan, und also dardurch den Bienen in dem
Stock ihre Vertheidigung wider die Raubbienen ungemein erleichtert wird, da die Schild-
wachten keine von solchen Feinden hinein lassen oder sich wenigst tapfer wehren. Zu wei-
terer Ausbreitung dieser nützlichen Erfindung, wäre es sehr dienlich, wann dergleichen Flugblechlein, welche in Anspach bey den Blechnern das Stück vor 5 Kreuzer
zu haben sind, an alle Aemter geschickt, und von da aus gegen Bezahlung an die
Bienenwirthe geschickt würden.

§. 4. Da es nun einmal Raubbienen giebt, so ist nöthig, hinter die Ursach
und deren Känntnus zu kommen, und da soll ein dergleichen in seinem Bienenstand
geplagter Wirth, beywesend eines ohnpartheyischen Zeugen, die fremden Bienen
mit klar gesichter Asche oder klarer Kreyde, nicht aber mit Mehl, Poudre oder
Stärke, bestreuen, und kann alsdann in eines jeden Nachbars Bienengarten oder
Stand, nachdeme es vorhero gemeldet, ohnverwehrt hinein gehen, um an denen wie-
derkehren̄en Bienen zu sehen, ob unter des Nachbars Stöcken der Rauber befindlich
sey oder nicht? Dieß Freiheit in eines andern Bienenstand zu visitiren, nachdem man es
dem Besitzer gemeldet, soll sich auch auf die Bienenstände in der Nachbarschafft durchaus erstrecken, weil dergleichen Raubbienen auch wohl von andern Dörfern herflie-
gen.

§. 5. Kehren nun an allen und jeden Stöcken, der Nachbarschafft, z. E. 5. 6.
oder 10. Stöcken, dergleichen bestreuet oder gepuderte Bienen zurück in ihre Stöcke, so kann der Beschädigte weiter keinen Anspruch an seinen Nachbarn machen,
sondern sich die Schuld aus obigen Ursachen selbst beymessen, weil es fast ohnmöglich ist, daß alle seine Bienen vor Hunger rauben solten, es wäre dann, daß der Kläger es sich dannoch zu erhärten getraute. So ferne er aber NB nur an einen oder

a Stö-

2 Stöcken ganz besonders häufig und gepuderte Bienen zurück kommen sähe, und
wahrnehme, daß sie mit großer Eilfertigkeit wieder abfliegen: So soll der Eigenthümer
des Raubstockes diesem, in Beyseyn eines beständigten Bienenvatters, der es verstehet,
gehalten seyn, den Stock aufzumachen: Findet nun der fremde Bienenwirth viel
Volk und keinen oder sehr geringen Vorrath in diesen Stöcken, so ist der Stock
vor Hunger zum rauben genöthiget worden, und der Besitzer des Raubstock's ist schuldig, nicht nur die beraubten Stöcke zu bejahlen, sondern er muß auch, in ihrem
Beyseyn, dem Stock volle Nahrung in Tafeln oder Näpfen bis zur Honig Zeit einsetzen: Ferner soll er gehalten seyn, (alles in Beyseyn des Klägers und beständigten
Bienenvatters) den Raubstock des Abends bey gehöriger Luft, auf 4 Tag zu verschließen, vor der Verschließung aber ein paar Hände voll reine Seegspähne in das
Nest und in den Stock herum zu werffen, damit sie nach der Befreyung, etwas
nöthiges zu thun finden. Ist dieses alles geschehen, so wird sich nach 4 Tagen,
wann den Raubbienen wieder die Freyheit gelassen worden, zeigen, ob sie sich das
Rauben bereits angewöhnet haben, oder ob es damahls bloß aus Noth geschehen.
Dann hat die Bene keine natürliche Anlage dazu, so wird der Raubbiene auch wie vor,
seine Arbeit fortsetzen, seinen Stock von dem Unrath oder Seegspähnen reinigen
und an kein Rauben mehr gedenken.

§. 6. Sollte sich aber ereignen, daß ein solcher Stock nach vorher angewandten und oben angezeigten Mitteln, sich des Raubens künftig nicht enthielte, sondern
seines Nachbarn Bienen wieder von neuem anfiele, so erhellet daraus, daß ihm
das Rauben nun schon zur andern Natur worden, nachdem er vorher nur ein Näscher gewesen: Alsdann sollen die Nachbarn, die von ihm incommodirt werden, zu
dem Besitzer gehen, und ihm andeuten, daß er nunmehro seinen Stock ein gutes
viertel Meilwegs des Nachts, von seinem Bienenstand hinweg und in einen Wald
zu schaffen habe: Will der Besitzer desselben sich nicht in Güte dazu verstehen, so soll
er hiezu durch seine Obrigkeit bey Straff 10 fl. angehalten werden, weil ein solcher
Stock viel Unheil anrichten kan; keineswegs aber soll er, wie ehedem gewöhnlich
gewesen, verbrennet werden.

§. 7. Falls sich ferner ereignete, daß bey Visitation eines solchen Stock's,
der da stark geraubt habe, sich fände, daß der Stock voller Honig, auch an solchen
Orten, wo er sonst gewöhnlichermaßen immer zehrt, und daß die Bienen an Farbe
ganz schwarz worden, welches von dem vielen Beschmieren ihrer Leiber mit Honig,
nicht aber wie einige fälschlich glauben, von einer andern Natur und Gattung der
Bienen herrühret, sie auch sehr beherzt und zornig befunden worden: Findet sich ferner, daß sie sehr früh und oft bey dem allerspätesten Abend, wann andere Bienen
längst ruhen, ausflögen, so soll dieser Stock ebenfalls von Grund an, für einen
Raubstock erkläret und an einen entfernten Ort sogleich geschafft werden. Jedoch
soll das erstemahl, wann ihn der Nachbar als einen Rauber vorfindet, ihm nichts
erstattet werden, weil es der Besitzer selbst nicht gewußt, daß er raubt; wendet er
aber die gewöhnlichen Mittel an, und läßt ihn dannoch auf seiner Stelle stehen, und

B 2 der

der Nachbar kommt klagbar wieder, so soll er ihm die Helffte des Werths seiner
beraubten Stöcke, den die bestättigten Bienenväter zu bestimmen haben, zu bezahlen gehalten seyn, und bey beharrlicher Widerspenstigkeit in Obrigkeitlich willkührlich
harte Straffe verfallen: doch müssen die §. 3. angezeigte Cautelen beym Kläger in
Betrachtung gezogen werden.

§. 8. Sollte jedoch der Raub nur an einem Stock oder Korb seyn verübet
worden, so daß er dessen völligen Honig hinüber getragen, so sollen ihn Kläger
und Beklagter im Frühjahr mit einander theilen; der beste Schwarm oder ein Ableger
gehört auch dem Besitzer des ruinirten Stocks, und sollen sich also beede in die Ausbeute theilen und der Schade dadurch vergütet seyn, weil die Erfahrung gelehret, daß sich oft beraubte Stöcke mit ihrem Berauber zuletzt vereinigen und zusammen in einen Stock fliegen. Solche fortgeschaffte Stöcke dörfen nach Verfluß
eines Sommers wieder in ihren Bienenstand, jedoch nicht an ihre alte Stelle, gesetzt werden.

§. 6. Niemand soll sich von denen Bienenwirthen unterstehen, durch Vorsetzung allerhand in Honig eingerührter schädlichen Sachen, als Viehl, Höfen,
blaue Stärk oder wohl gar Gift, wodurch gantze Gegenden Bienen können um-
gebracht werden, indem auch die unschuldigsten Bienen dadurch den gewissen Tod
und Untergang in ihre Stöcke tragen können, sich selbst Hülfe sowohl wider Näscher als Raubbienen, zu schaffen, als welches eben die Ursache so offtmaliger Geld-
verderblichen großen Processe bisher gewesen; dann da nicht nur alle Selbsthülfe
vorhin in allen Fällen strafbar, so ist sie es hier um desto mehr, weil hierdurch
oft in wenig Stunden, laut der traurigsten Beyspiele, ein unermeßlicher Schaden geschehen kann. Wer darüber, nach vorhergegangener Visitation, die jedem
Bienenwirth, wann er sich meldet, frey stehet, ertappet wird, so daß man seinen Bienen etwann verschlossen findet, oder ihm den Eingang lange Zeit streitig macht,
so als gewisse indicia causæ anzusehen sind, dieser soll als ein frevelhafter Bienen-
mörder, nach obrigkeitlicher Erkanntnus mit Zuchthausstraff belegt werden und noch
dazu alle Kosten und Schäden ersetzen.

§. 10. Nicht minder soll sich kein Bienenwirth unterfangen, durch künstliche Mittel die Näscher seines Nachbars, in seinen Stöcken mittelst eingesetzten Honigs, angebrachter gewissen Klappen oder gebrechselter Röhrgen und so etwas, in
seine leere Stöcke zu locken suchen, da einzutreten, und sich durch künstliche aber
unerlaubte Mittel, und einer gewissen Zeit der Verschließung, einen eigenen Schwarm
zu erziehen, oder gar verhungern zu lassen, bey Straf 5 fl. weil solches nicht nur
eine strafbare Selbsthülfe, sondern auch als ein Raub anzusehen ist, sich mit Schaden eines andern zu bereichern. Es geschiehet aber gleichwohl öfters, daß die Raubbienen aller angewandten Mühe ohngeachtet, nicht ausfindig gemacht werden können,
wann nehmlich ein boshafter Eigenthümer solche an heimliche Orthe, wo man sie
nicht licht ausforschen kann, versteckt, und also in mala fide versichret, in solchem
Fall

Fall mag die Selbsthülfe certo modo erlaubt seyn, da die Obrigkeit bey ermangelnden indiciis nicht helfen oder den Schaden abwenden kan, nemlich sie in leeren
Körben zu fangen, oder vorzulegen. Welches sich jedoch nur auf den Fall verstehet, wann der unschuldige Theil die Räuber nicht ausfindig machen kann, und auf
Bekanntmachung, kein Nachbar dazu helfen will.

Cap. V.
Von Haltung der Bienen in Gemeinschafft.

§. 1.

Es ist sehr gewöhnlich, daß zwey oder mehrere zusammen stehen, und Bienen zu
halb halten, wann sie nehmlich Geld zusammen schiessen und ein oder mehrere
Bienen auf Gewinn und Verlust erkauffen, oder da der eine das Geld, der andere
aber den Stand dazu hergiebt, die Obsicht darüber nimmt, und sie versorgt, jedoch
daß die Fütterungskosten gemeinsamlich bestritten werden.   Dieses Pactum kan 1. 2.
oder 3. Jahr auch länger währen, wie es das Bienenglück und die Convenienz erlaubt.   Wann nun die Abtheilung geschiehet, so nimmt der eine die angeschaffte
Bienenstock zum voraus weg, und die mehrere Schwärme, gleichwie auch Honig
und Wachs, so sich inzwischen nach Abzug der Ausgaben, ergeben, werden gleich-
heitlich vertheilt.   Oder es richten ihret mehrere eine Societät an, dergestalt daß der
eine 2. 3. der andere nur 1. und so weiter erkaufft, stellen solche Stöcke alle auf einen
gemeinsamen Bienenstand, besorgen allda die Aufsicht, Wart und Fütterung, ge-
meinschafftlich, bestreiten auch die Kosten pro rata; wann es nun ein paar Jahre
dauret und glücklich gehet, so wird von dem Bienenpfleger die Rechnung gemacht
und jedem sein Gewinn an Honig, Wachs und Bienen, zugetheilt, je nachdem er
viel oder wenig Stöcke eingesetzt habe.   Dergleichen Societäten haben den Nutzen,
daß alle vor die Bienen sorgen, die Mängel verbessern, einander den Schaden eröfnen und warnen, mithin bey gleichem Interesse auch gleiche Sorgfalt haben. Ueberhaupt kommt es darauf an, wie allerseitige Interessenten es miteinander ausmachen.

Cap. VI.
Von der Bienenpest und was dabey Rechtens.

Da auch offt ganze Gegenden von der sogenannten Bienen-Pest inficiret werden,
welche doch mehrentheils aus schändlicher Verwahrlosung eines oder des andern Besitzers der Bienen, oder durch andere zu vermeidende Zufälle entstehet: als
wird hiemit verordnet,

§. 1. Daß sich jeder Bienenwirth hüten soll, bey ermanglendem guten eigen-
thümlichen Honig sich mit fremden ausländischen unreinen Honig zu behelfen und

B 3   seine

feine Bienen damit zu füttern: in sobald ein Nachbar solches wahrnimmt, soll er es sogleich des Orts Obrigkeit melden, diese soll denselben vorfordern und den Honig vorzeigen lassen, da dann, durch ein oder zwey verständige und bestättigte Bienenvätter, der fremde Honig untersucht werden soll, falß er nun schädlich und unrein befunden wird, muß ihm sein ganzer Vorrath von Amtswegen weggenommen und an die Lebküchler verkaufft, und falß er dergleichen doch nicht unterließe, mit 1 fl. bestrafft werden; weil leider! die Erfahrung nur allzuofft gelehret hat, daß solche heimlich angestellte Fütterungen ofebenn faulbrütige Stöcke gemacht, andere gesunde Bienen, wann sie mit jenen auf den Blumen gesessen, angesteckt und also unsäglichen Schaden angerichtet haben.

§. 2. Falß aber ein Wirth nicht eben fremden Honig gekaufft, seine Bienen aber durch versäuerten Honig oder durch unreines Gefäß in seinen Bienen die faule Brut erwecket, sollen die Nachbarn, wann sie es merken, einen verständigen Bienenvatter, ohne daß es der Eigenthümer weiß, des Morgens oder Abends in die Stöcke desselben nachzusehen, schicken, ob er auf eine solche schädliche Weise seine Bienen füttere. Findet man es nun, so soll ihm das unreine Geschirr und Honig sogleich genommen werden, und er soll noch dazu die Gänge des Bienenvatters, nebst den Kosten bezahlen.

§. 3. Solte sich je ein Bienenwirth aus blosem Neid und Bosheit unterfangen, des Nachbarn gesunde Stöcke durch heimliche Vorsetzung mit Höfen, blauer Stärk, oder sonst mit schädlichen Sachen vermischten Honig zu füttern und faulbrütig zu machen, so soll dieses Verfahren, wann er dessen überführet wird, nach Obrigkeitl. cher Erkanntnuß, mit Zuchthaußstraf und Ersetzung alles Schadens und Kosten nach Verdienst bestrafft werden.

Zugleichen ist auch allen Unterthanen, welche Bienen halten, bey Straf zu verbiethen, daß sie den Honig, welchen sie zum Bienenfüttern verkauffen, nicht mit Mehl vermengen, um ihn dardurch dicker zu machen und ihm ein besseres Ansehen zu geben.

§. 4. Ergebe sich aber, daß die Bienen eines Wirths ohne sein Verschulden faulbrütig werden, welches ebenfals durch mancherley Ursachen geschehen kann, z. E. wann im Frühling denen Bienen Ausflug und Reinigung, wegen anhaltender grossen Kälte, lange Zeit verwehret worden, wodurch sie ihren Auswurf der Natur in dem Stock lassen müssen, oder aber die Bienen wären im Frühling auf giftige Blumen oder sonst saurende Sachen gefallen, wodurch sie sich die Faulbrut selbst erweckt, so soll ein dergleichen Vorfall denen übrigen Bienenwirthen aufrichtig gemeldet und von diesen die in dem sächsischen Bienenvatter pag. 644. vorgeschriebene Cur vorgenommen werden, und keiner dergleichen Unfall verschweigen. vid. fränkischen Bienenmeister pag. 237.

§. 5 Da

§. 5. Da offt stinckende Aeser in Dörfern und auf den Strassen befindlich, und durch die mit fäulenden Theilgen angefüllte Lufft, die Bienen faulbrütig gemacht worden, so ist nöthig, dergleichen Aeser sogleich wegschaffen und vergraben zu lassen.

§. 6. Da man bishero in der Unwissenheit gestanden, als ob faulbrüdige Stöcke nicht konnten getheilet werden, weswegen die Gewohnheit gewesen, solche ausser dem Ort zu verbrennen: als solle dieses inskünftige unterbleiben, dagegen die Bienenwirthe so damit behafftet, angehalten werden, nach vorbeschriebener Maaß, solche mit Bevorath verständig und bestättigter Bienenwirthe zu heilen, ehe das Uebel weiter um sich frißt.

§. 7. Da aus vorstehendem erhellet, wie viel es auf die öfftere Visitation der Bienenstöcke und den Bevorath eines erfahrnen Bienenvatters ankommt, welcher andern, die keine Zeit und Verstand davon haben, mit Rath und That beyspringen könne: Als erfordert die unumgängliche Nothwendigkeit, in jedem Amtsbezirk 1. 2. oder 3. dergleichen verständig und erfahrne Bienenvätter, als verordnete Bienenmeister durch die Wahl der Bienenwirthe auszusuchen, selbige nach vorheriger Verpflicht- oder Verhandgelübbung bey Amt durch gütliche Vorstellung dahin zu vermögen, sich in dergleichen Fällen, denen Untersuchungen, vor die Gebühr, zu unterziehen; und deren Gutachten sollen sich auch alle Bienenwirthe desselben Districts unterwerfen, und ihm vor seine Versaumnus und Gänge, einen billigen Lohn bezahlen, maßen alle Bienenwirthe in verkommenden Fällen, deren Raths sich bedienen können. Es muß aber dergleichen erwählter Bienenmeister vorher examinirt und geprüfet werden, ob er auch die nöthige Bienenwissenschaft besitzt, wozu die herausgegebenen Bücher und Erfahrung nöthig sind.

§. 8. Was die Cognition derer sich ereignenden Bienenfrevel und Klagen betrifft, wird solche der Billigkeit nach, wohl niemand anders, als dem Dorf- und Gemeindherrn zukommen: Wann hingegen ein Bienendiebstahl vorgehet, so bleibt die Untersuch- und Bestrafung des Thäters allerdings dem Iurisdictional- oder Fraisch-Amt.

Wann sich sämmtliche Bienenwirthe, in jedem Amtsbezirk entschliessen möchten, alljährlich etwa auf Johannis oder einem andern Feyertag, an einem bequemen Ort, zusammen zu kommen, einander die Beschaffenheit ihrer Bienen, sodann was ihnen nutz- oder schädliches begegnet, zu eröfnen, gemeinsamen Raths zu pflegen, das Gute zu befördern, das Nachtheilige aber abzustellen, allenfals neue Puncten in dieser Ordnung vest zu setzen, die Anzahl ihrer Bienen, gegen vorige Jahre zusammen in ein Buch zu tragen, und die Zu- oder Abnahm der Bienenzucht und deren Ursachen, zu untersuchen, um vors künftige gute Maasregeln vest zu setzen, so ist nicht zu zweiflen, wir werden in unserm Frankenland, in kurzer Zeit mit der Bienenzucht es so weit bringen, als andere hochansehnliche Gesellschafften in der Oberlaußnitz, durch zusammen gesetzte Kräfften, und eifrige Bemühungen, schon vorangegangen sind, und den daraus fliessenden reichen Seegen bereits erlangt haben.

Aus

Aus dieser alleinigen Absicht, ist die Bienenordnung nach Anhandgebung der Billigkeit und Erfahrung, mit Beyrath anderer guten Freunde, zusammen getragen, deren Mehr- und Minderung aber dem Publico anheim gestellt worden. Onolsbach den 20. Jul. 1769.

Von einem Patrioten und wahren Bienenfreund.

Nachricht von den Ursachen öfterer Feuersbrünste.

Ist eine Sache von äusserster Wichtigkeit, vor dem Landmann, so ist es gewiß diese, und gleichwohl wird wenig darauf gesehen, sondern wann dergleichen Unglück geschiehet, so heißt es: es ist das Feuer von bösen Leuten eingelegt, da doch die Besitzer selbst schuld daran sind.

Die erste Ursache ist, daß in den meisten Schlöten zu Aufhäng und Räucherung des Fleisches, anstatt eiserner Stangen, nur hölzerne Prügel quer übergeleget und in den Schlot eingemauert werden: da sich nun in solche der Ruß klumpenweiß anhänget, und sich nach und nach entzündet, so fängt der Prügel Feuer, glimmt durch die dünne Wand des Schloths und aussen im Boden, wo die Luft dazu kan, geräth es, wie die Erfahrung schon oft gelehrt hat, in Flammen. Der Gewohnheit nach, legen geringe Leute ihre Fütterung, Stroh, auch Schlaisen und anderes Gerümpel an den Schloth, da dann das Feuer von solchen in Brand gerathenen Prügeln solche Sachen ergreiffet, und ohne daß unten im Haus jemand etwas davon gewahr wird, das Oberstockwerk und Dach in völligen Brand geräth, wo hernach keine Rettung mehr ist. Dahero bey neuen Häusern, wie bey den Alten, nichts anders als 2 eiserne Stangen, statt der gefährlichen Prügel geduldet, bey der Feuerschau darauf gesehen, und den Maurern bey Straf verbotten werden solle, bey Aufführung neuer Schlöthe, keine solch hölzerne Prügel mehr einzumauren.

Die andere Ursach, und daß die Schlöthe so oft brennend werden, ist, daß liederliche Hausleute das grüne Wellholz oder Schlaißen, mittelst der Ofengabel an den Schloth über dem Ofen oder Rauchloch anlehnen, um es die Nacht über allda trocknen zu lassen, da hingegen solch Holzwerk zur Unzeit sich selbst und den ganzen Schloth anzündet und oft das ganze Haus drüber in Brand geräth. Es geschiehet auch wohl, daß liederliche Ehehalten das Holz nicht weit genug in den Ofen legen, welches dann heraus brennt, und das im Vorcamin liegende Holz entzündet, wodurch der Schloth und zugleich das Haus in Brand geräth.

Die dritte Ursache ist, daß auf denen Absätzen bey jedem Stockwerk oder Gebälf, welche auch Ruhplätze genennt werden, die Schlothfeger den oben herabfehrenden Ruß nur liegen lassen, wann sie solchen nicht zum Verkauff mitnehmen können, welcher sich von Zeit zu Zeit vermehret, endlich wann einmal auf dem Heerd stark gefeuert, Schmalz ausgelassen oder sonst unvorsichtig gehandelt wird, sich entzündet, und da der ganze Schloth, zumahl, wo lauter Fichten oder Kühnholz gebrennt

brennt wird, voller Pech hangt, auf einmal in Brand geräth, wann nun der Schloth nur von aufgesetzten und nicht von liegenden Backensteinen angeführet ist, so bekommt er von der Hitze Risse oder springt gar, das Feuer dringt sodann in den Boden, findet allda auch brennliche Sachen und setzt das Hausgeräth in volle Flammen. Dahero jeder Hausvater und Hausmutter bey Fegung der Schlöthe darauf zu sehen und den Schlothfeger anzuweisen hat, daß er allen Ruß von den Absätzen oder Ruhplätzen herablehre und nichts liegen lasse: In den Städten haben zwar sonst die Camminfegergesellen die Gewohnheit, daß sie Säcke bey sich tragen, den abgefegten Ruß drein fassen und mit sich fort tragen, hernach den Bauren zu Tungung der Wiesen verkaufen, ob sie es aber auf dem Land thun, muß die Erfahrung lehren.

Die vierte Ursach ist, die allzuenge Verfertigung der Schlöthe, dann es ist bekannt, daß zwar ein Schloth oben wo der Mantel in der Küche ein Ende hat, bis hinaus, zwey Schuh auf alle 4 Seiten weit seyn soll, damit ein Schlothfeger Gesell von 20 bis 30 Jahren, dadurch schliefen und solchen besteigen könne: Nachdeme aber in denen Gegenden, wo kein hartes sondern meist Ficht- und Forl- oder Kühnholz gebrannt wird, sich das Pech nach und nach dergestalt anlegt, daß auf jeder der 4 Seiten es wohl drey Zoll dick, mithin der Schloth um 12 Zoll in der Circumferenz enger wird, so kann natürlicherweiß ein gesetzter Cörper, oder starker Mensch, solchen nicht mehr besteigen oder durchkommen, sondern man nimmt dazu geringe Lehrjungen, welche sich wenig um die Reinigung des Schloths bekümmern, sondern auf und abrutschen, mit dem Besen ablehren was thunlich, das Pech aber bleibe hangen, wann nun auf denen Ruhplätzen, zumahl bey liegenden Schlöthen, der ablehrende Ruß liegen bleibt, bis er einmahl durch auffahrende Funken in Brand geräth, so ist ja dieses und das dicke Pech Materie genug, das Feuer zu erhalten und, wann der Schloth nicht gut, solchen zu zersprengen: Dahero beym Schlothbauen und fegen sich darnach sorgfältig zu richten ist.

Die fünfte Ursach ist, wann unvorsichtige Haußhalter geschehen lassen, daß ihr Gesind in Ställen und Scheuern, morgens vor Tag, Spähn oder auch Unschlittlichter anzünden, wovon die Funken abfallen, das herumliegende Stroh ergreifen und das Gebäu in Brand stecken: Dagegen eine Lampe mit Lein- und Rüböhl mit geringer Einfassung von Blech, all solcherley Fahrläßigkeiten leicht Vorsehung thun kann.

Vom Calender-Wesen überhaupt.

Es ist das Jahr jederzeit von verschiedenen Völkern, auch verschiedentlich eingetheilt worden. Einige bedienen sich des Monden Jahrs, und rechnen 12 oder auch 13 Monath auf ein Jahr: andere erwählen hingegen das Sonnen-Jahr, welches eine Zeit ist, da die Sonne, oder welches einerley ist, die Erde, einmahl um den Himmel herum kommt. Dieses aber geschieht in 365. Tagen, 5 Stunden 49 Minuten,

Mannichfaltigt. 1 B. 2 St.   C   und

und so lang ist dann eigentlich das Sonnen-Jahr. Romulus, der die Stadt Rom erbauet hat, nahm aus Unwissenheit zu einem Jahr nur 10 Monathe, deren einige 30. andere 31 Tage hatten: Aus welcher Rechnung aber ein sehr wandelbares Jahr entstehen mußte. Sein Nachfolger Numa nahm 12 Monathe zu einem Jahr, und dieses von ihm so genannte Numische Jahr war 354. Tage lang. Weil aber das Sonnen-Jahr aus 365 Tagen bestehet, und also um 11 Tage grösser ist, als vorgedachtes Monden-Jahr, so wollte Numa diesem Fehler folgender Gestalt abhelfen, indeme er alle zwey Jahre einen Schalt-Monath zwischen den 23. und 24. Febr. einruckete, der bißweilen 22 bißweilen auch 23 Tage hatte. Da nun auch aus dieser Rechnung, durch Nachläßigkeit der Hohen-Priester zu Rom, denen die Sorge für den Calender oblag, mancherley Unordnung entstanden, indem die Feste, welche Numa im Herbst angesetzet, sich schon biß in den Sommer verschoben hatten, so nahm Julius Cäsar als Pontifex Maximus abermahl eine Veränderung mit dem Calender vor. Er richtete nemlich das Jahr nach dem Lauf der Sonne ein, und setzte, die Sonne käme in 365 Tagen und 6 Stunden einmahl um den Himmel herum, rechnete also auf ein gemein Jahr 365 Tage, die übrigen sechs Stunden nahm er alle 4 Jahre zusammen, und weil sie alsdenn wieder einen Tag ausmachten, so ward ebenmahl im 4 Jahr zwischen 23. und 24 Febr. ein Tag eingeschaltet, wovon ein solches Jahr den Namen eines Schalt-Jahrs bekam, und aus 366 Tagen bestund. Dieses Jahr wird vom Julio Cäsare genennet das Julianische, und ist nur in Europa noch bey den Engelländern und Schweden gebräuchlich. Julius Cäsar hat ausser allem Zweifel das Jahr zu groß angenommen, wie dann ein Sonnen-Jahr nicht genau aus 365. Tagen und 6 Stunden; sondern nur, wie oben gedacht, aus 365 Tagen, 5 Stunden, und 49. Minuten bestehet. Daher hat die julianische Rechnung auch noch seine Fehler. Die 11. Minuten so Julius Cäsar zu viel genommen, machten in 131. Jahren schon einen gantzen Tag, und noch eine Minute drüber; und seit 1770. Jahren (denn so lange ist es in dem jetztlaufenden Jahre her, daß der Julianische Calender eingeführet worden) schon 13½ Tage. Dadurch aber war es geschehen, daß die Zeiten sich ziemlich wieder verrücket hatten. Denn um so viel Tage kommen nun der Frühling, Sommer, Herbst und Winter eher, als zu der Zeit, da der Julianische Calender eingeführet worden, oder als etwa zur Zeit der Geburt Christi, welche ohngefähr 44. oder 45 Jahre nach Einführung desselben geschehen ist. Sollte die Welt noch 12000. Jahre stehen, so würde endlich der Winter auf Egidii, den 1. Sept. und der Anfang des Herbsts in die Hundstage gefallen seyn. Dazu kam noch etwas, so eigentlich das Oster Fest der Christen angehet. Auf dem allgemeinen Concilio zu Nicäa, so Anno 325. gehalten worden, ward beschlossen, daß das Oster-Fest künftig nicht mit den Juden zugleich an dem Tage, auf welchen der erste Vollmund im Frühling fällt, sondern den darauf folgenden ersten Sonntag sollte gefeyert werden: Wenn aber dieser Vollmond auf einen Sonntag fiele, so sollte derselbige auch nicht der Christen Oster-Tag seyn, sondern erst der darauf folgende Sonntag.

tag. Man setzte damals auch aus chriſtlicher Jnnyheit einen gewiſſen Tag, an wel-
chem ohngefähr die Sonne Tag und Nacht gleich, und den Anfang des Frühlings
machen mögte, nemlich den 21 Martii, da dann der erſte Vollmond nach den 21
Martii das Oſterlicht war, und der darauf folgende Sonntag der Oſter-Tag. Aus
ſolchem Schluß entſtund in den folgenden Zeiten wieder groſſe Unordnung. Die wahre
Zeit des Frühlings, da die Sonne in den Widder, oder das erſte Zeichen des Thier-
Kreoſes tritt, verſchob ſich immer weiter, und ſeit dem Concilio zu Nicäa bis aufs
Jahr 1582. da Pabſt Gregorius eine neue Einrichtung des Calenders gemacht, hatte
ſich dieſelbe ſchon beynahe 10 Tage zurück verſchoben, daß der Anfang des Frühlings
nicht mehr auf den 21. ſondern auf den 11 Martii einfiel. Jndeſſen blieb man gleichwohl beſtändig bey dem Schluß des Nicäniſchen Concilii, und hielt den 21 Mart.
immerfort für den Anfang des Frühlings woher es zum öftern kam, daß
wenn gleich die Sonne, nach dem Himmel zu rechnen, den Anfang des Frühlings
ſchon gemacht, man dennoch den darauf folgenden Vollmond nicht achtete, ſondern
erſt auf den Vollmond acht gab, welcher auf den 21. Martii folgete. Alſo feyerte
man vielfältig das Oſter-Feſt nicht um die Zeit, da es Chriſtus mit ſeinen Jüngern
gefeyret hatte, ſondern manchmal 4 Wochen ſpäter.

Solcher Unordnung half endlich der Pabſt Gregorius durch ſeine Mathemati-
cos ab. Erſtlich wurden im neuen Calender Anno 1582. die 10. Tage, ſo weit ſich
nemlich der Anfang des Frühjahrs von dem 21. Mar. verſchoben hatte, im Oct. ausgelaſſen, weil in dieſem Mon. die wenigſte Päbſtliche Heiligen im Calender ſtehen, und alſo
der wahre Anfang des Frühlings wieder auf den 21 Martii verſetzt. Damit er ſich aber
nicht wieder verſchieben möchte, ſo ward der Schluß gemacht, alle 400. Jahre 3 Schalt-
Tage auszulaſſen. Dieſem zu Folge blieb zwar Anno 1600. der Schalt-Tag, Anno
1700. ward er ausgelaſſen, Anno 1800. und 900. würde er auch wieder wegbleiben, wo
anderſt die Welt ſo lange ſtehet Und das iſt die Einrichtung des neuen oder Gregorianiſchen Calenders, der in Europa unter den Catholiſchen gebräuchlich iſt. Man
wird daraus gewahr, woher der Unterſchied zwiſchen dem alten Julianiſchen und neu-
en Gregorianiſchen Calender komme. Die 10. Tage ſo der Gregorianiſche Calender
weg gelaſſen, blieben im Julianiſchen, und weil Anno 1700. der Gregorianiſche abermahl einen Schalt-Tag ausließ, den der Julianiſche behielt, ſo ſind dieſe beyde Calender nunmehr 11. Tage von einander unterſchieden, und wenn der Gregorianiſche
den 21 Martii ſchreibt, ſo ſchreibt der Julianiſche erſt den 10 Martii. Anno 1800.
werden ſie 12. und 1900. 13. Tage von einander ſeyn. Weil auch die güldene Zahl
und Epacten des Julianiſchen Calenders ihre Jrrthümer und Fehler hatten, ſo
ward auch damit eine Aenderung gemacht.

Die Alten hielten dafür, daß wenn am 21: Martii um 12 Uhr in dieſem Jahr
der Mond voll wäre, ſo müſte er über 19 Jahre an eben dem Tag und Stunde
wieder voll ſeyn, und das iſt der bekannte Cyclus lunaris oder Mond Zirkel. Nachdem man aber wahrgenommen, wie der Mond nicht 19 volle Jahr brauche,
ſondern dieſen ſeinen Kreiß 8½ Stunde eher vollende, ſo haben die Gregorianiſchen

Ma-

Mathematki neue Epacten verfertigt, welche allerdings etwas besser und richtiger seyn. Indessen wird der Julianische Calender noch immer nach den alten Epacten gerechnet, woher dann, und weil beede Calender 11. Tage von einander unterschieden sind, es kommt, daß das Oster-Fest nicht so gar oft nach beyden Calendern auf gleiche Zeit einfällt.

Endlich hat man noch einen Calender, welcher der verbesserte genannt wird, welcher in Teutschland unter den Protestanten gebräuchlich ist, auch in Dännemark und Holland eingeführet worden. Die Protestanten wollten sich vom Pabst den Gregorianischen Calender nicht aufdringen lassen, sondern blieben lieber bey dem Julianischen. Weil aber gleichwohl der Unterscheid dieser beyden Calender in Teutschland, da an vielen Orten Römisch-Catholische und Protestanten unter einander vermengt zu finden, viele Confusion und Irrung verursachte, indem der eine Theil seine Fest-Tage jetzt, der andere aber eben dieselbige zu einer andern Zeit feyerte, auch in den allgemeinen Reichs-Gerichten und Versammlungen daraus mancherley Unordnung entstund; so wurden die Evangelische Reichs-Stände endlich schlüßig, den alten Calender zu verbessern, welches auch mit dem Anfang dieses jetzt lauffenden Seculi zu Stande kam. Sie nenneten ihren Calender, zum Unterscheid des neuen oder Gregorianischen, den Verbesserten, wiewohl derselbige mit dem Gregorianischen mehrentheils übereinkommt. Denn was die Tage anlangt, ist zwischen ihnen kein Unterscheid. Weil der Julianische Calender mit dem Anfang dieses Seculi 11. Tage vor dem Gregorianischen unterschieden war, so wurden in dem verbesserten Calender diese 11. Tage ausgelassen, und dadurch der neue und verbesserte, was die Tage, und das Datum betrift, gleich gemacht, das Oster-Fest wird auch fast allemahl nach beyden Calendern zu gleicher Zeit gefeyret. Wiewohl sich doch mannigmahl darin ein Unterscheid findet, wie wir es Anno 1724. erlebt haben, da die Papisten ihr Oster-Fest 8 Tage eher als die Protestianten feyerten, welches daher kam, weil damahls der 21. Martii auf den Sonnabend fiel, und an demselbigen Tage der Mond zum erstenmahl im Frühling voll war, so fiel an dem darauf folgenden Sonntag auch der Jüden ihr Oster-Fest ein. Da nun in Concilio zu Nicäa beschlossen worden, man wolle das Oster-Fest nicht zugleich mit den Juden auf einen Tag feyren, so blieben die Protestanten bey solchem Schluß, und feyreten also ihr Oster-Fest nicht an dem gleich folgenden Sonntag, wie die Catholischen, sondern erst 8 Tage hernach. Nach Kremayeri Ausrechnung soll Anno 1730. der Catholischen Oster-Tag einen ganzen Monath zu früh kommen, daß sie also die Ostern in einem Jüdischen Jahre zweymahl, und im andern gar keine feyerten. Noch findet sich zwischen dem neuen und verbesserten Calender ein anderer Unterscheid. Der Gregorianische wird gerechnet nach den verbesserten Epacten und Cyclis, welche ebenfalls nicht gar zu richtig seyn. Sintemahl die 400. Jahre, in welchen sie die 3 Schalt-Tage auslassen, nicht genau 3. Tage übrig haben; sondern überdem 1 Stunde und 20 Minuten. Sollte demnach die Welt noch sehr lange stehen, so würde dieser Calender, wie

wohl

wohl nur erst in etlichen 1000. Jahren, endlich wieder eine Aenderung brauchen.
Die Protestanten hingegen rechnen ihren Calender Astronomisch, nach dem Lauf des
Himmels, und denen darauf gegründeten Astronomischen Tabellen, daher es auch
desto richtiger ist. Der neue Calender ward als ein perpetuirliches und unverän-
derliches Werk eingeführet, der verbesserte aber ist nur ad interim biß 1800. beliebt
worden, und wer weiß, ob die Welt einmahl so lange stehet.
vid. Uranophili Hauß- und Reiß-Calender.

Verzeichnus derer unbeweglichen Fest- und Feyertage.

Das neue Jahr ist den 1. Jan.   Jacobi den 25. Julii.   Simon Judas den 28. Oct.
Mariä Lichtmeß den 2. Febr.   Laurentius den 10. August.   Andreas den 30. Nov.
Mariä Verkündig. den 25. Merz.   Bartholomäus den 24. Aug.   Thomas den 21. Decemb.
Johannes der Taufer den 25. Jun.   Matthäus Apostel den 21. Sept.   Christi Geburt den 26. Dec.
Petri Pauli den 29. Jun.   Michael den 29. Sept.   Stephanus den 25. Dec.

Nachricht von denen Gewicht-Mahlen.

Weil es einem Haußvatter daran gelegen ist, daß mit dem seinigen redlich und ehr-
lich gehandelt werde, hingegen an vielen Orten, bey ermanglender Policey-
Aufsicht, es am allermeisten in den Mühlen fehlet, da dem Mahlgast vor sein dahin
bringendes Getraid, nur an Mehl gegeben wird, was mancher Müller will, und
jener darzu kein gut Wort bekommt, sondern bloß von der Müller und ihrer Knechte
Discretion dependiret. So hat man im Fürstenthum Brandenburg Onolzbach in
ältern und neuern Zeiten, alljährlich eine Probe angestellt, wie schwer das Getraid,
es sey Kern, Waizen oder Korn, in verschiedenen Gegenden des Landes wäge, darauf denen Müllern befohlen, daß jeder sich eine Waag und Gewicht anschaffen, und
dem Mahl-Kunden, nach Abzug des 16ten Theils vor die Müze, oder das Mahlen,
sein proportionirtes Quantum an Mehl und Kleyen, ohnweigerlich liefern muß. Und
ist hiebey kein Betracht auf die vielerley Mäse zu machen, sondern wann einer einen
Sack voll Getrayd in die Mühl bringt, so muß ihm der Müller, nach Abzug der
Müze, das nehmliche Gewicht, an Mehl und Kleyen wieder geben. Es ist aber auch
hiebey dieses zu beobachten, daß ein großer Unterschied unter dem Getrayd sey, der
eine putzt es sauber und bringt lauter tüchtige zum Mehl taugliche Körner in die Mühl,
der andere hingegen setzt seine Frucht nicht zuvor gnugsam, sondern bringt allerhand
Unreinigkeiten unter solcher mit, vor welche alsdann freylich der Müller kein Mehl
liefern kan: Dahero ist nöthig und billig, daß ein jeder Mahl-Kund sein Getrayd in
der Mühl vorderist durch die Feg lauffen lasse und säubere, alsdann erst das wägen
vornehme: Auf diesen Fuß ist nun, in nachfolgender Rattung die zuverläßige Probe
gemacht, daß ein jeder gewiß wissen könne, was ihm der Müller nach Abzug des
Staubs, an Mehl und Kleyen dem Gewicht nach, zu liefern schuldig sey, und da
kan kein Betrug vorgehen, sondern es muß bey entstehender Klage, der Beamte dar-

auf

auf sprechen und dem Mehl-Kunden Justitz verschaffen. Diß versteht sich aber bloß auf solche Leute, welche Mehl und Kleyen, so wie es das Korn gibt, einfach prätendiren. Wann hingegen Melber oder solche Leute, die mit Mehl, Grieß und dergleichen handeln, und aus einer Sorte Getrayd 3 biß 4erley Gattungen Mehl begehren, und dardurch manche Gelegenheit das Publicum zu hintergehen und schlechtes vor gutes verkauffen zu können, erlangen, so ist es billig, daß sie dem Müller auch sein Mühlwerk, Geschirr, Zeit und anderes extra entweder mit Geld oder reichlicherer Mütz vergüten müssen, und hierinnen fehlen zuweilen Policey-Aufseher entweder aus Unwissenheit und Eigennutz, bey verfassenden Raitungen oder Satz des Mehl-Preyses, zum grösten Schaden des Reichen und Armen. Es lautet aber die von Hochfürstl. Regierung approbirte Raitung vor die Müller also:

Wenn der Kern na das Korn wiegt Pfund	So muß der Müller dem Mahlgast liefern Mehl:		Kleyen: bey dem		Nach Abzug der Müh und Staub bey dem	
	Kern: Pfund	Korn: Pfund	Kern: Pfund	Korn: Pfund	Kern: Pfund	Korn: Pfund
100	76	82	14	8	10	10
120	92	99	17	10	11	11
150	115	123	22	13	13	14
160	122	132	23	14	15	14
190	145	156	28	16	17	18
200	153	165	29	17	18	18
210	161	173	31	18	18	19
220	169	181	32	19	19	20
230	176	190	33	20	21	20
240	184	198	35	21	21	21
250	192	206	36	22	22	22
260	199	214	38	23	23	23
270	207	223	39	23	24	24
280	215	231	41	24	24	25
290	222	239	42	25	26	26
300	230	247	44	26	26	27
310	238	256	45	27	27	27
320	245	264	47	28	28	28
330	253	272	48	29	29	29
340	261	280	50	29	29	29
350	268	289	51	31	31	30
360	276	297	53	31	31	32l
370	284	305	54	32	32	33
380	291	313	56	33	33	34
390	299	322	57	34	34	34
400	307	330	59	35	34	35
410	314	338	60	36	36	36
420	322	347	62	37	36	36
430	330	355	63	37	37	38
440	338	363	65	38	37	39
450	345	371	66	39	39	40
460	353	380	67	40	40	40
470	361	388	69	41	40	41
480	368	396	70	42	42	42
490	376	404	72	43	42	43
500	384	413	73	44	43	43

Tabel.

Tabelle oder Reitung vor die Becken.

Wenn 1 Sra Korn gilt		So muß wägen Ein 12 kr. Laib		Ein 6. kr. Laib.		Wenn 1 Sra. Kern gilt		Ein Zweyer Pärlein.		So muß im Gewicht haben Ein Kreuzer Pärlein.		Ein Bollen-Laiblein.		Ein Römisch 3. Kreuzer Laiblein.		
fl.	kr.	℔	Loth	℔	Loth	fl.	kr.	Loth.	Quintl.	Loth.	Quintl.	Loth.	Quintl.	℔	Loth	Quintl.
7	—	10	24	5	12	9	—	6	—	12	—	15	1	1	13	3
7	30	10	7	5	3⅛	9	30	5	3	11	2	14	3	1	12	1
8	—	9	22	4	27	10	—	5	2	11	—	14	2	1	11	2
8	30	9	8	4	20	10	30	5	1½	10	3	13	3	1	9	1
9	—	8	27	4	13⅛	11	—	5	1	10	2	13	—	1	7	—
9	30	8	14	4	7	11	30	5	—	10	—	13	—	1	7	—
10	—	8	3	4	1⅛	12	—	4	3½	9	3	12	2	1	5	2
10	30	7	25	3	28⅝	12	30	4	3	9	2	12	—	1	4	—
11	—	7	16	3	24	13	—	4	2½	9	1	11	2	1	2	2
11	30	7	7	3	19⅛	13	30	4	2	9	—	11	1	1	1	3
12	—	6	30	3	15	14	—	4	1½	8	3	11	—	1	1	—
12	30	6	23	3	11⅛	14	30	4	1	8	2	10	3	1	—	1
13	—	6	16	3	8	15	—	4	—½	8	1	10	2	—	31	2
13	30	6	9	3	4½	15	30	4	—	8	—	10	1	—	30	3
14	—	6	3	3	1½	16	—	4	—	8	—	9	2	—	28	2
14	30	5	29	2	30½	16	30	3	3⅛	7	3	9	2	—	28	2
15	—	5	23	2	27½	17	—	3	3	7	2	9	2	—	28	2
15	30	5	19	2	25½	17	30	3	3	7	2	8	3	—	26	1
16	—	5	13	2	22½	18	—	3	2½	7	1	8	3	—	26	1
16	30	5	9	2	20½	18	30	3	2½	7	1	8	1	—	24	3
17	—	5	4	2	18	19	—	3	2	7	—	8	1	—	24	3
17	30	5	—	2	16	19	30	3	1½	6	3	8	1	—	24	3
18	—	4	28	2	14	20	—	3	1½	6	3	7	3	—	23	1
18	30	4	25	[illegible]	12½	20	30	3	1	6	2	7	3	—	23	1
19	—	4	21	2	10⅛	21	—	3	1	6	2	7	1	—	21	3
19	30	4	17	2	8½	21	30	3	—½	6	1½	7	1	—	21	3
20	—	4	14	2	7	22	—	3	—½	6	1	7	—	—	21	—
20	30	4	11	2	5⅛	22	30	3	—	6	—½	7	—	—	21	—
21	—	4	8	2	4	23	—	3	—	6	—½	6	3	—	20	1
21	30	4	5	2	2½	23	30	2	3½	5	3½	6	3	—	20	1
22	—	4	2	2	2	24	—	2	3½	5	3	6	3	—	20	1

Not. Obiges Simra ist dem Nürnberger gleich.

Tabel-

Tabelle oder Raitung vor die Melber

und zwar nach der Maas, dann nach dem Gewicht.

Wenn 1. See Korn oder Korn erlauft wird vor fl.	kr.	So seit gelten Die Maas Semmel Mehl kr.	₰	Mittel Mehl kr.	₰	Nach Mehl kr.	₰	Die Rogen Rogen Mehl fl.	kr.	₰	Wenn 1. See Korn oder Korn erlauft wirder fl.	kr.	So muß der Silber wägen Vor 4. Kreuzer Semmel Mehl ℔	Loth	Mittel Mehl ℔	Loth	Nach Mehl ℔	Loth	Vor 30 ℔	Loth
7	—	1	3	1	1	—	3	—	22	1	7	—	2	13½	3	7	5	6½	22	23
8	—	2	—	1	2	1	—	—	25		8	—	2	5¼	2	23	3	31	20	6
9	—	2	1	1	3	1	1	—	27	3	9	—	2	1	2	14	3	12	18	6
10	—	2	1	1	3	1	1	—	30	2	10	—	1	27½	2	7	3	1	16	17
11	—	2	2	2	—	1	3	—	43	1	11	—	1	23	2	—½	2	19¼	15	5
12	—	2	3	2	1	1	3	—	36		12	—	1	19½	1	17	2	8	14	—
13	—	3	—	2	2	2	—	—	38	3	13	—	1	16½	1	22	2	2	13	—
14	—	3	—	2	2	2	—	—	41	2	14	—	1	13	1	19	1	29	12	4
15	—	3	1	2	3	2	1	—	44	1	15	—	1	11	1	15½	1	24	11	12
16	—	3	2	3	—	2	1	—	47		16	—	1	8½	1	12	1	19	10	23
17	—	3	3	3	1	2	3	—	49	3	17	—	1	6¼	1	9½	1	15½	10	3
18	—	3	3	3	1	2	3	—	52	2	18	—	1	4¼	1	7½	1	12	9	18
19	—	4	—	3	2	3	—	—	55	1	19	—	1	3	1	5½	1	10	9	3
20	—	4	1	3	3	3	1	—	58		20	—	1	1¾	1	3	1	7½	8	21
21	—	4	2	4	—	3	2	1	—	3	21	—	1	—	1	1½	1	5	8	9
22	—	4	2	4	—	3	2	1	3	2	22	—	—	30½	1	—½	1	3½	7	29
23	—	4	3	4	1	3	3	1	6	1	23	—	—	29½	—	31	1	1	7	18
24	—	5	—	4	2	4	—	1	9		24	—	—	28	—	30	1	—	7	9
25	—	5	1	4	3	4	1	1	11	3	25	—	—	27½	—	28	—	31	6	24
26	—	5	1	4	3	4	1	1	14	2	26	—	—	26¼	—	27½	—	29	6	24
27	—	5	2	5	—	4	2	1	17	1	27	—	—	25	—	26½	—	28	6	16
28	—	5	3	5	1	4	3	1	20		28	—	—	24½	—	25	—	27	6	9
29	—	6	—	5	2	5	—	1	22	3	29	—	—	24	—	24½	—	26	6	2
30	—	6	—	5	1	5	—	1	25	2	30	—	—	23	—	23½	—	25	5	28

Wobey noch anzumerken ist, und zur Nachricht angefüget wird, daß nach der Observanz die Maaß feiner Grieß, allezeit noch so viel als die Maas Mittel Mehl, die Maas Mund-Mehl aber zwey Kreuzer mehr als das Semmel Mehl gelte.

Mannichfaltigt. 1 B. 2 St.   D   Doch.

Hochfürstl. Anspach= und Bayreuthisches Patent, die Bergwerke auf dem Fichtelberg betreffend.

Von GOttes Gnaden Wir Christian Friederich Carl Alexander, Marggraf zu Brandenburg, in Preussen, zu Schlesien, Magdeburg, Cleve, Jülich, Berg, Stettin, Pommern, der Cassuben und Wenden, zu Mecklenburg und zu Crossen, Herzog; Burggraf zu Nürnberg ober und unterhalb Gebürgs; Fürst zu Halberstadt, Minden, Camin, Wenden, Schwerin, Razeburg und Mörs; Graf zu Glatz, Hohenzollern, der Marck, Ravensberg und Schwerin, Herr zu Ravenstein, der Lande Rostock und Stargardt; Graf zu Sayn und Wittgenstein, Herr zu Limburg 2c. Des löblich Fränkischen Craußes Craußes Obrister und General=Feldmarschall auch Obrister über zwey Cavallerie=Regimenter 2c.

Entbieten allen und jeden unsern Landes= und Amtshaupt= auch Ober=Amtleuten, Ober= und Forstmeistern, Amtleuten, Castnern, Bergmeistern, Verwaltern, Vögten, Richtern, Steuer= und Zoll=Einnehmern, Burgermeistern, Gemeinden in den Städten und auf dem Lande, wie auch allen und jeden Unterthanen und Schutz=Verwandten, auch sonst männiglich, wes Standes und Würden sie sind, denen dieses Unser offenes Patent vorkommet, besonders aber Bergwercks=Liebhabern, Gewerken, Verlegern und Bergleuten, in= und ausserhalb Landes, Unsere Gnade, und fügen hiermit zu wissen:

Was massen, da der Allerhöchste Unsere Lande und Fürstenthum ober= und unterhalb Gebürgs, sonderlich den männiglich bekannten Fichtelberg, mit allerhand Metallen, Mineralien und Fossilien, als Gold, Silber, Kupfer, Zinn, Bley, Eisen, Antimonium, Vitriol=Kiessen, Alaun, Schmeer=Alabaster, Marmorsteinen 2c. reichlich gesegnet, Wir nach angetrettener hiesiger Landes=Regierung mit GOtt entschlossen sind, wegen der hin wieder sich zur Gnüge zeigenden bergmännischen guten Anweisungen, qualificirter Situation und allen dazu erforderlichen Requisiten ersagte Bergwerke zu Unseres Landes und Unterthanen, dann der bauenden Gewerken Besten und Nutzen in erweiterten Anbau und mehrern Erhub zu bringen, auch in fortdauernden Gang und Wesen zu erhalten.

Zu Erlangung dieses allen aber, und damit bey dem Bergbau alles röthlich und nützlich veranstaltet, alle Unordnung und Mißbrauch abgeschaffet und verhütet, allen erwachsen wollenden Irrungen sogleich die abhelfliche Maaße gegeben, im Gegentheil des Bergwerkes und der bauenden Gewerken Aufnahme und Nutzen befördert, wie h n e nem jeden dabey so wohl Bauenden als Arbeitenden gleiches Recht mitgetheilet werde, haben Wir nicht alleine allbereits zum voraus alle Hindernisse möglichst removiret, und deswegen eine besondere Ober=Berg=Deputation angeordnet, derselben auch die Aufsicht über das ganze Berg=Wesen und alle dahin einschlagende Geschäfte

solita=

solidarie übertragen, annebst hinlängliche Berg-Officiers, Beamte und Bediente, welche von Unsertwegen das Berg-Wesen dirigiren und beym Bergbau Obsicht haben sollen, gesetzet und bestellet, sind anbey des gnädigsten Entschlusses, wenn es erforderlich seyn sollte, noch mehrere erfahrne und geschickte Berg-Bediente anzunehmen, sondern haben auch überdieses, nach reiflich gepflogener Ueberleg- und Untersuchung, für nöthig und gut erachtet, allen von Unsern Fürstlichen Vorfahren am Regimente denen Bergbauenden, Hammerwerks-Besitzern, Verlegern, Gewerken und Berg-Arbeitern nicht nur in der Berg-Ordnung, sondern auch in den von zweyen Seculis her emanirten Berg-Mandaris, Ausschreiben, Decretis und Special-Befehlen, welche Wir hiermit ihrem ganzen Umfang nach erneuern und bestättigen, zugestandene Begnadigungen, Immunitäten, Privilegia, Vorrechte, Freyheiten und Gerechtigkeiten mit der theuersten Versicherung zu überlassen, daß sie bey deren ruhigen Genusse zu allen Zeiten kräftigst geschützet, auch darüber unverbrüchlich gehalten, nicht minder des edelsten die auf den jetzigen Statum eingerichtete neue Berg- und Hammer-Ordnung zum Druck befördert werden solle.

Demnach thun Wir solches hierdurch und in kraft diß dergestalten, daß Wir

1. ohne einigen Unterschied Standes und Würden sowohl inn- als ausländischen in Unseren Landen und Fürstenthum nicht nur in denen Uns immediate zuständigen, sondern auch von allen und jeden Unsern Landeseingesessenen Edeln und Uneedeln besitzenden Grundstücken ein offenes Schürfen und Bergwerk-Bauen, somit die in die Erde gelegten edlen Gaben GOttes frey und gemein geben, also, daß iedermänniglich erlaubt und vergönnet seyn solle, nach Gäng und Klüften, Stock-Flöz, und Gaisenwerk auf Gold, Silber, dann alle andere Metalle, Mineralien und Fossilien, wie sie Namen haben mögen, samt Salz-Quellen, Marmor rc. nichts ausgenommen, zu schürfen und zu suchen, und so, wie es die Gelegenheit erfordert, Bergmännisch darauf zu bauen. Ingleichen erklären Wir hiermit alle alte Berg-Gebäude, die sonsten von Unsern Fürstlichen Vorfahren und Angehörigen gebauet worden, und gegenwärtig nicht mehr mit würklicher Arbeit beleget sind, in das Freye, und überlassen sie allen und jeden, sowohl Einheimisch als Ausländischen, die solche bauen mögen.

Gleichwie Wir aber das Schürfen und nach Bergwerken zu suchen auf keinerley Weise behindert wissen wollen: Also setzen und ordnen Wir

2. ernstlich, daß Niemand in Unsern Landen und Fürstenthum, weder edel noch unedel, sich unterstehen solle, auf seinen Gütern und Gründen oder anderswo zum Nachtheil Unserer Regalien und Landesfürstlichen Hoheit solches zu verwehren, zu hindern oder Einhalt zu thun, noch Caution von Schürfern zu fordern, wie etliche Unserer Vasallen sich strafbarer Weise beyfallen lassen, bey zwanzig Mark Silber Strafe, die Uns derselbe jedesmahlen ohne Nachlaß für solchen Frevel zu erlegen, auch nach Befinden anderer nachdrücklicher Ahndung zu gewärtigen hat; Dahingegen versehen Wir Uns zu denen Schürfern gnädigst, daß dieselben Niemand aus

D 2

Muth-

Muthwillen, Neid oder Feindschaft, einigen Schaden auf den Gütern thun werden, gestatten Wir solches ebenfals bey schwerer Strafe vermieden wissen wollen.

Hiernächst verheissen und versprechen Wir auch

3) zu mehrerer Beförderung dieser Unserer gnädigsten Intention, und zu besserer Aufmunterung sowohl Berg = Baulustigen als Bergleuten, daß Wir denenjenigen, welche einen neuen Metallhaltigen Gang in frischem Felde erschürfen, entdecken, oder irgendwo Ertz in alten Gebäuden, so versetzet oder sonst bey zu Bruch gelegenen Werken bisher in Verschwiegenheit gewesen, anzeigen oder wahrhaftig augenscheinlich machen werden, über das dadurch erlangte erste oder Fund = Recht nicht nur das sonst abgegebene in Unserer Berg = Ordnung festgesetzte Douceur, sondern auch nach Beschaffenheit der Sache eine noch grössere Gnade angedeihen lassen wollen. Nicht minder versichern Wir auch denjenigen Unsere besondere Fürstliche Huld, nebst anständiger Bedienstigung, welche in Berg = Schmelz = Hütten und Hammerwerk = Wesen etwas neues und mehreres zur Verbesser = und vortheilhafter Nutzung desselben eröfnen werden, in specie aber wollen wir demjenigen, welcher eine ergiebige und anhaltende Saltz=Quelle in Unsern Landen entdecket, ausser einem Prämio von 100 Ducaten noch andere Wohlthaten zufliessen lassen. Dabey haben

4) Alle inn = und ausländische Gewerken, was sie in Unsern Landen und Fürstenthum bey Bergwerken und dem Bergbau erobern, und durch den Seegen GOttes erlangen werden, eben wie vormals vor sich und die ihrigen in alle Wege sich zu vergewissern, sollen auch von Uns dabey festiglich geschützet und gehandhabet, weder ihrer bauenden Bergtheile noch davon fallenden Nutzung, sie seyen erkauft, von neuen erbaut, oder ererbet, um keinerley Schuld, Uebertrettung oder Verbrechens willen, weder in Friedens = noch Kriegs=Zeiten, ausserhalb ordentlichen Berg = Rechte, verlustiget, weniger dieselben eingezogen, noch mit Arrest beleget werden.

Nicht minder geben Wir

5) denen Berg = und Hütten = Verwandten, Gewerken und Hammerwerks = Besitzern, auch Verlegern und Handwerks=Leuten, welche würklich in Arbeit stehen, wie sie Nahmen haben, die Freyheit und Recht, dasjenige, so zu ihrer Nothdurft an Speise, Getränke, allen Sorten von Getraydte, Unschlitt, allerhand Victualien, dann Holtz, Eisen und was zu des Bergwerks Nutzen erfordert wird, an Ort und Enden, wo sie dasselbe am besten bekommen können, anzuschaffen, auch alle gewonnene rohe oder zu einem Kaufmanns = Guth gebrachte Berg = Producta an Eisen = Stein, Vitriol, Alaun und Eisen, dann allen andern Ertzen, Fossilien und Metallen, deren Consumtion im Lande ohnmöglich, mithin entbehrlich, inn = und ausser Land zu Beförderung ihres und Unsers Nutzens zu = und abzuführen, und so weit sich Unsere Lande und Gebiet erstrecken, auch sie beglaubte Pässe von dem Berg = Amt darüber aufzuweisen haben, deshalben von allem Zoll, Accis, Niederlage, und allen andern Impotten und Auflagen, wie sie anjetzo heissen und gebräuchlich sind, oder künftig gefunden und erdacht werden mögen, befreyet zu seyn, jedoch daß sie solche und der-
glei-

gleichen Sachen zu ihrer und der ihrigen Nothdurft sich bedienen, nicht aber damit handeln oder Kaufmannschaft zu Unserer Städte und Unterthanen Nachtheil treiben.
Damit auch

6) die Berg-Hütten- und Hammer-Werke um destomehr befördert, und die Gewerken aufgemuntert werden, auch die Bergwerke wegen ermangelnden Holtzes zum Nachtheil Unseres Interesse nicht in das Stecken gerathen oder gar liegen bleiben müssen, so werden Wir auf die Conservation Unserer Waldungen durch Einschränkung des auswärtigen Verkaufs nicht nur ernstlich bedacht seyn, sondern Wir wollen auch nach Rath und Gutbefinden Unsrer Obrist-Forst- und Obrist-Jägermeisterey Unseren sämtlichen Forst-Officiabus gemessen anfügen lassen, daß sie alle nur mögliche Sorge tragen, die bey Bergwerken befindliche Waldungen dicken zum Besten, zu schonen und niemanden daraus etwas zur Flöse, Kohlen, oder zu Brenn- und Bauholz ohne Noth zu überlassen, dargegen aber alles zu Berg-Hütten- und Hammer-Werken erforderliche Holz so viel möglich in der jedem Werk am nächsten liegenden Gegend, und zwar das zu tiefen Stöllen und Schächten nöthige nach der bey jedem Berg-Amt dermalen eingeführten Einrichtung, das zu Hütten, Zechenhäusern, Poch, Hammer und andern Werken und Gebäuden aber um einen billig und leidlichen Waldzinß auf beygebrachtes Attestat von Unsern Berg-Aemtern ohne einiges gestieffentlichen Anstand jederzeit abzugeben.

7) Da Wir Unserer angeordneten Ober-Berg-Deputation die Aufsicht über das ganze Berg-Wesen und alle dahin einschlagende Geschäfte solitarie übertragen, auch derselben sämtliche Berg-Aemter in der Maaße subordiniret haben, daß sie mit allen ihren Untergebenen ihr alleiniges Forum daselbst haben, und sämtliche Berg- und Hütten-Bediente, Hammer-Werks-Besitzere und Berg-Hütten- und Hammer-Arbeiter nach mehrerm Innhalt und Vorschrift Unser hiernächst in offenen Druck publicirt werden sollenden Berg-Ordnung von aller Jurisdiction der Civil-Beamten (nur die Criminal und Lehenßfälle ausgenommen) gänzlich eximiret seyn sollen: So ertheilen Wir denen Berg-Werks-Wesen hierdurch die Freyheit und Recht, in allen Fällen, so das Berg- und Hammerwerks-Wesen betreffen, sowohl, als allen vorkommenden Senfterungen und Fernicationen, Beraubieß- und Paschereyen, Frevel und Injurien-Sachen die Jurisdiction über die Berg-Hütten- und Hammerwerks-Bediente, dann Berg-Hütten- und Hammer-Arbeiter, wie sie Namen haben, und conditionirt seyn mögen, zu exerciren; Gestalten diese, ob sie sonsten schon ratione immobilium unter denen Justitz- und Civil-Aemtern gesessen und in actionibus pure realibus dahin gehörig, dennech der ihre Person und Domestiquen unter keiner andern, als des Berg-Amts Iurisdiction in quavis actione personali stehen, auch von Niemand anders citiret oder gerichtet werden sollen. Die Verbrecher aber, so ad criminalia zu referiren sind, sollen nach vorgängiger denen Berg-

lictis, so in das Bergwesen gehörig, bey all und jeden Verhören den Beysitz haben soll.

Annebst werden auch alle Unsere Justitz- und Civil-Beamte mit allem Ernst dahin angewiesen, Unsern Berg-Aemtern auf jedesmahliges Ansuchen mit Gerichts-Knecht, Frohn-Veste, Ausschuß und andern, vermöge der allbereits von Unsern Fürstl. Vorfahren dieserhalb ergangenen Verordnungen ohne den mindesten Anstand an Handen zu gehen.

Dafernte sich aber ein- oder der andere über den Ausspruch des Berg-Amtes zu beschweren rechtmäßige Ursache haben sollte, soll demselben an Unsere Ober-Berg-Deputation und sonst nirgend andershin zu recurriren erlaubet seyn.

Ueber dieses alles sollen

8) Alle Ober- und Unter-Officier bey Berg- und Hütten-Werken, Hammerwerks-Besitzere, samt denen Berg-Hütten-Hammer- und Handwerks-Leuten, welche bey Berg und Hütten in würklicher Berg- und Hütten-Bedienung und Arbeit stehen, inn- und ausländische, so jetzt gegenwärtig oder inskünftige in Berg-Städten und Orten, wo Bergwerke sind, sich befinden werden, wie groß auch deren Anzahl sich vermehren möchte, wenn sie nur dem Bergbau in Unsern Landen und Fürstenthum zugethan sind, und denselben mit ihren würklichen Diensten und Arbeit befördern helfen, vor ihre Person und die ihrigen alle gewöhnliche Berg-Freyheiten ungestört genießen, und deshalb unangefochten seyn und bleiben, auch von allen und jeden Oneribus, in specie Einquartirung, Accis, Tambour-Geldern, Gewerb- oder Handthierung-Steuer, Schutz-Geld, extra Anlagen, Enroulirung und andern Beschwerungen, so lange sie in Berg- und Hütten-Arbeit stehen und nicht andere Gewerbe treiben, exemt gelassen werden, jedoch daß solche Gnade auf keinerley Weise gemisbrauchet werde. Auch ertheilen Wir noch über dieses denen Hammerwerks-Besitzern die gnädigste Zusicherung, daß ihre Werke niemahls mehr, wie vormals geschehen, mit Einquartierungen, oder Vorspann, noch weniger aber mit Lazareten sollen belästiget werden, worgegen sie aber von denjenigen Grundstücken, so nicht zu dem Hammerwerk gehören, sondern nach und nach acquiriret werden, alles dasjenige, was die vorigen Besitzer davon gethan und darauf geleget ist, auch zu leisten und zu verrichten schuldig und verbunden sind.

Befehlen derowegen Unserem Regierungs- und übrigen Collegiis, dann allen Obrigkeiten, Aemtern und Einnahmen, sich hiernach gebührend zu achten und darwider unter einigerley Vorwand nicht zu handeln oder handeln zu lassen, sondern ersagte Berg- und Hammerwerks-Verwandte Unsere Begnadigung in allen Puncten ungehindert genießen zu lassen.

Nicht weniger soll

9) Allen vorhergedachten Personen und den ihrigen über alles, was sie ins Land gebracht, allda ererben, ererbe oder erwerben, freye Disposition, Zu- und Abzug vergönnet, auch sie weder mit Inventiren noch sonst auf einige Art bedränget
und

und verdrüßlich gemachet, vielmehr durch glimpfliches Bezeigen zum Bergbau aufgemuntert und je mehr und mehr ins Feld gezogen werden.

Im Fall aber dennoch bey Absterben eines Berg-Verwandten wegen vorhandener unmündigen Kinder oder anderer wichtigen Umstände eine Inventur vonnöthen, soll diese von Unsern Berg-Beamten gegen eine billige Remuneration, bey Hammerwercken aber von denen betreffenden Civil- und Berg-Beamten conjunctim vorgenommen, hingegen die Kosten nur einfach und pro rata erhoben werden.

Im Gegentheil versehen Wir uns

10) daß diejenigen, welche in Unsern Landen und Fürstenthum Bergwerck bauen wollen, nach Anleitung Unserer Berg-Ordnung sich in alle Wege verhalten werden. Wobey Wir Uns ebenfals dasjenige, was Uns von hoher Landes-Herrschaft wegen nach Innhalt der Berg-Rechte und Gewohnheit an Quatember- oder Receß-Geldern, Zehenden, Vorkauf an höhern Metallen und andern zukommt, vorbehalten, mit Abgebung des Zehenden nach Beschaffenheit derer Wercker gebahret wissen, und wie bishero also auch in Zukunft bis zu erlangter Ausbeute, nur mit dem halben Zehenden, wo kein Holtz aus Unsern Waldungen Waldzinß frey dazu abgegeben wird, begnügen, das ausgebrachte Gold und Silber bey Zubuß-Zechen um gangbarem Preiß bezahlen, bey Erhebung alter, auch Anleitung neuer kostbarer Gebäude aber gewiße Frey-Jahre angedeihen laßen wollen; hingegen bey geringen Mineralien soll es nach Beschaffenheit derselben und deren Consumtion, auch vorliegenden Umständen, statt des Zehenden, auf unterthänigstes Ansuchen also vermittelt werden, daß allenthalben Unsere gegen den Bergbauhegende gnädigste Zuneigung zu verspühren.

Um nun gegenwärtig Unser erneuertes Berg-Patent zu jedermanns Wißen und Notiz zu bringen, so haben Wir solches in offenen Druck zu bringen, und gebührlich zu publiciren, auch an öffentlichen Orten zu affigiren verordnet. Wir gebiethen und befehlen auch hiermit allen Unserm Eingangs bemeldten Landes- und Amtsbauptmannschaften, Ober-Aemtern, Ober- und Forstmeistern, denen von der Ritterschaft, wie auch Unsern übrigen Beamten und Dienern, denen Gemeinden in Städten, Märkten und Dörfern gnädigst und ernstlich, über diese Unsere Bergbau- und Verordnung fest zu halten, auf keinerley Weise weder heimlich noch öffentlich darwider zu handeln, noch andern solches zu verstatten, vielmehr zu Beförderung Unserer hierunter versirenden gnädigsten Intention, auch Unsers, des Publici und Bergwercks-Besten allen möglichen Vorschub zu thun, bey Vermeidung Unserer Ungnade und schwerer Ahndung.

Zu mehrerer Urkund und Bekräftigung haben Wir uns eigenhändig unterschrieben, und Unser größeres Fürstliches Insiegel beydrucken anbißl empfehlen

Allerhand öconomische Observationes.

Wann ein Kalb den Durchlauf bekommt, soll man ihm Kreide in die Milch schaben und mit einem Horn in den Hals schütten. Armenischer Bolus ist auch gut.

Wer Küh gesund erhalten will, sammle Levisticum oder Liebstöckel, lege es ins Trinken und gebe manchmahl etwas davon. Es ist ein Balsamicum.

Enten-Eyer werden besser durch Hüner als Enten ausgebrütet, insgemein legt man 13 Stück unter.

Enten fett zu machen, stellt man sie an einen dunkeln geruhigen Ort, giebt ihnen frisch Wasser und Getraide genug, so werden sie in 14 Tagen fertig.

Keine Henne soll man zum Bruten brauchen die unter dritthalb Jahr alt ist, über 17 Eyer werden nicht untergelegt, und nicht zu gut gefüttert, sonst wird sie fett und brutet nicht gut.

Wann man im zunehmenden Mond die Steppeln umkehret, so faulen und dungen sie nicht, thut man es aber im abnehmenden Mond, so faulen und dungen sie: eine Probe davon wird auch den Ungläubigen überzeugen.

Wer seine Wäsche conserviren will, der werfe sie nicht, wann sie gebraucht und schmutzig auf den Boden übereinander, sondern hänge sie auf Stangen, daß sie auslufte, es frißt der Schmutz nicht so hart hinein und die Mäuse können den Fettflecken auch nicht so Schaden thun. Die beste Blaich-Zeit ist zwischen den beeden Aequinoctiis.

Die Tauben zu füttern daß sie bleiben und andere anlocken, nehme man: Backofenleimen, klein gestossen, Coriander, Johanniskraut, Gersten, Waitzen, Anis, Feuchel, Rübsen, Lein, mit Heringslacke eingemacht, untereinander zu einem Taig geknetet, in das Taubenhaus gelegt.

Wann der Hopfen theuer ist, nimmt man ⅔ frischen und ⅓ abgepreuten aber wieder getrockneten Hopfen, zum versieden, alsdann giebt er, im Frühling auf die Wiesen gestreuet, wie die Malzkaumen den besten Klee.

Schlothen in Weyhern können nicht besser vertrieben werden, als wann solche über Winter trocken liegen gelassen, sodann im Febr. die Schlothen angezündet und abgebrannt werden, man muß sich nach dem Wind richten.

Mittel wider den Wurm im Getraide.

Vornehmlich ist das Getraide wohl zu butzen, sodann auf dem Boden anfänglich ganz dünn und keine Spanne hoch zu schütten, das es wohl austrockne. Sodann von 14 zu 14 Tagen erst eines Schuh hoch und so ferner aufgeschüttet, daß es nicht erwarme, als woraus hernach der Wurm entspringt. An den Wänden sind dem Boden zugleich Lufft- und Zuglöcher 2 Zoll breit und 4 Zoll hoch zu machen. Der Boden selbst und die Wände mit in Wasser eingeweichten Vitriol mittelst eines

fid mit Knoblauch beſtrichen werden. Friſcher Hopfen um den Kornhaufen herum gelegt, dann an den 4 Ecken des Getraids Spreiſſel von einem Baum worein das Wetter geſchlagen, und ſolche abgeſprengt, auch Hellunter und Haſelnuß Stäblein hineingeſteckt; bey Tag im Sommer die Läden zu, bey der Nacht aber aufgemacht; alles zuſammen genommen hilft gewiß.

Mittel, die Iltes auszurotten.

Es iſt bekannt, daß dieſe Thiere, wo ſie einmal einniſten, alle Hüner und Tauben in einer Nacht tod beiſſen: jene nun auszurotten, hat man auf einem Ritterguth, wo gedachte Iltes großen Schaden gethan, wahrgenommen, daß eine Graßmagd von ohngefähr ihre Sichel oder Graßſtumpf mit dem Stein gewetzet, auf dieſen Klang wären alt und junge Iltes herbey und auf ſie zugelauffen, da man nun ſolches obſervirt, wäre das wiederholet, und als jene wieder wie zuvor gekommen ſelbigen mit der Flinte aufgepaßt und eines nach dem andern erſchoſſen worden. Man gibt das Mittel nicht vor untrüglich aus, doch koſtet auch die Probe nichts und der Ausgang wird es weiſen.

Gute ſchwarze Dinte zu machen.

Nimm 3 Maß Wein, oder dünnen hellen Bieresſig, ein Maß Regenwaſſer, oder dergleichen von Merzenſchnee, 1 Pf. Galläpfel, ½ Pf. feinen Vitriol, 10 Loth arabiſchen Gummi, 4 Loth Allaun, eine kleine Hand voll Salz, alles klein zerſtoſſen und in obigen Eſig und Waſſer gethan, wann es zuvor ſiedend gemacht worden, etlichmal nach Verlauf 1. 2. Stunden umgerührt, dann in ein Glaß abgegoſſen, daß der Satz zuruck bleibt, auf welchen der 4te Theil von obigen Eſig und Waſſer wieder gegoſſen und die 2te Dinte erhalten werden kan.

Daß die Schweine nicht krank werden.

Bohre ein Loch wie ein Federkiel weit 3 Zoll lang in das innere Theil des Schweinſtalls, und vermache es mit einem Zweck, oder ſpieße eine Kröte an und ſtecke ſolche oben in den Schweinſtall. Die Finnen zu vertreiben, ſchütte den Maſtſchweinen täglich ein wenig Linſen, Wicken oder Hanfkörner in den Trog und laß ſie es freſſen. Wann im Sommer das Sterben unter die Schwein kommt, ſo gib jedem ein halb Quint geſtoſſenen Schwefel mit ſo viel Nießwurzel.

Daß kein Marter, Iltes oder Ratz ins Hüner- und Tauben-Hauß komme.

Hänge wilde Rauten in daſſelbe oder ſetze etwas Theer hinein.

Gutes Bier zu haben.

Fülle ein abgegohrnes Bier in ein friſches Weingrünes Faß und laß es 8 Tag liegen, ſo wird das Bier ſchön lauter und den Geſchmack des Weins annehmen.

Wann das Bier sauer ist, so thue etwas gestossene Kreiden hinein oder thue eine Handvoll Salz in 2 Maaß Wasser, laß es erweichen und gieße es dann unter das Bier ins Faß, es ist ganz unschädlich.

Wann es nach dem Faß riecht, so thue Rheinfarren und Wachholderbeer geflossen, ins Faß.

Siede 2 Maas Hopfen in Wasser und wann es kalt, giesse solches in das Biervaß, laß es 2 Tag liegen, und dann zapfe es.

Vom Obstbau.

Wie in der Haushaltung, neben dem Feldbau, nichts nöthiger ist, als Obstbäum zu pflanzen, so sollen alle gute Haußwirthe die Kern vom Obst, sowohl wann solches gewesen, als wann Most daraus gemacht wird, fleißig sammlen, im Frühling an die Orthe, wo entweder schon Hecken angelegt, oder noch anzulegen sind, einsäen und hernach vor die Cultur solcher aufgehenden Pflanzen sorgen, dann es giebt nicht nur schöne Hecken, sondern auch Gelegenheit, alle 10 biß 12 Schuh weit, sie hochstämmig werden zu lassen, hernach zu belzen und mit der Zeit das beste Obst davon zu ziehen. Wo kommt man sonst die auf dem Feld in und an den Hecken noch hier und dar stehende Obstbäum her, als daß sie in den Hecken wild aufgewachsen und verwahrt geblieben. Es sollten auch in jedem Dorf vor das ganze Kirchspiel Baumschulen angelegt: und dem Schulmeister zur Aufsicht, gegen die Gebühr, anvertraut werden, welcher denn seine Knaben auch dabey in der Baumzucht, belzen und oculiren unterrichten könnte. Aber es gehört Befehl und Aufsicht von oben herab dazu.

Wann ein Obstbaum keine Früchte tragen will, so lege man ein Stück Ips oder weißen Kalk einer Faust groß unter die Wurzel und bedeck solches wieder mit Erde.

Bey keinen Gebäu soll man die hölzerne Schwellen auf den blosen Erdboden, wie oft geschiehet, legen, sondern vorher einen Grund wenigstens 2 Schuh hoch mauren, sonst verfault das Holz und das Gebäu dauret keine 10 Jahr.

Weil die Blöcke oder Segschröte immer rarer werden, so sollen in den untersten Theilen des Hauses keine Bretter, sondern Oestrig Böden geduldet werden.

In jeden Dorf soll nur 1 oder 2 Backöfen vor die Gemeind seyn.

Die allzu grosse Baurenstuben sind zu Menagirung des Holzes, bey neuen Gebäuden, abzuschaffen, die Kuchen und Schlöthe zu gewölben, die Fenster nur zwey Schuh hoch und weit zu machen.

In Ställen vor das Rind- und Schweinvieh steinerne Bahren oder Tröge zu machen.

Auf den Wiesen ist die Frühlingshuth ganz abzustellen.

Die Herbstwiesen in Gremierwiesen zu verwandeln, die kalt und nasse Wiesen zu führen, so gibt es Klee, der abgeraufte Hopfen tungt die Wiesen ungemein, wie die Malzkeimen und verursacht viel Klee.

Der Mistkobel soll bey Regenwetter im Herbst und Frühling auf die Wiesen geführt, im Winter das Eiß davon dahin gebracht werden.

Das Faselvieh solle die Gemeind, und nicht der Hirt, von größter Art anschaffen.

Damit man im Frühling zeitig Graß bekomme, so soll auf die Aecker im Herbst Spinat gesäet werden, welcher im Frühling bey Zeit zur Fütterung abgeschnitten werden kan.

Brennnesseln sind das beste und erste Futter im Frühjahr, sollten aller Orten gesäet werden.

Um vor den Erdflöhen sicher zu seyn, sollen alle Jahr frische Beether in die Graßfelder gemacht werden, da keine Erdflöhe hinkommen werden.

Tief zu ackern ist besser als seicht, wo anders der Boden nicht felsig ist, dann die Meinung, man ackere schlechten Boden herauf, ist ungegründet, er wird binnen 2 Jahren auch gut.

Brand im Waitz kommt von unreifen Saamen her, daher bey der Ernde die vollkommenst und dürresten Körner, hingegen in nassen Jahren 2 jährig wohlgebutzt und getrockneter Saamen zu nehmen ist.

Felder mit abgelaugter Asche gedungt, verhindern den Dreß, wann 14 Tag vor Michaelis gesäet wird.

Erbsen und Linsen werden im kalten Land, am besten 100 Tag nach Weyhnachten gesäet.

Der im Herbst gepflockte frische Hopfen auf Kornböden getrocknet, vertreibt den weiß und schwarzen Wurm.

Alle Unterthanen sollten dergleichen um ihre Häuser und Gärten anlegen.

Die Feldmäuse zu vertreiben, trette man ihre Löcher auf dem Feld hart zu.

Die Kälber soll man vor Johannis nicht auf die Waid, die Ochsenkälber vor Jahr und Tagen nicht verschneiden lassen.

Wann sich das Vieh im Klee oder Kraut überfressen und aufblehet, so gieb ihm starken Brandwein oder ein Stück Butter ein.

Wider das Darmgicht stecke dem Vieh ein starkes Unschlittlicht, das dicke Theil zuerst in den Rachen, heb den Kopf auf, daß es hinunter gehet, welches binnen ½ Stund wieder weg ist, dann gib warmes Schrothsauffen ein.

Wann das Vieh Blut harnet, so nimm ½ Pf. Speck, zerschneide ihn, koche solchen in einer Maß Bieressig, schütte solches dem Vieh laulecht in Rachen, gib Mehltrinken drauf, und continuire es zwey Tag.

Wider das kalte und rauschende Feuer, nimm einen frischen Hering, tunke solchen in Wagenschmier, stecke solchen dem Vieh den Hals hinunter, es wird binnen einer halben Stund schwitzen und zu harnen anfangen, und der Hering binnen kur-

Die Schweinszucht empor zu bringen, sollen alle Müller, Becken, grose Bauern, Schweinsmütter halten, weise lang gestreckte Eber zur Zucht nehmen.

Foenum græcum ist gut wider die Finnen; einen Schwein so die Bräune
hat, muß man gleich unter der Zunge Aderlassen. Die Bräune entsteht Sommers
von groser Hitze, erleidenden Durst und Vollblütigkeit.

Wann ein Bienenstock Weiselloß wird, so fange einen Hornissel, pulvere solchen, mische ihn mit Honig aus dem Weisellosen Stock, gieb es den Bienen zu fressen, so zieht sich der Bienenschwarm in 9 Tagen einen jungen Weisel.

Das Mooß an den Blumen wird vertrieben, wenn man solche mit Kalchwas-
ser bestreichet. (Künftig ein mehrers.)

Verzeichniß der bey dem Zuchthause zu Bayreuth vorräthigen Marmor-Waaren und deren bisheriger Preiß.

371. Stück neu faconirte runde Dosen a 48 kr.
59. - ovale a 1 fl 12 kr.
105. - eckigte a 1 fl. 36 kr.
615. - alt runde Dosen a 18 kr.
109. - Ober Thee-Schaalen a 48 kr.
17. - Dergleichen Unter Schaalen in
gleichen Preiß.
1. - Zucker Schaalen 1 fl. 36 kr.
31. - pollirte Blbüsteine a 12 kr.
80. - unpollirte a 6 kr.

10. - Fuß-Steine a 1 fl.
10. - Kugeln a 12 kr.
1. - Laiblein 12 kr.
1. - Postament vor 3 fl.
743. Gueridons-Stücke a 12 kr.
16. - Brief-Preß-Steine a 30 kr.
12. - Lauffer a 9 kr.
681. - gros und kleine Proben a 6 kr.
39. - Eyer und dergleichen a 12 kr.
157. Tische nach beygehend. Verzeichn.

Verzeichniß der vorräthigen Marmor-Tische bey der Bayreuther Zuchthauß-Fabrique und deren Preise.

	fräul.	fl.	kr.
1) Von Porphyr.			
1. Tische von 3 Schuh 10 Zoll, zusammen vor	-	32	-
1. - a 2 -	-	3	12
1. - a 1 - 6 Zoll	-	-	-
2) Von Scherrlasser Marmor.			
1. Tische a 2 Schuh 10 Zoll, beede zusammen vor	-	4	12.
1. - a 3 Schuh 8 Zoll	-	6	-
6. - a 2 - 2 -	-	10.	48.
2. - a 3 Schuh 2 Zoll	-	9.	36.

	fräul.	fl.	kr.
4. - a 2 Schuh	-	6.	24.
2. - a 4 -	-	16.	-
2. - a 1 - 6 Zoll	-	2	24.
1. viereckigter a 4 Schuh	-	4	-
2. Eckische a 2 Schuh	-	4	-
1. einzelner a 2 Schuh	-	1.	36.
3) Von Fleischfarben buntig Wagner-Marmor.			
10. Tische a 2 Schuh	-	20.	-
1. - a 3 - 6 Zoll, mit zinnern Leisten	-	6.	-

I. -

	Brdl.	fl.	kr.
1.	a 2½ Schuh	7	—
1.	a 3	7.	48.
14.	a 1 Schuh 8 Zoll a 1 fl. 24 kr.	19.	36.

4) Von blauen Weydes grüner mit Griffen.

	Brdl.	fl.	kr.
1.	Tisch. a 2 Schuh 6 Zoll	4.	—
2.		4.	—
1.		2.	—
2.	a 2 4 Zoll	4.	—
1.		2.	—
3.		3.	12.
1.	8 Zoll	2.	—
2.		3.	12.
2.		3.	12.
1.	a 1 Schuh 6 Zoll	1	12
1.	a 2 4 Zoll	1	48.

5) Von grünen Nailer Marmor.

	Brdl.	fl.	kr.
1.	Tisch a 3 Schuh 6 Zoll	6	—
1.	a 2	2	—
1.	4 Zoll	2	—
2.	a 3 Schuh, mit, Messing und verguldeten Leisten, nebst den dazu gehörigen Gueridons Platten	16.	48.

6) Von schwarzen Marmor.

	Brdl.	fl.	kr.
1.	Tisch a 2 Schuh	1.	36.
1.	4 Zoll, mit einen eingelegten Band	6.	—
2.	1. Schuh 6 Zoll	2.	24.
2	einzelne Tische a 1 Schuh 6 Zoll, mit etwas eingelegter Arbeit	6.	24.
1.	Tisch a 2 Schuh	1	36.

7) Von Höfer Scheeren Marmor.

	Brdl.	fl.	kr.
1.	Tisch a 3 Schuh 4 Zoll	1.	48.

8) Von Höfer braunen Marmor.

	Brdl.	fl.	kr.
1.	Tisch a 3 Schuh 6 Zoll	6.	
1.		4.	—
1.	a 2 6 Zoll	2.	

9) Von Höfer Leberfarben.

	Brdl.	fl.	kr.
1.	Tisch a 3 Schuh 4 Zoll	1.	48.
1.	a 1	6.	12.
1.	a 2	1.	36.
1.	a 1 8 Zoll	1.	24.
2.	a 2	2.	12.

10) Von den Höfer Aepfelblüh-farben.

	Brdl.	fl.	kr.
1.	Tisch a 3 Schuh	4.	48.
1.	a 2	3.	12.
1.	a 1 8 Zoll	1.	24.
1.	a 2 6 Zoll	4.	—
1.	a 4	8.	—
1.	a 3	2.	—
2.	a 2 10 Zoll	7.	48.

11) Von Höfer grauen Marmor.

	Brdl.	fl.	kr.
2.	Tisch a 2 Schuh 6 Zoll	4.	—
1.	a 2	6.	24.
2.	a 2 4 Zoll	2.	24.

12) Von Regnizloßer grauen Marmor.

	Brdl.	fl.	kr.
1.	Tisch a 3 Schuh	4.	48.
1.	a 2	1.	36.
2.	a 2	2.	12.

13) Von Bernsteiner Metall Marmor.

	Brdl.	fl.	kr.
2.	Tisch a 2 Schuh 6 Zoll	4.	—
1.		2.	12.

14) Von Redwitzer grauen Marmor.

	Brdl.	fl.	kr.
4.	Tisch a 1 Schuh	6.	12.

15) Von Wunsiedler weißen Marmor.

	Brdl.	fl.	kr.
2.	Tische a 3 Schuh	9.	36.
1.	a 2 10 Zoll	4.	48.
2.	a 1 6 Zoll	2.	24.
2.	Ecktische a 2	2.	12.
2.	a 1 6 Zoll, mit einen eingelegten Band	6.	36.

E 3

16) Von

Fränk. fl. kr.   Fränk. fl. kr.

16) Von Bayreuther Muschel=Mar-   17) Von Lassendorfer Marmor.
mor oder Pflaster=Stein.   5. Tische a 3 Schuh a 4 fl. 48. kr 24. —
2. Tisch a 1 Schuh 8 Zoll . 1. 24.   18) Von Streitberger gelben
2. . a 2 Schuh   .   2 12.   Marmor.
5. . a 2 Schuh a 1 fl. 36 kr. 8. —   4. Tisch a 3 Schuh a 4 fl. 48. kr. 19. 12.
2. . a 2 Schuh   .   2. 12 1. . a 2 Schuh   .   1 36.

Wer etwas von obigen Stücken verlanget, der beliebe sich bey dem Herrn
Zuchthauß-Verwalter, Otto Heinrich Torneß, in Bayreuth, zu melden.

Wein=Resolvirung etlicher Orte in Franken.

1. Onolzbacher Eymer thut   .   .   1 Eymer 15 Me. Nürnberger.
— 1. Fuder   .   14 Eym 44 Me.
Frickenhausen 1. Eym. thut   .   .   54. Me. Anspacher.
— 12. Eym. oder 1. Fuder.   .   9 Eym 54 Me. —
Klingen 1. Eym.   .   60 Me. Anspacher.
— 12. Eym. oder 1. Fuder   .   .   10 Eym. 63 Me. —
Meinbernheim eben so   .   10 Eym. 63 Me. —
Nürnberger 12. Eymer thun   .   9 Eym. 54 Me Anspacher.
Ochsenfurth 1. Fuder   .   .   9 Eym. 54 Me. Anspacher.
Randersacker 12. Eym. oder 1. Fuder   .   9 Eym. 6 Me. —
Segniz 1. Fuder   .   .   9 Eym. 54 Me. —
Sickershausen 1. Fuder   .   .   10 Eym. 63. Me. —
Sommerach oder Nordheim 1. Fuder   .   10 Eym. 12 Me. —
Sommerhausen 1. Fuder   .   9 Eym. 39. Me. —
Stefft 1. Fuder   .   .   9 Eym. 54 Me. —
Würzburg 1. Fuder   .   8. Eym. 45 Me. —
Wiesenbronn, Mainstockheim und Kleinlankheim thut der Eym. 60 Me. —
— 1. Fuder 12 Eym.
Würtembergische Eich 1 Fuder thun 6. Eym 160 Me. 1 Imi hat 10 Me.

Probe wie die Metalle von gleicher Gröse, in der Schwehre einander übertreffen.

Wann das Gold und Silber eine Größe haben, so wiegt das Gold 7. Loth, —
Quintl. 2 Pfund mehr dann das Silber, auf die Mark gerechnet, die
andern Metalle in obbemelter Gestalt hernacher als folget:

am Gewicht.   am Gewicht.
1) Gold übertrifft das Silber um 7. L. —   Quintl. 2. rf.
— — Kupfer um 8 Lo. 2 Q. — pf.   — Zinn um 10 Loth —

am Gewicht.

— — Eisen um 10. Loth. — 2 Q.
— — Bley um 7. Loth.

1) Silber übertrifft das Kupfer um 1 L.
2 Quintl. 2. pf.
— — Zinn um 2. Loth. 3. Qu.
— — das Eisen um 2 Loth
1. Quintl. 2. pf.
— — Bley um — Loth 1. Qu.

am Gewicht.

3) Kupfer übertrifft das Silber um 1
Loth 2. Quintl. 2. pf.
— — Zinn um 3 Loth.
— — Bley um 2 L. 2 Q. 2 pf.
— — Eisen um — L. 3 Q. 2. pf.
4) Eisen übertrifft das Zinn um 9 L.
2. Quintl.

Vor den kalten Brand.

Wann ein Viehe den kalten Brand hat, so ist dieses daran zu erkennen, wann ihm die Haut auf dem Rucken aufgezogen wird, so kracht, die Ohren und das Maul sind kalt.

Ziehe dahero solchem Vieh die Haut auf dem Rucken mit denen Händen biß übers Creutz hinaus auf, darnach schneide ein Fingerslang in beide Ohren-Spitzen, streiche das kalte Blut heraus, schneide auch ein wenig am Ende des Schwantzes hinein, alsdann streiche und reibe das Viehe mit denen Händen über den Rucken und übers Creutz hinaus hin und wieder, damit die Haut wohl erwarme, nimm bey einer ½ Maas sauer Kraut Brühe, gieß diese dem Viehe ein, und binde es beym Kopf ¼ Stund über sich.

Vor den Flug-Brand.

Wann ein Viehe darmit beschweret wird, so legt es sich auf die Streu und geschwöllt ihm der Kopf.

Nimm weise rauhe Jeder-Pflaumen, (wachsen auf denen Wiesen, wo saueres Gras wächst, haben hohe Stengel,) gib dem Viehe ein Handvoll mit gesalzenem Brod, und ziehe ihm einen Mehl-Sack über den Kopf, damit es aber beym Maul Luft habe.

Oder nimm ein Gläßleinvoll Knaben-Urin, ein Gläßleinvoll guten Eßig, thue gestoßene Wachholder-Lorbeer und klein geschnittenen Knoblauch darunter, eins so viel als das andere, schütte es dem Viehe ein, laß es 2 Stund fasten, so wird sich der Flug-Brand bald verlieren.

Vor das Ruck-Uebergeblüt

Wann ein Viehe das Ruck-Uebergeblüt hat, legt es sich nieder, sinkt, als wann es die Würm beißen.

Nimm Gallitzen-Stein und Alaun, stoße diesen klein, mische Salz darunter, thue in ein Trinkgläßlein halb voll Wasser halb voll Wein, schütt solches dem Viehe ein, ist gut vor die Würmer und allerley Kranckheit.

Vor die innwendige gähe Blaßen.

Wann einem Viehe das Wasser heraus rinnt, so thue ein Handvoll gantzen Hirß in frisch Brunnen-Wasser, schütte es dem Viehe ein, und beräuchere ihm das Maul und Naßen mit Bohnen-Strohe.

Vor das unreine Wasser.

Welches Vieh sehr kreichst, immer stehet und nicht wieder sitzt, solches hat viel Wasser in der Herz-Kammer, hierwieder nimm Geißbart-Wurzel sammt dem Kraut, laß wohl sieden, und gib dem Viehe das Wasser davon warm zu trinken.

Vor das Blut-Harnen.

Nimm das Regen-Wasser, welches in holen Eichenen Stöcken stehen bleibt, gieß dem Viehe ein viertelein davon ein, es hilft gewiß.

Vor die Unverdaulichkeit.

Wann ein Viehe nicht verdauen kan, sind ihme die Ohren und das Maul kalt, nimm dahero zwey Gläßleinvoll frisches Wasser und ein wenig Sauerteig, rührs durch einander, schütte es dem Viehe ein, es purgirt sehr und hilft, muß aber bald geschehen.

Vor verlohrnen Appetit.

So das Viehe nicht fressen kan und ihme das Maul gesperrt ist, nehme weissen Andorn, str[i]cke solchen dem Viehe um den Hals, und stecke ihm ein wenig ins Maul, dornach werfe ihn ins Feuer, daß er verbrenne, und giese dem Viehe ein wenig Urin in die Ohren.

Vor die Milch.

Wann eine Kuhe nicht viel Milch gibt, nimm Hanf-Körner und so viel Rocken, laß unter einander sieden, biß die Hanf-Körner aufspringen, laß es ein wenig stehen und gib der Kuhe zweymahl davon zu fressen und zu sauffen, sein lauligt, so wird es bald Milch geben.

Fränkische

oekonomisch = landwirthschaftliche

Manichfaltigkeiten.

des

Ersten Bandes
Drittes Stück.

Schwabach,
Gedruckt und verlegt von Johann Gottlieb Mizler, Hochfürstl. privil. Buchdrucker.
1 7 7 7.

Innhalt.

Nachricht, von der Anspachischen Landes-Oeconomie.

Dieses Wort begreift in genere den complexum all desjenigen, was zur Nahrung des Landmanns erfordert wird, im engern Verstand aber die Haushaltung einer jeden Stadt, und Commun ins besondere.

Sie ist die stärkste Branche des gemeinen Wesens und so wichtig, in seiner Maas, als des Landesherrn eigene Domanialia.

Von deren gut oder bösen Administration dependiret das Wohl und Wehe eines ganzen Landes.

Und es ist dem Landesherrn soviel an guter Administration der Stadt- und Gemeinds-Einkünfte, als seiner eigenen Revenuen gelegen, dann durch jene werden die Gemeinden im Stand gesetzt, den Unterthanen im Nothfall, bey Kriegs-Zeiten, Feuersbrünsten, Wetterschlag, Mißwachs und sonsten, ex ærario publico an Hand zu gehen, da sonst die Eigenthums-Herren auf alle Weise darunter leiden müssen.

Die Landes-Oeconomie besorget überhaupt die Verbesserung des Feldbaues, Wieswachses, Viehzucht, und Land-Bauwesens, in specie aber die Einkünfte jeder Landes-Stadt, und Dorfs-Gemeind insonderheit, dann deren Verwendung, Abstellung der Mißbräuche ꝛc. maßen viele Städte und Gemeinden ihre eigene Hintersaßen, Geld- und Getralbt-Gefälle, Zehenden, Grundstücke, auch andere beträchtliche Iura besitzen, die bey guter Administration beträchtlich werden. Durch üble Haushaltung aber gerathen ganze Communen ins Abnehmen und Armuth.

Sie

4

Sie hat ihr Augenmerk auch auf die Haußhaltung jeden Einwohners insonderheit, daß er zur Sparsamkeit angewiesen werde, seinen Feldbau gehörig besorge, die Gebäude nicht eingehen lasse, durch unordentliches Leben nicht in Schulden gerathe, und aus rechtschaffenen Bürgern und Unterthanen keine Bettler und Missethäter werden, wodurch andere auch ins Unglück gerathen; vielmehr wird die Menge der Einwohner, als die Wohlfarth des Staats durch gute Einrichtung, Bearbeitung des Erdreichs, und Emsigkeit der Gewerber vermehret.

Alles dieses hat der jetzige Durchlauchtigste Regent der beeden Fürstenthümer Brandenburg Onolzbach und Bayreuth, aus Höchst erleuchtester Einsicht und Liebe zu dero getreuen Unterthanen, erkannt und deswegen zur Verbesserung der Wohlfarth des Landes schon unterm 9. August 1766. folgendes gnädigste Décret ergehen zu lassen, und dardurch eine besondere Landes-Oeconomie-Deputation zu errichten anädigst geruhet:

Von Gottes Gnaden Christian Friderich Carl Alexander, Marggraf zu Brandenburg, Herzog in Preussen, zu Schlesien, Magdeburg, Stettin, Pommern, der Caßuben und Wenden, zu Mecklenburg und Crossen, Burggraf zu Nürnberg, Fürst zu Halberstadt, Minden, Camin, Wenden, Schwerin und Rageburg, Graf zu Glatz, Hohenzollern und Schwerin, Herr der Lande Rostock und Stargard, Graf zu Sayn und Wittgenstein, Herr zu Limpurg rc. rc. des Löbl. Fränkischen Craißes Craiß-Obrister, und General-Feldmarschall, auch Obrister über zwey Cavallerie-Regimenter rc.

Nachdeme Uns und dem Interesse Unseres Fürstlichen Hauses höchlich daran gelegen, gründlich zu erfahren, auf welche Art die Einkünfte sämtlicher, in Unsern Fürstlichen Landen gelegenen Städte, Unsere Residenz nicht ausgenommen, administriret werden, indeme Unsere in Gott ruhende Regierungs-Vorfahrere, bey vorgekommenen Kriegen, Brand, und andern Unglücks-Fällen, wo die arme Burgerschafft mit extra Aufschlägen nicht zu oneriren gewesen, im Nothfall, den Recurs, um so mehr zu denen Stadt-und Gemeind-Cassen genommen, als Hochdieselbe ihre eigene uralte Landes-Revenuen, als Zoll, Umgeld, Lichtmeß, und Nachsteuer rc. denen Städten ab antiquo, in der Absicht zur Einnahm anvertrauet, um solche alljährlich an die Casten- und Vogt-Aemter zu liefern, welche aber durch Nachläßigkeit, und üble Administration des Raths und Burgermeister Amts derer Städte, wenige erhalten, vielmehr von lezterer Seite, hie und da große und wichtige Reste erzielt worden; Als haben Wir, da Wir zumalen in zuverläßige Erfahrung gebracht, welchergestalten Unserer geschärfsten Verordnungen ohngeachtet, an theils Orten, die Stadt- und Gemeind-Einkünfte negligirt, zu unnöthigen Ausgaben, mancherley Zehrungen, und unerlaubten Accidentien verwendet: große Reste, biß zur caducität anstehen gelassen, von denen verordneten Raths-Gliedern und Stadt-Cassiers, in etlichen Jahren keine Rechnung gefertiget, oder solche nicht abgegehört, und wenn es geschehen, nur obiter verfahren, manchen Unterschlaifen durch die Finger gesehen, sinnbare Capitalien aufgenommen, und durch Gelegenheit derer, im letztern Kriege, denen Städten zugewachsenen Einquartierungen, wie nicht weniger durch langwührig, und ohne alle Maaße geführte Processe, die Aeraria derer meisten Städte dermaßen erschöpfft worden, daß die publique Gebäude, Stadtmauern, Brucken, Thore und Pflaster nicht mehr repariret werden können, sondern endlich über den Haufen fallen müssen, wenn nicht von unsern Cammer- und Landschaften, obwolen zu deren empfindlichen Aggravio, ansehnliche Beyträge an Geld und Holz ꝛc. verwilligt werden, welche aber gar füglich, wenn alles ordentlich administrirt, die Rechnung zu rechter Zeit gefertiget, eingeschickt, und revidirt worden wäre, unterbleiben hätten können; den gnädigsten Entschluß gefaßt, aus Unsern beeden Fürstlichen Hof- und Regierungs- auch Cammer- und Landschafts- Raths-Collegiis, Unsern Cammerherrn, dann Geheimden Referendarium auch Hof- und Regierungs-Rath, Carl Friderich Reinhard von Gemmingen, den Hof- und Regierungs- auch Consistorial-Rath, Johann Wilhelm von der Lith, dann die beede Hof- Cammer- und Landschaffts-Räthe Joh. Christoph Hirsch und Carl Greiner als besondere Deputatos, zu Untersuchung der Städte Haußhaltungen in der Maaße zu ernennen, und zu auctorisiren, sich dieses, ihnen aus besondern gnädigsten Vertrauen geschehenen Auftrags, alhier in Loco, zu unterziehen, wo-chentlich hierüber gewisse Sessions-Täge zu halten, die nöthige Verordnungen an die Ober- und Aemtere, dann Burgermeistere und Rath zu erlassen, von eines jeden individui innerlichen Zustand Nachricht abzufordern, in wichtigen Fällen unsern beeden Fürstlichen Collegiis daraus zu referiren, und sodann Uns durch Unser Fürstliches Geheime Raths-Collegium, Anzeige zu erstatten, wie das Finanz-Wesen jeder Stadt beschaffen, was vor Rettungsmittel wider den vorstehenden Verfall anzuzeigen, erforderliche Instructiones zu ertheilen, und wie überhaupt eine fortwührig genaue Aufsicht über die alljährlich einzuschickende Rechnungen zu nehmen seye?

In dessen Gemäßheit haben dann obbenannte Unsere Hof- Regierungs- auch Cammer- und Landschaffts-Raths-Collegia, ein nöthiges Ausschreiben an alle Städte, und Aemter ergehen zu lassen, worinnen gewiße, in dem Deputations-Protocoll de acto 29ten pr. bemerkte Puncten zur Beantwortung vorgeschrieben sind, nach deren Einlangung sodann, nach Beschaffenheit einer jeden Stadt das weitere zu verfügen.

Und gleichwie Wir übrigens zum voraus sehen, d.ß bey dieser mühsamen Untersuchung sich um so mehr Hindernisse finden werden, je mehr es denen bey denen Stadt- und Gemeind-Cassen interessirten Personen daran gelegen ist, die dabey eingerissene, zu ihrem Vortheil gereichende Unordnungen fortan zu unterhalten;

6

Als versprechen wir denen obbenannten Deputatis Unser kräfftigstes Soutien in der Maaße, daß Wir sogar, allen zu Vereitlung des vorseyend, von Uns als sehr nützlich anerkannten Endzwecks, Uns irgend hie und da zukommen mögenden Inünuationen eher kein Gehör geben werden, biß Uns nicht über das Anbringen, von Unsern Collegiis oder der Deputation das erforderlich gründliche Gutachten erstattet worden. Signatum unter Unserer eigenhändigen Unterschrifft, und bey- gedruckt Unserm Fürstlich Geheimen Innsigel; Onolzbach, den 9ten Augusti, Ao. 1766.

Alexander M. z. B.

Allgemeine Fragen die Landes Oeconomie betreffend, worüber von jeder Stadt und Amt Erläuterung zu geben.

I. Den Acker- und Feld-Bau betreffend.

1) Ist das Land eben oder bergig?
2) Wie ist der Erdboden beschaffen, schwer, thonig oder leicht, melm- und sandig?
3) Was braucht man für eine Art Pflug, wie heissen sie, könnte man solche nicht verbessern?
4) Mit wie viel Stück Vieh kan der Acker gepflüget werden?
5) Was macht der Bauers-Mann für Dung, wie viel Fuhr auf einen Morgen, oder das wie vielste Beeth wird gedungt?
6) Welche Gattung Dung gehört auf diese und jene Aecker?
7) Wird er gleich untergeackert oder bleibt er liegen bis die Sonne die Kraft ausgesogen?
8) Weiß man nichts vom Mergel?
9) Egt man den Acker nicht auch über quer?
10) Was hat man für eine Art Egen gebraucht?
11) Was für Art Getrayd tragen die Aecker?
12 Wird das Feld fürlich gebaut und gebraacht, oder nach Gutdünken gebaut?
13) Was baut man in die Braach?
14) Werden einige Aecker um das schlechten Bodens willen, ob und wie lang, lie- gen gelassen?
15) Wie tief ist der gute Boden, und was liegt für einer unter solchem, hat man denselben durch Erdbohrer schon sondirt?

A 6.

16) Welches wird für die beste Saat gehalten, die frühe, mittlere oder spate?
17) Wie viel Metzen Getrayd säet man auf den Morgen, an Waitzen, Korn, Dünkel, Gersten und Haber?
18) Wird der Saame vorher eingeweicht oder nicht?
19) Wie viel Schober erndtet man dagegen ein? Not. ein Schober oder Schock ist 60. Garben.
20) Was gibt der Schober in die Metzen, von jeder Sorte Getrayd?
21) Wird das Getrayd mit der Sense gemähet, oder mit der Sichel geschnitten?
22) Gibt man den Lohn Tag- oder Morgen-weiß, und wie viel?
23) Wie verhält sich das Mäß gegen den Nürnberger Simra, und was wiegt solches?
24) Was hat man für ein Feld Mus, bey den Wiesen, Gärten, Aeckern und Holz?
25) Wie viel Ruthen und Schuhe gehen auf einen Morgen, oder Tagwerk?
26(Was gilt der gute, mittlere und schlechte Morgen, an Wiesen, Aeckern und Hölzern insgemein?
27) Was für Arten Unkraut finden sich im Sommer- und Winter-Bau, wie werden sie vertilget?
28) Wie könnte der Feldbau verbessert werden?
29) Ist die Brach nützlich und nöthig oder nicht?
30) Baut man Erbsen, Linsen, Hirsch, Wicken, in erforderlicher Quantität, und zwar in der Sommer-Fluhr oder Brachfeld?
31) Geräth der Hanf, Flachs, und was für eine Sorte hat man?
32) Ist der Syberische und Türkische Lein nicht eingeführt?
33) Wird kein Toback, Krapp oder Färber-Röthe gebaut?
34) Hat man zum Oelschlagen keinen Rebs- oder Rüb-Saamen zu bauen eingeführet?
35) Sind Oehl-Mühlen im Amt?
36) Sind alle Güter versteint?
37) Baut man genugsam grüne Waar und Küchen-Gemüßer, legt sich niemand darauf, dergleichen Garten-Werk anzubauen?

II. Vom Wießwachs.

1) Bestehet der meiste Theil in Grund oder hohen Wiesen?
2) Wie ist der Boden beschaffen?
3) Wie viel Ruthen und Schuh rechnet man auf einen Morgen oder Tagwerk?
4) Sind es lauter 2. mädige, das ist: Gromat-Wiesen?
5) Oder gibt es auch Herbst-Wiesen, da man nemlich nur das Heu machen, aber kein Gromet davon geniessen darf, wie viel Morgen sind auf jeder Markung von diesen?
6) Tragen die Wiesen süß- oder saueres, das ist: Rinds- oder Pferds-Futter?
7) Was ist die Ursach des sauren Futters?
8) Kan es nicht verbessert werden, und wie?

9) Tragen die Wiesen zum Theil Ränzel? woher rühret solcher, wie ist er zu vertreiben?

10) Welches sind die besten Futter-Kräuter oder Graß-Arten?

11) Baut man Klee-Futter und was für einen?

12) Wie viel Zarth oder Centner trägt das Tagwerk guten, mittlern und schlechten Wiesen?

13) Wie könnten die mittlern und schlechten verbessert werden?

14) Werden die Burgunder-Rüben und Rangeres, als ein treffliches Futter im Sommer und Winter, nicht gebaut?

15) Sind die Wiesen der Ueberschwemmung unterworfen?

16) An was für einen Fluß oder Bach liegen sie?

17) Kan man sie durch Wasser-Räder oder sonst durch Dämmung wässern?

18) An welchen Tag und wie lang ist es erlaubt?

19) Wie kan der Moos in Wiesen vertrieben werden?

20) Kan man die alte-schlechtes Gras tragende Wiesen nicht mit Nutzen umreißen, 1. Jahr mit Getrayd und Klee besäen und zu nutzbaren Futter zurichten?

21) Wie werden die schädlichen Thiere, als Werren, welche die Gras-Wurzeln abbeißen, Maulwürffe ꝛc. vertrieben?

22) Wird im Frühling, und wie lang, mit dem Rind- und Schaaf-Vieh auf die Wiesen gehütet?

23) Könnte man es nicht abstellen?

24) Wie oft, und mit wie viel Fuhren wird ein Tagwerk Wiesen gebungt?

25) Wenn ist es am besten, im Herbst und Winter oder Frühling?

26) Was gilt das Tagwerk gute, mittlere und schlechte Wiesen insgemein?

27) Hat noch niemand probiret, Klee in die Brach, und Beetherweiß, zwischen das Getrayd zu säen?

28) Wie ist die Proportion der Aecker gegen die Wiesen, im Amt, Orts-Marcung, oder Gegend, und wie könnte eine Vergleichung geschehen?

29) Sind nicht grose Huth-Wäsen, welche zu Wiesswachs taugeten, davon das Futter unter die Gemeind-Rechte vertheilt, oder das Eigenthum in die Güter vererbet werden könnte, im Amt, und wie viel Morgen?

30) Könnten nicht die Rangen, Ellern, Brachflecken, auch zu Wiesswachs nützlich angewendet, und mit Esparcette-Klee oder andern nützlichen Futter-Kraut besäet werden?

31) Sind alle Wiesen verstreint?

III. Vom Holzwachs und Waldungen.

1) Wie groß ist ein Morgen Holz den Ruthen und Schuhen nach, im Amt?

2) Wie vielerley ist der Boden, starf-leimig, sand- oder steinig?

3) Was wächst für Holz am liebsten?
4) Wie vielerley Gattungen und von welcher Sorte am meisten?
5) Wächst Laub- und Nadel-Holz untereinander?
6) Sind die Gemeind- und Privat-Waldungen in guten oder verösigten Stand?
7) Wie viel Morgen öde Holz-Plätze gibt es in jeder Markung?
8) Werden die Hölzer mit der Huth verderbt oder verschont?
9) Wäre nicht besser, schlechte, magere, sand- und andere dergleichen Aecker, die wegen ermanglenden Dunge, nicht gebauet werden können, mit Holz-Saamen zu besäen, und zu Wald anfliegen zu lassen?
10) Wie viel Morgen wären derselben auf jeder Markung?
11) Was gilt der Morgen Laub- oder Nadel-Holz, gut, mittelmäßig oder schlecht bewachsen?
12) Was für ein Claffter-Mäß und Scheiter-Länge ist eingeführet?
13) Gibt es noch Schroth-Bäume und Bau-Stämme in Quantität? Geht der Pfahl- und Beetter-Handel?
14) Sind Schneid-Mühlen in der Nähe, und wird das Bau-Holz den Schuhen nach, auf solchen geschnitten?
15) Wie hoch ist der Wald-Tax vom hart- und weichen Bau-Holz, dann des Claffter-Holzes?
16) Sind zu Ersparung des Brenn-Holzes, Gemeind-Back-Oefen in jeden Ort angerichtet, oder was hindert es?
17) Werden Weyden und Erlen gepflanzet?
18) Wird das Holz geschält und Lohe gemacht?
19) Brennt man Kohlen was gilt die Seeden oder der Korb?
20) Werden Stöck gegraben, was gibt man von der Claffter zwier geflößt oder doppelt gelegt, zu graben und aufzusetzen?
21) Was gilt die Claffter im Wald?
22) Hat das Eichel-Recht der Wild-Banns- oder Eigenthums-Herr? In Gemeind und Privat-Waldungen?
23) Sind die Hölzer alle versteint?
24) Werden Baum-Schulen von Eichen, Buchen, Nüße und Maroniers angelegt und nachgezogen?
25) Ingleichen von wilden Aepfeln und Birn, auch Kern von geschlachtem Obst, Zwetschgen und Kirschen, nicht weniger Pflanzen und Jezer von Weisdorn, zu Erziehung der lebendigen Hecken, statt der kostbaren Holzverlänterung?

IV. Von Seen, Weyhern, Fisch- und Krebs-Bächen.

1) Sind Herrschafft Gemeind- und Privat-Weyher im Amt, wie viel, wie groß?
2) Werden sie zu Fischen oder Gras-Boden genützt?

3) Was für Gattungen Fische ziehet man im Amt?
4) Wem gehört das Fisch Recht in Flüssen und Bächen?
5) Haben die Weyher guten oder sandigten Boden?
6) Gibt es keine Forellen-Bäche, oder wären dergleichen anzurichten?
7) Wer genießt die Krebs-Bäche?
8) Gibt es auch Aale wohin werden sie verkauft, und wie theuer das Pfund?

V. Von der Vieh-Zucht.

1) Werden Fohlen gezogen und schaffen sich die Unterthanen tüchtige Stuten an?
2) Ist die Pferd-Zucht zu verbessern und wie?
3) Wird schwer oder leicht Rind-Vieh gezogen?
4) Welches ist die beste Art?
5 Wo werden die Hummel, Farren oder Heerd-Ochsen hergenommen?
6) Wer schafft sie an und erhält sie?
7) Werden die Ochsen-Kälber bald oder spat verschnitten?
8) Warum legt man sich nicht auf die Anschaffung des Schweizer-Viehes?
9) Was sind für Mittel, dergleichen großes Büffel-Vieh auf gemeine Kosten anzuschaffen?
10) Wäre nicht besser, um der Nutzung, Zucht und Dungs willen, die beste Gemeind Wäsen, als Wiesen nach denen Gemeind-Rechten zu genießen und
das Rind-Vieh bis Laurentii im Stall zu füttern, oder in die Waldungen,
wo es thunlich, zu treiben?
11) Könnte solche Zeit über der Hirt nicht zum Fluhrer oder Feld-Hüter gebraucht werden?
12) Wie ist die Schaaf-Zucht beschaffen, werden deren in allen Dorfschaften gehalten oder nicht? und warum?
13) Hat man Weyde für solche?
14) Sind es ein- oder zweyschurige, welche hält man um der Wolle willen für
die beste?
15) Ist der Pferch im Gebrauch mit wie viel Stücken, und in wie viel Nächten wird ein Morgen Acker abgepfercht?
16) Was gibt man von einer Nacht oder vom Morgen?
17) Wird der gepferchte Acker gleich nach fortgerucktem Pferch umgeackert,
oder läßt man die Kraft vorher die Sonne und Luft ausziehen?
18) Warum befleißigen sich die Müller, Becken und Bauern nicht besser auf
die Schweins-Zucht?
19) Was sind für Mittel solche durch große Arten Schweins-Mütter und
dergleichen Eber, in Aufnahm zu bringen?

20)

10) Warum legt man sich auf dem Land nicht mehr auf die Geflügel- Enten- und Gäns-Zucht?

VI. Sachen, die zu den Fabriken, Handwerkern, und dem gemeinen Wesen überhaupt dienlich sind.

1) Ob man Spuhren von Stein-Kohlen, Torf, Schwefel, Kieß, Alaun, Gips, Federweiß, oder sonstige Mineralien im Amt finde?
2) Wie vielerley Arten Thon-Erde anzutreffen, welche für die Häfner, zu Geschirr, Oefen, dann Ziegler, vor andern tauglich seye?
3) Ob sich Feuer-beständiger Thon zeige?
4) Item weise, gelbe Ocker, Bolus, Trippel, Walcker-Erde und dergleichen, von welch allen Proben einzusenden?
5) Gibt es Marmor, Albat. Feuer-Steine in Gröse und Quantität?
6) Sind hart- und weiche Stein-Brüche im Amt, werden sie genutzt und verkauft?
7) Findet sich Sand und Kieß, zum Mauren und Strafen-Bau?
8) Sind Kalch-Steine und dergleichen Brüche anzutreffen, wie tief liegen sie?
9) Wird genugsam Flachs, Hanf, Schaaf-Wolle gebaut und erzogen?
10) Wird diese Waar im Land verarbeitet, oder roh ausgeführet?
11) Sind keine Spinnereyen angelegt oder noch anzurichten?
12) Welche Fabriquen und Handwerker gehen gut, welche schlecht?
13) Was ist die Ursach und wie zu helfen?
14) Sind nicht die fremdem Welschen und Haußirer daran schuld, weil sie auswärts fabricirte Waaren verkaufen?
15) Werden die rohen Häute und Felle im Land verarbeitet oder roh hinaus geführet?
16) Geht der Holz-Pfahl- und Bretter-Handel?
17) Was für Fabriquen und Handwerker könnten noch im Amt, zum Nutzen des Nahrungs-Standes angelegt werden?
18) Was sind denen Knechten, Mägden, Taglöhnern, vor Arbeits-Lohn regulirt, oder was muß man ihnen geben?
19) Legt sich der Landmann auf die Bienen-Zucht?
20) Hat noch niemand guten Thon probirt, irdene Bronnen-Rohre daraus zu machen, das theure Holz zu spahren?
21) gebraucht man den Theer zu Wagen-Schmier, statt der 4 mal so theuren ordinairen?

Worauf ermeldte Deputation, deren Pflicht und Verrichtungen bloß auf die Verbesserung des Nahrungs-Standes der Unterthanen und deren Auf-

nahm,

nahm, gerichtet ift, vor nöthig trachtet, anvorderift über nachgefegte Puncten von den Aemtern Berichte abzufordern als

1.) Wie die Verwaltung des gemeinen Aerarii sowohl in genere als in specie beschaffen.

2.) Wer die Rechnungs-Führer und Revifores seyen.

3.) Wie weit die Rechnungen gemacht und abgehört worden.

4.) Worin der Stadt oder des Flecken ordentliche Einnahme und Ausgabe beftehe.

5.) Was die Commun vor einträgliche Iura und Gefälle, an Häufern, Gemeind-Gütern und fonft habe.

6.) Wie folche genugt werden.

7.) Ob und was die Commun fchuldig.

8.) Wo der allenfalfige Verfall des gemeinen Wefens herrühre.

9.) Wie der Sache Rath zu fchaffen und ob einige meliorationes anzugeben wären.

10.) Was vor Refte bis zu Ende des 1765. Jahrs an Geld und Naturalien aus-ftehenund bey wem?

Dieweil aber einige Städt und Aemter die vorgelegte Fragen nicht adaequat und hinlänglich beantwortet; So wurde unterm 25. Apr. 1767. nachbemeltes fernerweite Ausfchreiben an alle Städt und Aemter erlaffen, nach welchen ihnen gewiffe Puncten vorgefchrieben worden, welche theils zu beobachten, theils abufus und Exceffe aber abzuftellen feyen, wie folches wörtlichen Innhalts alfo lautet:

Nachdeme man verfchiedentlich wahrnehmen müffen, daß in theils Aemtern die Ge-meind-Güter und Revenuen nicht fo, wie es fich gebühret hätte, adminiftri-ret-und verwendet worden; die Nothwendigkeit aber allerdings erfordert, die bis-hero eingeriffene Unordnungen und Mißbräuche abzufchaffen, und vor das künfti-ge in ein- und andern Stücken, eine beffere Einrichtung und Anordnung zu tref-fen:

Als ergehet hiemit an fämtliche Ober- und Aemter des Hochlöbl. Fürften-thums der gemeffene Befehl, daß

1.) hinführo, um befferer Gleichheit und Ordnung willen, die Rechnungen über fämtliche Revenuen gemeiner Städte, Marktflecken und Dörfer re. von Neu-Jahr anfangen, und mit Ende des Jahrs allemal, fo wie es mit En-de des heutigen 1767. Jahrs, gleich zu beobachten ift, gefchloffen-Sonach

2.) mit Ende Februarii, nach vorhergängig- obfervanz- mäßiger Abhör und Unterfchrift, felbige ad revidendum, mit fämtlich dazu gehörigen Neben-Rechnungen und übrigen Requifitis, zur Hochfürftl. Landes Oeconomie-Deputation eingefchicket,

3.) Auch jederzeit der Reft-Verweiß in Simplo mit angefüget,

4.)

4.) Das Stampf-Papier aber, welches ein und andere Aemtere bißhero bey Fertigung derer Gemeind-Rechnungen gebraucht, in Zukunft weggelaffen werden solle.

5.) Ist auch weiters, wo anständige oder alternirende Rechnungsführere sind, solches in Rubro der Rechnungen mit Benennung derselben anzuzeigen; Ingleichen

6.) der Zu- und Abgang der Gemeind-Revenuen, nebst Bemerkung der Ursachen, bey der Einsendung derer Gemeind-Rechnungen, alljährlich besonders zu berichten.

7.) Nicht weniger sollen auch jedesmahls die Gemeind-Güthere unter des Amts Obsicht verliehen- darüber ein ordentliches Licitations-Protocoll geführet- und dieses sonach, zur Hochfürstl. Landes-Oeconomie-Deputation in Duplo ad ratificandum eingeschicket werden.

8.) Solle hinkünftig keinem Beamten oder andern Herrschaftlichen Diener mehr erlaubet seyn, weder von Gemeind-Nutzungen noch Gütern, an Aeckern, Wiesen, Wröhren, Fisch-Waffern, und Waldungen, Kraut-Bethen, Feldern, oder wie es Nahmen haben mag, etwas zu erschen oder zu pachten, noch weniger aber zu kauffen.

9.) Sollen ins künftige keine Bau- oder andere Kosten, so sich über Fünf Gulden belaufen, ohne vorherig Ober- und Amtliche Einsicht, Erkanntnuß und Moderation, mehr in denen Rechnungen paßiret- sondern in deffen Unterlaffung abgestrichen,

10.) Bey wichtigern und über Fünf und Zwanzig Gulden sich erstreckenden zufälligen Ausgaben aber, jederzeit zuvor bey der Hochfürstl. Landes-Oeconomie-Deputation angefraget, und die gehörige Ratification darüber eingeholet werden.

11.) So ist auch in Zukunft, ohne vorherige Anzeige und erhaltene Genehmigung von der Hochfürstl. Deputation, niemanden einiger Erlaß von Ober- und Amt, Burgermeister und Rath zu ertheilen, oder etwas für sich in Abgang zu schreiben.

Und da bißhero die Erfahrung vielfältig gelehret, daß die Gemeind-Aeraria durch die auf denen Gemeinden haftende, bißweilen ganz unnöthige Proceffe, unordentlicher Weise, mitg.nommen worden: So sind

12.) künftighin keine Proceß-Kosten aus denen Gemeind-Aerariis, ohne vorherige Anfrage bey der Hochfürstl. Deputation, mehr zu nehmen und zu zahlen; auch

13.) jedesmalen bey denen ereignenden Strittigkeiten und Proceffen, welche ganze Gemeinden angehen und von solchen active oder paſſive geführet werden

müffen,

müffen, die merita caufae vorher anzuzeigen, um deren Ausgang und Endigung, fo viel es möglich ift, beförbern zu können.

14.) Solle hinführo, was die Gemeind-Waldungen, und die Holz-Abgabe aus
solchen anbelanget,

a.) aus felbigen das Holz, fo viel nach deren Befchaffenheit auf ein Gemeind-Recht
verwilliget werden kan, allezeit auf Amtliche Signaturen unter Anweifung
der Herrfchaftlichen Wildmeiftere gefället, und

b.) wo es thunlich das Bau-Brenn- und Stöck-Holz, entweder nach dem
herrfchaftlichen Wald-Tax, oder nach landläuffigen Preiß abgegeben, vor-
nehmlichen aber

c.) diejerhalb zuvor bey der Hochfürftl. Deputation mit Einfendung der Rife,
Ueberfchläge und Accorde bey neuen Gebäuden, angefraget, und die Ratification allezeit eingeholet, auch übrigens

d.) der Holzhieb unter Auffcht und Anweifung der Herrfchaftlichen Wildmeiftere,
niemalen anders als Forftmäßig tractiret, und endlich

e.) infonderheit mit Fleiß und Sorgfalt auf die Holz-Cultur und Beeyferung
durch Einftreuung des Wald-Saamens in die veröfigte Plätze gefehen, fo-
nach auch die Schläge mit breiten Gräben und hohen Aufwürfen umgeben-
und

f.) wo an ein- oder anderm Ort die Gemeinden die Huth in die Hölzer haben,
niemalen eher das Vieh in die Schläge getrieben werden, als biß folche dem
Vieh aus dem Maul gewachfen feyn werden, bey Vermeidung der gefetzten
Strafe a Ein Gulden, Funfzehn Kreutzer von jedem Stuck Vieh. Weiters
follen auch

15.) alle überflüßige und entbehrliche Huth-Wäfen und Efpann, zu Aeckern oder
Wiefen aptiret, und entweder verliehen, oder an die Innwohnere ausgetheci-
let werden.

16.) Sind die- auf denen Gemeind- Aerariis haftende- und bishero zu 5. auch
wohl 6. pro Cent verzinnfte Paffiv-Capitalien, auf 4. pro Cent. herab zu
fetzen, und hinführo nicht mehr höher zu verintereffiren.

17.) Sollen nicht weniger alle übermäßig- und unnöthige Zehrungen, fo viel
möglich eingefchränket, und theils- nebft dem öftern, auf Gemeind-Koften,
unnöthigen Lauffen derer Gemeinds-Leute zum Ober-Amt, oder hieher
nach Anfpach, ganz abgeftellet, oder wo es in wichtigen Dingen nöthig wäre, mehr nicht als Zwey bis Drey aus derfelben abgefchicket, und vor dergleichen Gänge, aus der Gemeind-Caffa nichts paffirt, auch zugleich ein befon-
ders Zehrungs-Regulativ, wem? wie viel? und bey was für Gelegenheiten
jemanden was zu reichen feyn mögte, e. gr. bey dem Hirtendingen, Hörner-
abfchneiden, bey Gemeind-Rechnungs-Abhör ꝛc. (in Abficht, ob alle, oder
nur etliche aus der Gemeind dabey nöthig, und jeder Gemeinds-Mann mit

1.)

1. Maaß Bier und 1. Kreuzer Brod, zufrieden seyn kan) projectiret, und zur Hochfürstl. Deputation ad approbandum eingeschicket werden.

18.) Wird in Zukunft nicht mehr verstattet werden, daß denen Gemeind-Cassen etwas vor Geldt-Einbuß oder Zuschuß bey Wildprett-Annahm in Aufrechnung gebracht werde; sondern es solle das Wildprett so, wie es in der Gemeind angenommen worden, wie dem dem Pfund nach unter die Participanten ausgeschlagen, oder dergleichen ohnstatthafte Ausrechnung dem Amt und Rechnungs-Führer künftig heimgewiesen werden.

19.) Sollen die ausstehende Reste, so viel möglich, und wo es nöthig, executive eingetrieben, hinführo aber keine starke Reste mehr erziehlet werden, oder im Fall ein Beständner oder Pachter am Ende nicht mehr solvendo seyn wird, und dergleichen Posten caduc gehen werden, das Amt und Rechnungs-Führer dafür zu haften haben.

Und wie man endlich

20.) bey der Hochfürstl. Landes-Oeconomie-Deputation, ausser denen bereits erstatteten Berichten, in compendio annoch zu wissen nöthig findet, worinnen eigentlich sämtlicher Städte und Ortschaften, gemeines Vermögen und Grund-Stücke, dann Einnahm und Ausgab an Geld und Naturalien, auch Activ und Passiv-Schulden bestehen: so wird zu diesem Ende gegenwärtige, Summarische Tabelle mit dem weitern Befehl angefüget, nach der darinn vorgeschriebenen Art und Titeln, alles ordentlich und genau darein zu bemerken und anzuzeigen, auch wo allenfalls hie und da eine besondere, in der Tabelle nicht bemerkte Rubric vorkommen sollte, solche in dem leer gelassenen Raum einzutragen.

Welch vorangezeigte Puncten nun von denen Aemtern jeden Gemeinds-leuten gehörig zu publiciren sind, so wie man der stricten Nachgelebung dieser heilsamen Anordnung, übrigens ohnfehlbar sich versiehet, massen im Contravenirungs-Fall, die Ungehorsame bestraft, die connivirende Beamte aber davor angesehen werden sollen. Signatum unter hievor gedruckt-Hochfürstl. Hof- und Regierungs-Raths-Insiegel; Onolzbach, den 25. April. 1769.

(L. S.)

Diesem wurde noch ein gedruckt formular einer Tabell beygefüget, nach welchem specifice einberichtet werden solle,

1.) wieviel Gemeind-Rechter in jedem Ort.

2.) Wie viel Morgen Gemeind-Wiesen, Aecker, Weyher, Holz, Huth-Waasen, dann Gemeind-Gebäue zu jeder Commun gehören.

3.) Wieviel solche an beständig und unbeständigen Gefällen an Geld und Naturalien jährlich einzunehmen habe; Worinn hingegen ihre Ausgaben dann ihre Activ-und Passiv-Capitalien und ausstehende Reste bestehen.

Da

Da nun die hierüber eingekommene Berichte mehrers Licht gegeben, wie der
Städte und Gemeinden Einnahm und Ausgaben beschaffen; So wurden von
Land-Oeconomie-Deputation wegen, deren Sorgfalt dahin gerichtet ist, die
Land-Wirthschaften nach ihren ganzen Umfang mehr empor zu bringen, gewiße
Regeln vorgeschrieben, wie es 1.) mit Administrirung oder Verlephung der Ge-
meind-Güter, auf mehrere, als einzele Jahre, fürohin zu halten, 2.) welche und
was vor Ausgaben und bey was Gelegenheiten passiren, so man durch ein Regu-
lativ vest gesetzet, 3.) über 5. fl. nicht verbauen zu dörfen befohlen, und 4.) wurden alle ohnerlaubte Ausgaben pure verbotten, ferner 5.) die Einsendung der Rechnungen, nach Endigung jeden Jahrs, wann solche von Ober- und Amts als Ge-
meind-Herrschafft wegen, vorhero abgehört, und unterschrieben worden, bey Straf
anbefohlen, wornach solche von Deputations wegen revidirt und monita zur
Erläuterung gestellt, welches bishero mit gutem Succeß befolgt und unabläßig darauf gesehen wird.

Hierauf wurde ferner eine Tabell über jeden Dorf und Weylers Gemeines
Vermögen und Grundstücke, dann Einnahm und Ausgab an Geld und Naturalien auch Activ- und Passiv-Schulden, abgefordert, woraus der Zustand jeden
Orths gemeinen Wesens in einem Jahr, dann ob und welche Verbesserung allda gemacht werden können, und sich würcklich ergeben, kürzlich abzunehmen ist. Als wieviel sind
1. Gemeind-Rechter im Orth.
2. Tagwerk Ohmet- und
3. — — Herbstwiesen.
3. Wie viel Tagwerk von letztern zu Ohmetwiesen aptirt, auch wieviel an sogenannten Braach-Flecken.
5. Wie viel Morgen Gemeind-Aecker,
6. Krautgärten oder dergleichen Beethe
7. Weyher oder See,
8. Morgen Gemeind-Holz und dessen Beschaffenheit, bewaldet sen und ob,
9. Wie viel jährlich bestimmte Holz-Abgaben aus solchen geschehen.
10. Wie viel Morgen Huthwäsen die Gemeind habe.
11. Ob und wie viel Tagwerk davon zu Wisen und Aeckern aptirt und unter die Gemeinds-Leute vertheilt.
12. Was die Gemeind vor Gebäue und Bronnen zu erhalten, was vor Brucken,
und ob sie von Stein oder Holz.
13. Was vor beständig und unbeständige Gefälle an Geld, Getraid und Wein die
Gemeind habe.
14. Was vor Ausgaben nach allen Rubriquen,
15. Wie viel Reste,
16. Wie viel Activ- und Passiv-Capitalien hat die Gemeind.

Nach

Nach diesen einmal vestgesetzten General-Principiis hat man von Landes-
Oeconomie-Deputations wegen nach an Handgebung des Hochfürstl. Aus-
schreibens vom 25. Junii 1767. auch die hauptsächlichsten Special-objecta vor die
Hand genommen.

Worunter 1.) die Abstellung der Frühlings-Huth auf den Wiesen, vornehmlich mit zu rechnen.

Jedermann weiß, wie schädlich es ist, wann das Rind- und Schaaf-Vieh
im Frühling, da der Boden von der Winter-Feuchte locker und n ß vom Vieh
vertretten, das Graß zumahl von den Schaafen mit den Wurzeln ausgerissen, und
daß hierdurch der Wachsthum auf etliche Wochen verhindert worden, zu geschweh-
gen, daß das Vieh, so man bey Kuppelhaltigen Wies-Gründen, öfters mit andre
bendem Tag schon darauf gejagt, um andern vorzukommen, den giftigen Thau
mit abgefressen, woraus hernach Seuchen und landesverderbliches Vieh-Ster-
ben erfolgt, da hingegen bey unterbleibender Vieh-Huth ungleich mehr Futter
wächset, und eher eingeheimset, somit auch der Gromath-Wachs befördert werden kan.

Wie hart es auch hier und da hergegangen, die Gemeinden und Unterthanen von solcher schädlichen Frühlings-Huth auf den Wiesen, abzubringen, so
ist es doch, auf beschehene Communication mit benachbarten dabey interessirten
Herrschaften, so weit gekommen, daß solche an denen meisten Orthen abgeschaft
und nunmehro der Nutzen andere zu gleicher Nachfolge von selbsten bewogen hat,
wodurch viele 1000. Juder Heu mehr erlangt und die Vieh-Zucht ungemein befördert worden. Im Zweybrückischen ist solche Frühlings-Wiesen-Huth mit denen Schaafen einstweil biß auf Extraub oder den 17. Mart. limitirt und best.
gleich.

Das zweyte Objectum war die Veränderung der Herbst- in Ohrmat-
Wießen.

Es ist neulich von alten Zeiten her bey vielen Orthschaften üblich gewes' n,
daß nicht nur einzele Tagwerke, sondern auch wohl ganze Wießgründe, aus üb-
ler Observanz nur einmahl geheuet werden dörfen, sodann aber gleich mit der
Vieh-Heerde abgehütet worden, welches um so unvernünftiger gewesen, als etliche Wochen darnach, die Stoppel-Huth aufgehet: daraus erfolgte, daß der Eigenthümer seine Wiesen nicht tungte, weil er doch nur ein Graß davon bekam,
wohlfolglich die Helfte des Ertrags der Wiesen verlohren gienge, und er dadurch
eines großen Theils seiner Winterfütterung beraubet wurde, da ihm doch das Rech t
gebührte, seine Wiesen zu nutzen, so gut er könne. Um nun von Deputations wegen, diesem landverderblichen Unwesen abzuhelfen, ist ein Amt und ein Ort, nach

dem andern, vorgenommen = die Unbilligkeit und der allgemeine Schaden den Leu=
ten vorgestellt = und daß die Hegung der Wiesen nur biß Bartholomäi geschehen=
sodann aber nach abgenommenen Gromath solche noch ganzer 3. Monath behütet
werden können; So hat dieses so viel Eindruck bey denen Gemeinden verschaft,
daß sie den allgemeinen Nutzen eingesehen, und sich zur Abänderung der bißheri=
gen Herbst = oder Brach = in Ohmet=Wiesen verstanden haben, nachdeme man die
billige Distinktion gemacht, daß diejenige, welche Wiesen in einer andern Gemeinds=
Markung besitzen, aber kein Huth=Recht darauf haben, selbiger Gemeind ein ge=
wisses Ohmet Geld, vom Tagwerk 30. 45. kr. und mehr, nach Beschaffenheit der
Wiesen, bezahlen müssen, und auf diese Art sind bereits viele 1000. Tagwerk zu
Ohmet = Wiesen gemacht = aber auch eben so viel 1000. Fuhr Gromet jährlich er=
langt = und jede Wiesen um 50. bis 100. fl. dardurch im Werth gebessert = ja man=
cher Bauernhof nach der Leute eigener Geständnuß um 1000. und mehr Gul=
den melioriret worden, weil nunmehro der Eigenthümer seine Wiesen dungt, dar=
durch so viel Gromet als Heu erlangt, sofort mehr Vieh halten, mehr Tung ma=
chen, und mehr Getraidt bauen kan. Diß ist ja wohl ein essentieller Nutzen ei=
nes ganzen Landes, wo der Unterthan nicht allein, sondern auch der Lehenherr ra=
tione des Handlohns profitiret.

Nach solch glücklich zu Stand gebrachten 2ten Objekt der Landes=Oecono=
mie, hat man von Deputations wegen, auch in Erwegung gezogen, wie bey
theils Land=Städten und Gemeinden ein Ueberfluß an Huth=Wäßen sich be=
finde, welche öfters mit Dornen, Gänzen und Farren auch andern unnützen Kraut,
bewachsen waren, und also der beste Boden um der allzuweiten Entfernung von
dem Orth und der Beschwehrlichkeit des dahin zu bringenden Tungs willen, ohn=
cultivirt und unnutzbar bleibet, mithin bloß zur Huth genossen = dagegen aber
mehr vertretten wird. Dagegen nach Proportion der Morgen, deren Güthe
und der Anzahl des Viehes, gar wohl ein großer Theil davon unter sämtliche Ge=
meinds=Leuthe vertheilt = zu Aecker und Wiesen aptirt und dadurch denen Kleinen
Guths=Besitzern auch ihre Nahrung verbessert werden könne. Dieß hat nun frey=
lich den meisten Widerspruch bey den Großen i. e. Bauern, verursachet, wel=
che von Alters her dergleichen Huthwäsen, theils vor ihr Proprium, zu dem An=
spinn gehalten, oder doch zur Wayd vor ihr Rind = und Schaaf=Vieh, allein
genuzet, dagegen der Kleine Guths=Besitzer, so keinen Anspann und entweder
wenig oder gar kein Vieh halten können, davon ausgeschlossen bleiben müssen.

Gleichwie aber jene außer dem unbilligen Herkommen, kein Vorrecht be=
haupten können, da ein Gemeinds=Mann, so viel Recht am Gemeind=Nutzen
hat, als der andere auch in vorkommenden Fällen eben so viel beytragen muß; So
wurde die Sache dahin entschieden, daß ein Gemeinds=Mann, wie der andere,
weil

weß Herrschaft es auch seye, gleichen Antheil, nemlich der Kleine wie der Große, haben und die zur Cultur ausgesetzte Huth-Plätze gleichtheilig unter sie vertheilet werden sollten, so auch geschehen, und hierdurch sind viele 100. Morgen Huth-Wäsen unter, die Einwohner vertheilt und urbar gemacht, zugleich aber dem armen und Mittel-Mann, aufgeholfen, und soviel möglich in bessern Nahrungs-Stand zu versetzen der Bedacht genommen worden. Dann die kleinen Güter-Besitzere bekommen Feld-Stücke zu ihren bloßen Häusern, können ein Stücklein Vieh halten, sich folglich besser nähren, und die Herrschaften fahren auch nicht übel dabey, weil solche Häuser, worein dergleichen Gemeind-Stücke vererbet werden, mehr gelten, und auch im Handlohn mehr eintragen, der Reiche bleibt auf diese Weise in seinem Wohlstand, der Mittelmann wird erhöhet, und dem Armen wird zu seiner Nothdurft verholfen.

Ein Umstand ist noch, welcher die Sache einiger maßen beschwerlich macht nemlich die viele Kuppel-Hutben, da öfters u. 3. Gemeinten, verschiedener Herrschaften, das Recht haben, auf einem Wasen zu hüthen.

Wie nun die Gemeintschaft jederzeit sowohl in Ansehung des Genußes, als der übrigen Umstände beschwerlich ist, und sich so viele Köpfe nicht unter einen Huth bringen laßen; So war auch hier die größte Schwierigkeit, eine Abtheilung vorzunehmen, da es noch nicht unter denen Gelehrten ausgemacht ist, ob

1.) ein Orth, er sey gleich an Gemeind-Rechten stärker als der andere, nur so viel Theil am Waasen haben solle, als jener, oder ob nicht billiger, daß die Abtheilung nach den Häußern oder Gemeind-Recht geschehe.

2.) Ob unter den Gemeind-Theilhabern ein Großer mehr als der Kleine bekommen,

3.) ob die Proportion nach der Anzahl des Viehstamms zu machen, und

4.) was vor ein Unterschied zwischen den gehörnten und Schaaf-Vieh zu statuiren, dann wieviel der letztern vor ein Rindhaupt zu rechnen seyen.

Jedoch diese Umstände haben sich bey solchen Gemeinden, die unter einerley Dorfs- oder Gemeind-Herrn gehören, bishero guten Theils heben laßen, und man ist sofort nach Proportion der Gemeind-Rechte, zur Abtheilung der ausgesetzten Huth-Wäsen geschritten.

Durch diesen Weg hat man es so weit gebracht, daß bereits viele 100 Morgen Egerten, Huth-Wäßen oder Almenden, davin gemacht und von den Unterthanen genossen werden, und zwar ohne Absicht, weß Herrschaft die Unterthanen seyen; Ein abermaliger Beweiß, daß die Obsorge vor die Landes-Oeconomie dem größten Nutzen seye, und wann einige Jahre herum gehen, daß die je o

C 2   noch

noch Widerſpenſtige den Nutzen anderer ſehen; ſo werden ſie von ſelbſten zu gleicher Nachfolge gereizet werden. Gleichwie von mehrern Wieſwachs die Viehzucht und von dieſer der Feld-Bau dependiret; So hat man auch nicht verſäumt, durch Aufſuchung des Mergels, und Gipſes den Aeckern und Wieſen aufzuhelfen, wie hier und da die Probe gemacht worden.

Die Anrichtung der Baum-Schulen in jedem Kirchſpiel und die Erziehung geſchlachter Obſt-Bäume, durch Einräumung eines Stücklein Gemeind-Platzes, worüber der Schultheiß oder Schulmeiſter die Aufſicht haben kan, womit ſodann alle eingepfarrte Orthe verſehen werden können, item die Pflanzung der Erlen und Weyden an Bächen und Gräben iſt denen Gemeinden ebenfalls nachdrücklich anbefohlen: und was würden die Orthſchaften vor Nutzen haben, wann jeder Hausvater auf dem ſeinigen alljährlich nur etliche Stämmlein Weyden von guter Arth ſetzte und erhielte. Nur liegt es bey denen Aemtern und Schultheißen jeden Orths, daß darüber gehalten werde. Man befindet ſich öfters in dem Fall, daß man den Bauer zu ſeinem Beſten zwingen muß, deme Vorurtheil und Nachahmung der Väterlichen Weiſe öfters über alles gehet.

Je bekannter es iſt, daß durch die Pferdzucht ein Land glücklich in Anſehung des Fuhrweeſens, Ackerbaues und beſonders des aus den Fohlen erlöſenden Geldes, mache; je mehr iſt die preißwürdigſte Sorgfalt Ihro des regierenden Herrn Marggrafen Hochfürſtl. Durchlaucht unſers gnädigſten Fürſten und Herrn diſsfalls zu rühmen, da Höchſtdieſelbe nicht nur vor Dero eigene Geſtüterey, ſondern auch vor die Unterthanen, aus den entferntteſten Ländern die koſtbarſten Beſchelere bringen- und damit in allen Ober-Aemtern, die Stationes, der Unterthanen Stuten zu belegen, verſehen laſſen, woraus mit der Zeit eine Race der beſten Engliſchen und andern ausländiſchen Pferde zu hoffen iſt. Der Hochfürſtl. gewiß weit berühmte Marſtall, pranget auch mit der ſchönſten eigenen Zucht, von ſo edler Race, daß die veritable Ausländer ihnen den Vorzug nicht ſtrittig machen können.

Ueber alle von ſolchen Beſchelereyen fallende Fohlen wird von jedem Amt ein Regiſter eingeſchickt, der Nahme des Vaters beygefüget, und die Fohlen müßen alle Frühjahr in jedem Oberamt zuſammen gebracht, wovon die ſchönſten auß ſucht= und den Unterthanen theuer bezahlt werden. Bey der Land Geſtüterey fehlt weiter nichts, als daß dergleichen Fohlen guter Arth, nicht im Land bleiben, ſondern zumahl bey Ausherriſchen Unterthanen durch die Juden aufgelauft, und außer Land verſchickt werden, womit ſich, ſonderlich bey den Stuten, die feine Race vermindert.

Was hier von den Pferden gesagt worden, das findet auch bey dem Kind-
rieh statt. Und wieviel daran gelegen seye, eine große und gute Arth Ochsen und
Kühe zu ziehen, wissen die, so von der großen Sorte dann und wann ein Kalb bekommen, zu rühmen. Und da bey der Herrschaftlichen Meyerey zu Triesdorf, kein
anderes als ächtes Schweizer-Vieh gehalten- und binnen etlich Jahren allezeit ein
neuer Transport aus der Schweiz geholet wird; So können sich manche Dorfschaften mit Ochsen-Kälbern von daher versehen, woraus hernach die schönsten
Heerd-Ochsen gezogen werden, diese müssen aber schon, wann sie 1½. oder 1¾
Jahr alt, zum reiten der Kühe gebraucht werden, weil sie 3. Jährig schon zu
schwehr vor die Kühe sind.

Die Erfahrung hat die Bauern gelehret, daß ein Kalb von dieser Art allezeit auch nur beym Metzger, um 2. 3. fl. theurer verkauft wird. Wann nun darauf gesehen und gute Racen nachgezogen werden, was vor Nutzen kan nicht binnen wenig Jahren, da aus einem Kalb eine Kuh wird, bey der Viehzucht sich
zeigen, deßwegen sollten in jedem Amt, Gemeinden aus ihren Aerariis zusammen
schießen, und sich von Zeit zu Zeit junges Vaßel-Vieh aus der Schweiz kommen lassen, an statt bißhero, auf ganz widersinnige Art, die Anschaffung des Mann-
oder Vaßel-Viehes dem Hirten überlassen worden; Was kan aber ein solch armer Tropf anders thun, als daß er nach der Wohlfeile, einen geringen Heerd-
Ochsen einkauft, er mag auch klein und von schlechtester Arth seyn, da doch eine
Bauernfrau sich nach einem guten Hahn vor ihre Hüner umsiehet. Und wie es
beym Rindvieh gehet; so verhält sichs auch ben dem Schwein- und Schaafvieh,
da bey jenem eine große und lang gestreckte Arth, und bey den Böcken eine gute
Wolle so vorzüglichen Unterschied machet; Es haben also die Schultheißen und
Dorfs-Vorsteher davor zu sorgen, weil man sonsten sie zur Verantwortung
ziehen würde.

Nach der Vieh- wird auch wohl die Bienen-Zucht einen vorzüglichen Platz
in der Landes-Oeconomie verdienen: Es ist nicht allen unbekannt, was in ältern Zeiten, vor ein großer Nutzen an Honig und Wachs in unsern Gegenden und
besonders dem sogenannten Nürnberger Reichs-Wald, aus der Zeitel-Weyde,
gezogen worden. Es hat dieses Anlaß gegeben, daß ein Tractätlein, unter dem
Nahmen, der Fränkische Bienenmeister zu Anspach heraus gekommen, und die
Hochfürstliche Regierung hat die Sache so würdig gefunden, daß unterm 7. May
1767. ein besonderes Ausschreiben deßwegen ergangen, die Bienenzucht auf alle
Weise zu befördern, und in dem Fränkischen Haußhaltungs- und Wirthschafts-
Calender 1770. findet sich ein Project, Bienen-Ordnung, dergleichen bishero
ermangelt hat.

Da

Da dem Landmann wie dem Burger, so viel an dem Wachsthum des Bau-
und Brennholzes gelegen ist, und solches fast aller Orthen zusammen gegangen;
So haben wir einen glückseligen Zeitpunct erlebet, da Ihro Hochfürstl. Durch-
laucht unser gnädigster Fürst und Herr sich auch die Holz-Cultur auf alle
Weise angelegen seyn lassen, und haben durch die unermüdete Sorgfalt Dero
Geheimbdem Rath und Obrist-Jäger- auch Obrist-Forstmeisters, Herrn Schil-
ling von Canstatt, bishero die vortreflichsten Anstalten, durch Anfang der öden
Plätzen mit allerley Holz-Saamen, und in andere Wege vorkehren lassen, sondern
man hat auch den Effect durch den schönsten Nachwuchs bereits vor Augen.
Wie nun die sämtliche Forst-Bedienten die Anweisung haben, auch vor die Ge-
meind- und Unterthanen Waldungen deren pflegliche Tractir- und Besaamung
mit dienlichen Holzwerk, dann Hegung derselben zu sorgen; so hat sich die Landes-
Oeconomie auch dießfalls ein gutes Perspectiv vor das künftige zu versprechen.

Seind wohl eingerichtete Commercial- und Heerstrassen einem ganzen Land
nützlich; so kan sich das Anspachische rühmen, daß unser Durchlauchtigst gnädigster Regent, auch in diesem Stück vor die Wohlfarth Dero Unterthanen wie
des gemeinen Wesens überhaupt besonders Sorge tragen. Der Augenschein gibt
und die Fuhrleuthe rühmen, daß man jetzt aus Francken über Anspach nach Re-
gensburg, München, dann von Frankfurth über Blaufelden, Crailsheim, durch
das Rieß nach Augspurg, so ferner durch andere Ober-Aemtere mit Gemächlich-
keit kommen kan, und wer bewunkert nicht die mit einem Aufwand von vielen
1000. fl. verfertigte Chausseen von Anspach nach Triesdorf, nach Heilßbronn ꝛc.
und es wird noch immer weiter fortgesetzt, wann nur andere dazwischen gelegene
Herrschaften auch nur die ihrige mit Fuhren und andern hülfliche Hand leisteten.

Das mit vielen Kosten auf eine solide Weise erbaute Zucht- und Arbeitshaus in Schwabach hat dem Landmann dadurch die große Wohlthat erwiesen,
daß alle Arten böser Menschen, welche die Unterthanen, durch Rauben, Stehlen
und auf andere Art molestirt, eingefangen, und in solchem verwahret werden,
sogar der Ruf von diesem Haus entfernet dergleichen Böswichte aus dem Anspachischen, und auch die viele im Land wohnende auswärtige Unterthanen genießen
diese Wohlthat mit, ohngeachtet sie und ihre Herrschaften keinen Kreutzer beytragen.

Endlich ist auch derer Bergwerke zu erwehnen, welche besonders in dem
Burggrafthum Nürnberg oberhalb Gebürgs auf dem berühmten Sichelberg,
sich von neuem hervorthun, und die schönsten Spuhren, von Gold, Silber, Kupfer, Bley, Eisen, und andern Mineralien zeigen, deßwegen auch Ihro Hochfürstl. Durchlaucht, unser gnädigster Fürst und Herr unterm 1. Junii 1769.
durch

durch ein besonderes Bergwerks-Patent alle die Begnadigungen, Freyheit, und Privilegien denen Bergbauenden gnädigst zugesichert haben. |

In denen beeden Anspachischen Ober-Amtern Feuchtwang und Crailsheim sind bereits Steinkohlen, Alaun- und Vitriol-Werke angerichtet, welche nützliche Ausbeute geben, und durch Entreprenneurs noch weiter vermehret werden könnten. Man findet auch Spuhren von ergiebigen Salzquellen.

Bey allem diesen hat die Landes-Oeconomie auch noch ein weites Feld vor sich, und viele andere Gegenstände, welche theils zu Verbesserung, theils Miß-bräuche abzustellen, Anlaß geben.

Wir wollen nur einen kleinen Catalogum davon, ohne weitere Ordnung, sondern bloß, wie solche vorgekommen, hier zur Nachricht beyfügen. Als

1.) Die Landesspinnerey an Wollen und Flachs wäre eine so nöthig als nütz-liche Sache, bey dem Landmann einzuführen, Kinder und Gesind durch Præ-mia dazu anzuhalten, die Hirthen dazu zu nöthigen, müßige Weib- und Mannspersonen dazu anzuhalten, ohne Attestat des Spinners sie nicht zu dulten, sondern in das Zucht- und Arbeitshaus zu thun; denen die ihre Herrschaftliche Schuldigkeiten nicht bezahlen können, solche durch Spinnen des Werks zu Lichtergarn abverdienen zu lassen. In denen Bayreuthischen Aemtern der sogenannten Sechs Städte werden viele 100. Centner des schön-sten Flachses gebaut und außer Land verführt, allda die bekannte Leinwanth davon gemacht wird, da man hingegen selbst Webereyen anrichten und Tü-cher daraus würken lassen könnte, eben so wie die zarte einschürige Wolle auch ohne imposst noch nach Böhmen etc. gehet. Zu obiger Leinwanth Fa-brique würde sich alsdann eine oder mehrere Bleichen im Land füglich schi-cken, wodurch viel tausend Gulden außerhalb erspahret würden. Dann so lang man nicht die Mittel anwendet das Geld im Land zu behalten, so wird die Armuth in demselben immer zunehmen.

2.) In Waisenhäusern die Buben und Mägdlein zum Spinnen anzuhalten, daß sie nicht so müßig herum gehen, und wann sie erwachsen zu aller Arbeit untauglich werden, außerdeme sie besser bey bürgerlichen Personen unterhal-ten und zur Arbeit angewöhnet würden.

3.) Denen, die die Spinnerey entreprenirten, sollte man unter die Arme greifen, und die Landweber zu Verfertigung ihrer Arbeit anhalten, nicht aber die We-berey durch Meisterwerden und andere onera, wodurch die Leute nur ausgesaugt und ums Geld gebracht werden, erschwehren.

4.) Gemeind=Back=Oefen, wie solche in Francken und sonst andeter Ortheu bereits mit Nußen eingeführet, wären noch hie und da einzuführen.

5.) Den Torf besser nachzusuchen, weil viel Holz dardurch erspahret wird.

6.) Wenn die Unterthanen bauen müssen, ihnen die A··pad-ischen Bau=Risse und
Ueberschläge zu geben, daß sie von den Handwerckleuten, nicht überfordert
werden, wozu die Beamte an Hand zu gehen.

7.) In jeder Haupt= und Land=Stadt, auch Dörfern, sollten hie und da ausgemauerte Thung=Stätte seyn, wohin aller Unrath aus Häußern und Gas-
sen=Kehrig zusammen getragen würde. Welche Thung=Stätte hernach zu
verpachten, und mit den Tung die Felder gut zu machen.

8.) Die Beiner vom geschlachteten Vieh in Städten, sollen nicht auswärts ver-
führet= sondern gesammlet, zerhackt und auf jeden Orts=Marckung auf die
Felder statt des Tungs gestreuet werden, so großen Nußen brächte.

9.) Wie die Brand=Assecuration in hiesigem Fürstenthum schon eine der nüß-
lichsten Anstalten bey der Land=Oeconomie ist; So sollten auch bey Wetterschlägen, Wolckenbrüchen und Ueberschwemmungen dergleichen Assecurationes Aemterweise angerichtet werden; in denen Fränkischen Oeconomischen
Nachrichten ist die Sache, wie es anzufangen deutlich beschrieben.

10.) Zum besten der Land=Oeconomie könnte nichts vorträglichers geschehen,
als das ehemals emanirte so heilsame Hochzeit= Kindtauf= und Leichen=Re-
glement wieder von neuen zu befehlen, aber auch scharf darüber zu halten,
dann es seufzen viele 100. über solche aus überflüßiger Aemulation, herrüh-
rende Last und Abgaben, bey Hochzeiten, Leichen, Gevatterschaften und dergleichen, welche anderst nicht, als durch Obrigkeitlich strengste Verordnung
abgestellet werden können.

11.) Zu Beförderung der Rothgerbereyen und damit die Ochsenhäute nicht roh
ausgeführt= sondern im Land verarbeitet würden, sollten die Rothgerbereyen mehrers befördert= die kleine Reißer und Aestlein von Eichen, nicht
verbrennt= sondern zu Loh, gleichwie die Rinde, gestampft und nebst den eichenen Säg=Spähnen, dazu angewendet werden.

12.) Daß ein Land weniger ertrage als das andere, davon liegt der Grund nicht
in der Beschaffenheit des Erdbodens, sondern in der schlechten Verfassung
der Landwirthschaft.

13.) Wie an vielen Orten Teutschlandes, die Gemeind=Gücher längst vertheile
sind, und kein Vieh mehr als biß nach eingeheimster Ernde ausgetreben
wird; So könnte dergleichen noch an mehrern Orthen auch geschehen; dann
die

die Hälfte des Thungs, den man im Stall haben könnte, geht dadurch verlohren, und doch bezahlt man an vielen Orthen, den Wagen oder die Fuhr vor 1. fl. 15. biß 30. kr. welcher Schaden ist das?

14.) Kein Land es seyen Aecker, Holzplätze, Huthwäßen, Egerten, sollen um des schlechten Ertrags willen, öd gelassen, sondern jedem der es bauen will, frey gegeben werden, nur daß sie den Eigenthümern einen jährlichen Affter-Zinnß davon reichen.

15.) Die Getraid-Böden sollen unten am Fuß wo das Getraide liegt, Zug-Löcher haben, damit die Luft solches durchstreichen, und vor dem Wurm verwahren könne.

16.) Eine große Hindernuß des Ackerbaues ist, die Ungleichheit der Wiesen mit den Aeckern da mancher Hof 50. biß 60. Morgen Aecker und kaum 3. 4. Tagwerk gute Wiesen hat; hieraus entspringt der Mangel an Fütterung, diser hindert die Viehzucht, mit derselben mangelt der Thung und zuletzt das nöthigste die Aecker zu tungen, oder der Bauer muß etliche Stund weit fremde Wiesen um theuer Geld bestehen: Dardurch hat der Bauer viel Arbeiten im Acker pflügen, schneiden und einernden, und am Ende doch nichts an Körnern zu treschen; dann ohne Thung wächst kein Getraid; dahero sollte bey allen Gütern die Proportion in Acht genommen- und die tauglichen Aecker zu Kleefeldern und andern nützlichen Futter-Kräutern aptirt- von der Gemeind geheget- und mit dem Zehend-Herrn sich verglichen, die entfernten und überflüßigen aber verkauft, dagegen Wiesen angeschaft werden. Hierdurch würde der Viehe-Stand vermehrt und von wenig Aeckern mehr Frucht gebaut- auch viel vergebliche Arbeit und Kosten erspahrt werden; und hieran sollte niemand den Eigenthümer zu hindern berechtigt- vielmehr von Gemeindherrschafts wegen, man ihme dazu behülflich seyn.

Was Schäfereyen sind, muß ohnedem der Pferch geschlagen und Nacht weiß unter die Einwohnere ausgetheilet werden.

17.) Weil durch die Schäfereyen zugleich der Thung, es sey nun durch den Pferch oder in Ställen vermehret wird; So ist nöthig auf deren Conservation, zumalen auch wegen der Wolle, allen Bedacht zu nehmen, nachdem aber soviel an verständigen Schäfern gelegen, welche die Zeit des Hüthen und Austreibens, die Waide selbsten, die Krankheiten des Schaaf-Viehes, deren Cur, verstehen; So ist in Schweden eine ganze Schäfer-Academie, wo alle Schaafhirthen allda lernen und andere unterrichten müssen.

Im Zweybrückischen ist eine besondere Schäfer-Zunft errichtet, wo alle Regeln beobachtet und tractiret werden.

Daß der Schäfer-Stand als der älteste auf dem Erdboden, von Anfang gewisse Vortheile erlernet, und die Eltern solche auf die Kinder fortgepflanzet, aber jederzeit als ein arcanum unter sich behalten, ist bekannt: dann ein gut oder böser Schäfer kan eine ganze Heerde erhalten, aber auch in einer Stunde zu todt hüten. Daß die Schaaf-Knechte gegen die Gebühr, zu Mittag, auf gewissen Aeckern, die Schaaf stellen, und pferchen; so aber um der Sonnen-Hitze willen, den Schaafen höchst nachtheilig ist, soll man nicht gestatten, sondern sie anhalten, die Schaafe unter Bäume oder Schatten zu stellen. Verständige Schäfer pflanzen bey den Schaaf-Scheuern ein Kraut, die Pestilenz-Wurzel genannt, und geben dann und wann den Schaafen, klein geschnittene Stücklein von der Wurzel oder auch gepulvert unter den Salz vor die Rauten.

18.) Eine ebenmäßig große Hinderniß an der Futterey und zugleich der Viehzucht ist, daß man die schlechte Wiesen, so nur Spitzgras, Zedern und Kränzel, tragen, nicht umreißt, durch Gräben austrocknet und mit Klee oder andern guten Futter-Kräutern versorgt, werdurch 1. Tagwerk mehr und besser Heu und Grumet geben würde, als 3. Tagwerk solch elende Wiesen.

Dergleichen natürlich an sich schlechte Wiesen können kein anderes Gras tragen, als die Wurzel giebet, und ist von je her, kein anderer Saame in die Wiese gestreut worden, mithin kan auch kein besser Gras hervor kommen, so wenig von einem schlechten Saamen der Acker gutes Getraidt bringen kan. Es sollten also alle dergleichen schlechtes Gras tragende Wiesen umgerissen, und der Boden visitiret, mit Gyps bestreuet, sobann mit gutem Gras-Saamen besået werden, in 2 Jahren würde sich der erstaunliche Nutzen zeigen, und die Güter dadurch mehr als durch viele schlechte Wiesen gebessert werden, auch hierzu kan der Pflug mit 3. Sägen nach dem Vorschlag des Herrn Chatau, Vieux gebraucht werden.

19.) Mit dem Anbau dergleichen nützlichen Futter-Kräuter, könnte auf Huth-Wäsen, wo der Boden dazu tauglich, wann solche umgerissen und damit beleet würden, die beste Probe gemacht werden, und wann solches auf der Gemeind-Kosten aus derer Aerario geschehe, würde es desto leichter gehen und andere nachfolgen, dann sobald der Bauer nichts von dem Seinigen hergeben darf, so ist er willig, und wann es geräth, so folgen andere nach.

Und

Und wann von Gemeind-Herrschaft wegen einige Morgen solcher Gemeind-Wäsen an die Liebhaber zum Anbau ausgebotten werden, so finden sich gewiß gleich andere, die nachfolgen.

20.) Wann die Wässerungen der Wiesen besser in acht genommen und die Schöpf-Räder in den kleinen Flüssen, mehr in Aufnahm gebracht würden, sollte sich der Nutzen bey dem Futter-Wachs auch bald mehreres zeigen.

21.) Wollten die Gemeinden an die Holzpflanzung vor sich und ihre Nachkommen denken, so könnte manches Stück von entbehrlichen Huth-Wäsen umgerissen, mit Holzsaamen allerhand Gattung besäet, sofort gehegt- und hingezun nach einigen Jahren, wenn das Holz dem Vieh aus dem Maul gewachsen, wieder behütet werden, und die Gemeind hätte zugleich den Anwachs eines schönen Holzes zu hoffen.

22.) Unter die guten Thung-Arten, den Acker zu verbessern, gehört zuverläßig auch der Mergel, von dessen Unterschied, Beschaffenheit, Farbe, und Eigenschaft, auch wie er zu erkennen, anderwärts in denen Nachrichten der Oeconomischen Societät in Franken, weitläuftig gehandelt worden. Sein Nutzen, wenn er recht gebraucht wird, ist untrüglich, man sollte sich nur mehr Mühe geben, solchen ausfindig zu machen, da man ihn oft mit Füßen tritt. Soviel ist gewiß, daß der Mergel auf schwerem Feld schade, hingegen auf Sand- oder andern leichten Feld Nutzen bringe, gleichwie überhaupt ein thon- und leimigt Feld, wann solches durch convenable Witterung nicht beständig aufgeschlossen wird, an sich unfruchtbar, ein bloß Sand- und Melbig-Feld aber untüchtig ist, den Saamen zu ernähren und Früchte zu erzeugen. Dahero die Mischung des schweren Erdreichs die beste Fruchtbarkeit allemal zu Wege bringen wird.

Neben dem Mergel, ist auch der Gips, so bekanntlich eine Art Kalch, eine vorzügliche Thungung, wo solche zu rechter Zeit und mit erforderlicher Behutsamkeit und Besprengung des Urins von Menschen und Vieh, gestrichet.

Da gegenwärtiger Calender von der Oeconomie insonderheit handelt, so habe nicht vor undienlich gehalten, diese Nachricht mit eindrucken zu lassen.

D 2

Ver-

Verschiedene Nachrichten und Mittel vor die Pferde.

Allerley Roß-Pulver.

Wann man ein Pferd will reinigen, daß es das gantze Jahr gesund verbleibe, so nimm Entzian, foenum graecum und Lorbeer, jedes ein Pfund gepulvert, und im Frühling und Herbst dem Pferd gegeben; Man soll das Futter ein wenig netzen, und was man des Pulvers mit dreyen Fingern fassen kan, darauf säen; diß soll man vierzehen Tage continuiren, so oft man Futter gibt, darnach soll man dem Roß die Käu-Adern (wie sie Herr Seuter nennet) schlagen, dieselbe warm tränken, deßgleichen unterweilen eine gebähete Schnitten Brod im starken Wein eingeweicht zu essen geben. Diß Pulver ist den Rossen für alle zufallende Krankheiten gut, sie davor zu versichern.

Wann ein Pferd die Kehlsucht hat.

Für die Kehlsucht ist eine gewisse Kunst: Nimm eine Hand voll Gundelreben, zerschneide sie klein, nimm darzu ein Maaß Wein, schütte sie darein, laß es die Helfte einsieden, gibt auf dem Futter, so wirds bald offen, und lauft aus, ist bewährt.

Wann ein Pferd gähe krank wird, und man weiß nicht was ihm ist.

Nimm ein halb Loth Venedischen Theriac, geflossene Eberwurtz, Angelica und Pommerantzen-Schelfen, alles geflossen, jedes zwey Loth, diß dem Pferd hr anderthalb Seidlein Wein warm eingegossen, und die Adern unter der Zungen eröfnet, darauf das Pferd ein wenig herum geführt, so wirds bald besser.

Eine bewährte und köstliche Hornsalbe.

Schön rein Wachs	½ ℔.	Honig 16 Loth.
Terpentin	5 ½ Loth.	Zucker 5 ½ —
Hirschunschlit	5 ¼ —	Schweinschmaltz 10 ¼ —
Bockunschlit	5 ¼ —	Venedische Seiffen 5 ¼ —
Weiß Hartz	2 ¼ —	Leinöhl 5 ¼ —
Baumöhl	11 —	Brandtenwein 3 —

Laß erstlich das Wachs, darnach das weiß Hartz über einen gelinden Feuer wohl fliesen, darnach thue Terpentin, folgends die Unschlit, dann das Honig, nach diesem Baumöhl, Leinöhl, Schweinschmaltz, Venedische Seiffen, letzlich den Zucker darein, und wann alles wohl zergangen und untereinander gerühret worden, welches von Anfang biß zu Ende geschehen muß, der Brandtwein darzu ge-

gossen,

goſſen, vom Feuer genommen, wohl ungerühret, in einem verglaßten Haſen ge-
ſchüttet wird. Dieſe Salbe dienet nicht allein vor die Pferde, die Huſe zuweilen,
ſonderlich bey der Crone, damit geſchmieret, ſondern auch vor die Menſchen, indeme ſie alle Schäden zu heilen pfleget.

Nachricht.

Von der beſten Art, die Getraid oder Fruchtböden mit leichten Koſten
ſo einzurichten, daß die Früchte gut bleiben, und vor den ſchädlichen weiß und
ſchwarzen Kornwurm verwahret werden.

Es iſt aus langjähriger Erfahrung bekannt, daß der Wurm auf keine andere Art
ins Getraid kommne, als wann ſolches feucht auf den Boden gebracht, und
alda hoch aufgeſchüttet wird, *) ſo daß es über einander erwarmet, wie ein einge-
ſprengter Haufen Malz, in welchem Zuſtand die erſte Zeugung des Wurms in dem
Körnlein geſchiehet, welches ſo verborgen bleibet, biß im Sommer die rechte
Hitze in den Boden und das Getraid kommt, und der Saame des Würmleins
belebet wird welches ſich dann in ſeiner Hülſe ſo lang ernähret und das Körnlein
ausleeret, bis ſeine Verwandlung geſchiehet, daß es das Getraid ganz überſpinnt,
bis endlich der ſchwarze Wurm daraus wird, welcher, nachdem er das Getraid
durchfreſſen, ſodann zum Laden hinaus fliegt.

So viele Mittel zu Vertreibung dieſes ſchädlichen Inſects bishero auf mancherley Weiſe in Oeconomiſchen Schriften angeprieſen und von guten Hauswirthen gebraucht worden, ſo wenig ſind ſolche univerſal geweſen, es haben einige
zwar auf ein oder 2 Jahr geholfen, länger aber nicht, zu deren gänzlichen Vertil-
gung hingegen hat noch kein Rettungs-Mittel anſchlagen wollen.

Ich habe in meinen geſammlet oͤconomiſchen Nachrichten im 1765ſt Jahrgang
p. 143. 148. 153. eine Chur-Hannoveriſche Verordnung oder Unterricht, wegen
Erhaltung des aufgeſchütteten Korns, vor den ſchwarz und weiſſen Wurm, mit
eindrucken laſſen und zugleich gründlich bewieſen, daß dieſer ſchädliche Wurm,
in dem Getraid ſelber generiret und durch die anfängliche Feuchtigkeit daſſelbe erwärmet werde, **) dabey hauptſächlich den Vorſchlag gethan, nicht nur die neu
erbauende Getraid-Böden darnach anzulegen, ſondern auch alle Getraid-Böden
über-

D 3

*) Die ſo hohe Aufſchüttung des Getraides geſchiehet aus folgenden Urſachen:
1) wegen Mangel des Raums.
2) Nachläſſigkeit der Garten-Meſſer ꝛc.
3) aus intereſſirten Abſichten deren ſo das Getraide zu verrechnen haben, daß nehmlich das
hoch aufeinander liegende Getraid nicht eindorren und alſo einen dem Privat-Intereſſe
ſchädlichen Caſten-Schwand verurſachen ſoll.
**) vid. XVII. St. der phyſical. Beluſtigungen.

Überhaupt mit wenig Koſten ſo zurichten zu laſſen, daß das Getraid conſervirt und vor der Entſtehung des Wurms verwahret werde. An etlichen Orten hat man es probirt und gut gefunden, von andern aber wurde der Vorſchlag wieder= ſprochen, und wie es gehet, unbefolgt gelaſſen.

Jezo kommt ein erfahrner Architect, nemlich der Churfürſtl. Hannoveriſche Je= ſtungs=Baumeiſter Herr Georg Friderich Dinglinger, und löſet in einer Preiß= ſchrift, die von der Hochlöbl. Zelliſchen Landwirthſchafts=Geſellſchaft, vorgelegte Frage auf, welches die beſte Art Korn=Magazine und Frucht=Böden anzulegen, auf welchen das Getraid niemals weder vom weißen noch ſchwarzen Wurm angeſteckt werden kan.

Welche Preißſchrift Ac. 1768. zu Hannover in Druck gegeben, mit 5. Kupfer= ſtichen erläutert= und dem Publico jezo bekannt gemacht worden. Dieſer würdi= ge Mann hat nun faſt eben diejenige Principia, wegen Anbauung der Luftzüge, beybehalten und weiter ausgeführet, welche in obig öconomiſchen Nachrichten auch ſchon umſtändlich beſchrieben worden. Da nun eine ſo erhabene Societät der Hauß= und Landwirthſchaft die Beantwortung der vorgelegten Frage vor ge= gründet und würdig geachtet, ſelbiger den ausgeſetzten Preiß zuzuerkennen; So darf ich um ſo weniger Anſtand nehmen, ſolche hier als eine in den Oeconomi= ſchen Calender gar ſchickliche Sache, Extracts weiß auch mit anzuführen, als die darinn enthaltene Benennungen der Sachen bey uns hierauſſen in Franken nicht überall bekannt, mithin deren Circumſcription um ſo nöthiger geweſen.

Der Vorſchlag ſelbſt gehet dahin: Die Kornhäuſer oder Getraid=Böden ſo anzurichten, daß dem Fußboden oder Schwell, zugleich alle 4. Schuh eine Oefnung von 1½ Schuh breit und 1. Schuh hoch gemacht= dieſe aber mit einem Gitter von geflochtenem Drath oder Bindfaden, ſo in eine Rahm geflochten, verſehen werden, daß die Vögel nicht hinein kommen können: Ferner iſt nöthig, auſſen vor ſolche Oefnungen eine Klappe, oben mit ein paar Bändlein zu machen, welche ſchreg herab gehet, daß man ſolche bey ſtarkem Regen, Schnee und Wind zufallen laſſen kan. Gerad gegen ſolche Oefnungen über an der andern Seite des Gebäues, ſind wieder eben ſo viel Oefnungen zu machen, und ſo wohl mit Drathgitter als Klappen zu verſehen. Hierdurch wird ein ſo ſtarker Zug und ſo ſchneidende Luft entſtehen, daß in dem Haufen Getraid, welcher gerad in ſolcher Linie aufgeſchüttet wird, kein Wurm entſtehen noch ſich aufhalten kan. Es darf aber dieſen Luft=Löchern kein Balken oder Holz entgegen ſtehen, als welches den Zug der Luft hindert, auch dörfen oben keine Läden oder Fenſter offen ſtehen bleiben, als nur ſolche dann und wann zu Heillung ſo lang man auf den Boden zu thun hat, dann ſonſten würde dieſe obe= re Luft den Zug der untern Luft=Löcher verſtöhren, und deren Effect zu Vertrei= bung der Wurmer hindern.

Bey

A. Auf Riß eines
  Korn=Magazins
B. Durchschnitt.
C. Zug ins Größere.

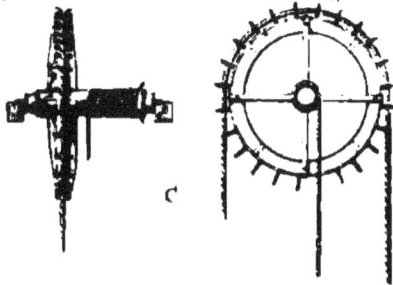

c

über
unnd
mar
spre

stun
schn
Fra
an
sch

sti
ge
be

Bey heißem Sonnenschein, Sturmwinden, anschlagenden Regengüssen, Schneegestöber, dicken Nebel, in der Nachbarschaft aufsteigenden Dampf und Rauch, herumfliegenden Feuerfunken, müssen die Klappen allemal herab gelassen oder zugezogen werden, deßwegen die Casten-Messer und in Privat-Häusern die Hauß-wirthe sorgfältig seyn sollen, um allen Schaden abzuwenden.

Wann ein ganz neues Getraid-Magazin oder Frucht-Boden erbauet wird, müssen vom untersten Socken an der Erde, nach Erfordernuß besondere Bund-Säulen an der Wand übereinander gesetzet und bis unter das Dach continuiret werden, als worauf hernach die Balken ruhen und die Last Getraid tragen können, damit das Holzwerk an den Winden nicht hinaus getrieben oder geschoben werde, daß in der Mitte Durchzüge nöthig und diese auch mit auf einander stehenden Säulen vom Grund aus versehen werden müssen, versichert sich von selbsten.

Da die äussere Aufzug-Läden wordurch das Getraid gemeiniglich hinauf in die Böden gezogen wird, dem Verderb unterworfen und dem Bau Schaden thun, so ist kein besser Mittel als innerhalb des Gebäudes auf jedem Boden, eine Oefnung zu machen, durch welche die Getraid-Säcke vermittelst des in einer Flasche oder Zuarad laufenden Sails hinauf gezogen werden können, es hat dieses seinen grosen Nutzen.

Um das Getraid mit weniger Mühe und Umständen, da man beym Messen und Abgeben nicht gerne viele fremde Leute auf die Getraid-Böden lässet, kan es so eingerichtet werden, daß eine Rinne oder Verschlag in Quadrat nur eines Schuhes weit, oben mit einer Trichterformigen Weite, durch alle Böden herab gehe, und wann das Getraid oben richtig gemessen, in die Rinne geschüttet werde, und dann in einen unten vorhaltenden Sack laufe, wodurch das beschwerliche herabtragen der vollen Säcken vermieden wird. Welches dem Publico zur dienlichen Nachricht, nebst einem besondern Riß, hiebey gefüget wird.

Nachricht.

In dem zu Carlsruhe heuer gedruckt heraus gekommenen Unterrichte vor den Baden-Durlachischen Landmann, wie er die vornehmste Futterkräuter, als ewigen Klee, Esparcette, breiten Klee und Dicktüben, pflanzen und benutzen soll

soll, ist auch zu finden, daß bey dem Handelsmann, Johann Samuel Lauer in Carlsruhe allezeit frisch, gut und in billigem Preiß zu haben.

Der Saame von breiten oder holländischen Klee,

Ewigen Lucern,

Esparcette,

Dickrüben,

Französisches Raygras,

Weisen Maulbeern,

Lerchenbaum, das Pfund zu drey Gulden,

Fichten oder Roth Thannen,

Weiß Thannen,

Forln,

Ahorn,   das Pfund zu 1. fl. 30. kr.

Eschen,

Weiß oder Steinbuchen,

Birken.   das Pfund vor einen Gulden.

Weil nun bißhero mehrmals gefragt worden, wo dergleichen Saamwerk zu haben, so hat man es hier noch bemerken wollen.

Nachtrag.

Da wir bißhero in unserm öconomischen Calender von allerhand zur Haushaltung und dem Nahrungsstand erforderlichen Mitteln gehandelt, so wird nicht undienlich seyn, auch noch ein paar Worte von denen sogenannten Erdbirn und dergleichen Aepfeln zu erwehnen. Der gütige Schöpfer hat diß Erdgewächs vor nicht allzulangen Jahren auch in unserm Land bekannt werden lassen, und

und es haben die Landleuthe deren ungemeinen Nutzen so wohl erkannt, daß nun ganze Gegenden damit bepflanzet werden. Daß diese Frucht von Menschen statt Brod und anderer Speise gebraucht werde, bezeugt die Erfahrung, und es würde in manchen bergigten Gegenden wo es spat Sommer und bald wieder Winter wird, dem Landmann übel gesagt seyn, wann ihm GOtt dieses Geschenk der Natur versaget hätte. In der zu Bern, heurigen Jahrs, heraus gekommenen Sammlung auserlesener Schriften, ist eine Abhandlung von Erdäpfeln, mit eingedruckt, welche den Herrn Johann Adam Ludwig, in der Bayreuthischen Stadt Heff, im Voigtland, zum Authore hat, und die ihm auch den Preiß zuwegen gebracht. Darinn ist von dieser Materie auf das umständlichste gehandelt, und wie solche in denen Hochfürstl. Bayreuthischen und benachbarten Landen am ersten bekannt worden, gemeldet. Der Herr Verfasser hat seine Abhandlung in zehen Abtheilungen verfasset, und es meritiret allerdings, daß man solche mehrers bekannt mache, da soviel an dem Bau, Nutzen und Gebrauch, dieser Frucht gelegen und bey mißlichen Getrayd-Jahren, viele 1000. Menschen in Armuth und Hungersnoth, ohne solche, gerathen würden.

Die 1. Abtheilung enthält eine historische Untersuchung von den ersten Erdäpfeln im Bayreuthischen rc.

Die 2te handelt von deren Fortpflanzung.

Die 3te von der Erdäpfel Beschaffenheit.

Die 4te von deren verschiedenen Gattungen.

Die 5te von denen zum Ausstecken tüchtigen Erdäpfeln und ihrem Wachsthum.

Die 6te von der Zeit, wann die Erdäpfel zu verpflanzen.

Die 7te von dem zum Erdäpfelausstecken tüchtigen Feld, dessen Zubereitung und fernerer Bearbeitung, wann sie wachsen.

Die 8te von der Zeitigung, ausgraben und aufbehalten der Erdäpfel.

Die 9te von dem Nutzen der Erdäpfel.

Die 10te von denen Mängeln, welche von einigen den Erdäpfeln angedichtet werden.

Der Nutzen dieser Erdfrucht ist so mannichfaltig, daß wir deren nur einige erwehnen wollen.

1) In Ansehung der Felder, die nicht sonderlich Getrayd tragen.

2)   *   *   der mehrern Benuzung des Feldes.

3) Wegen Verhütung großer Theurung,

4) deren Gebrauch zum brodbacken, kochen, braten rc.

5)   *   *   zum Getränk, auf verschiedene Weise.

6) Die Benuzung der Erdäpfel bey Professionen,

als beym Blech verzinnen,

bey den Webern zum Schlicht,

die Flecken aus den Kleidern zu bringen rc.

Stärck und Haarpouder machen.

7) Von deren großen Nuzen beym Vieh, Fischen und Krebsen.

Es wäre überhaupt sehr gut, wann dieses gemeinnüzliche Tractätlein in allen Dörffern und Weylern angeschaft, gelesen, und deren Verpflanzung auch auf Egerten und Gemeindbrüssen, dann andern uncultivirten Plätzen, recht besorgt würde; und dieses ist die Ursach, warum man in diesem oeconomischen Calender davon etwas umständliche Erwehnung thun wollen.

Da auch bishero wegen Reichung des Zehenden von Erdäpfeln rc. sich verschiedene Mißverständnüsse ergeben: So hat man zu einiger Nachricht, folgendes Hochfürstl. Bayreuthische Ausschreiben, so dißfalls ergangen, hie beyzurucken, kein Bedenken getragen. Es lautet also:

Von GOttes Gnaden, Friderich, Marggraf zu Brandenburg, Herzog in Preussen rc. Liebe Getreue! Es ist zwar Euch sowohlen, als männiglich in Unserm Land und Fürstenthum unverborgen, welchergestalten von Unserem Vorfahrer am Regimente, weyland Herrn Marggraf Christian Ernst, glorwürdigster Gedächtniß, zu Abstell- und Unterbrechung aller eingerissenen Mißbräuche, und unerlaubten Vervortheilungen bey Abreichung der Zehenden, welche Theils Uns der Landesherrschaft, Theils Privats zuständig sind, eine besondere Zehenordnung de dato den 21 Junii 1666. nach selbiger Zeit Umständen, und Beschaffenheit verfasset, und zu jedermanns Nachacht durch öffentlichen Druck promulgiret worden.

Wir

Wir haben aber nichts destoweniger zu Unserm großen Mißfallen seithero vernehmen müssen, daß derselben von ein und andern eigennützigen Unterthanen und Ze-
hendschuldigen in vielen Stücken zuwider gehandelt, auch dem Uns zustehenden Ze-
hendrecht in mancherley Wege Abbruch gethan, somit der Zehendertrag um ein grosses geschmälert werden wollen. Insonderheit ist bey Uns zum Vertrag gekommen,
was massen an theils Orten Unserer Landen die Cultur der Felder nach und nach anderst, als vorhin eingerichtet, und eine sonst in Teutschland gar nicht oder doch wenig
bekannt gewesene, sondern erst vor kurzen Jahren eingeführte Frucht, die Erdäpfel
genannt, zu bauen angefangen, auch seither in grosser Menge ausgemachet, und die
Zehendbare Felder damit angefüllet, hierbey aber von vielen zur Ungebühr sich angesetzet worden, den Zehenden davon abzureichen, unter dem nichtigen Vorwand, als
ob solcher nicht herkömmlich, noch vormahls erhoben worden seye: Wie dann nicht
minder unter der Schmalsaat, als Kraut, Rüben, Hanf und Flachs, das letztere
dermahlen zu merklicher Vermehrung gediehen ist, gleichwohl an vielen Orten von
solcherley Gattung Früchten lediglich um deswillen, weil man vorhin, da nur das
Nöthigste zum Haußhaltungsbedürfen ausgemachet worden, den Zehenden davon
zu behaupten entweder der Mühe nicht werth geachtet, oder solchen mit unter die Körner gerechnet und zu diesen geschlagen hat, eine gänzliche Zehend Exemtion vorge-
schützet werden will. Allermassen nun denen Rechten gemäß, und eine ausgemachte
Sache ist, daß von allem demjenigen, was auf einem Zehendbaren Fundo wächset,
dem Zehendherrn sein Antheil gebühret, auch in des Besitzers Mächten nicht stehet,
durch Veränderung der Cultur, oder Anbauung anderer Früchte, jenen seiner darauf habenden Befugniß zu entsetzen, und sich den Nutzen alleine zuzueignen: Hiernächst die Erdäpfel, sowohl ihrer Natur und Eigenschaft, als dem Gebrauch nach,
dem Getraide zu aequipariren, auch unter die Schmalsaat eigentlich gar nicht zu referiren sind, folglich der Zehenden davon, wann gleich solcher vorhin nur von dem
Getreydt alleine erhoben worden wäre, mit Bestand nicht verweigert werden kan,
bevorab da vorjetzo weit mehrere Felder, als vorhin geschehen, damit bestecket werden, solchemnach aber der Getreydt- oder Körnerzehenden nothwendiger Weise geringer ausfallen muß; Die Behauptung des Schmalsaatzehendens hingegen um deßwillen unumgänglich nöthig seyn will, weil sonst viele Zehendbare Felder, auf denen
einige Jahre hinter einander nichts als Schmalsaat ausgemachet wird, mit der Zeit
gar vor Zehendfrey ausgegeben werden dörften, und Uns hierdurch ein empfindlicher
Nachtheil zugezogen werden könnte, auch die Besitzer der Felder heut zu Tage die
Schmalsaat in überschwenglicher Maaße ausmachen, ja zum Theil damit marchan-
diren, und sich in mancherley Wege Nutzen dadurch verschaffen, eben um deßwillen
aber des Zehendens von selbiger sich um so weniger entbrechen können:

E 2   Als

Als finden Wir Uns höchstens vermüßiget, durch diese allgemeine Verordnung nicht nur das Eingangs erwähnte Zehend-Edict vom Jahr 1666. hiermit zu wiederholen, und zu erneuern, sondern auch ein für allemahle fest zu setzen, daß Uns der Zehende von Erdäpfeln in der Maaße, wie Wir solchen vom Getrenbt zu erheben haben, nemlich zum 10ten, 20ften oder 30ften Theil, unweigerlich abgereichet, und diejenige, die sich hierunter widerspenstig erzeigen, mit hinlänglichen Zwangsmitteln zu ihrer Schuldigkeit angehalten, oder zu Ausmachung der Erdäpfel auf Zehendbaren Feldern ganz und gar nicht zugelassen. Nicht minder fürohin keine Exemtion von dem Schmalsaatzehenden, an Kraut, Rüben, Flachs und andern Gespinst (welcher an einigen Orten Unseres Fürstenthums lediglich aus Fahrläßigkeit theils ehemaliger Beamten wider die zu verschiedenen Zeiten von Unsern Vorfahren am Regiemente und Unsern Raths-Collegiis erlassene Verordnungen, insonderheit wider das mehrerwehnte Zehend-Edict zurück gelassen worden) mehr gestattet, sondern der Betrag desselben alle Jahre besonders eingeschätzet, und der Zehenden entweder in Natura eingebracht, oder in der Maaße, wie daher bey Unserer Residenz, auch sonst in andern Aemtern gewöhnlich ist, zu Geld angeschlagen, und von jedem Beet Feld ein mit dem Ertrag proportionirtes Quantum erhoben werden solle.

Ihr habt dannenhero diese Unsere gnädigste Verordnung in der Euch gnädigst anvertrauten Landeshauptmannschaft, (Amtshauptmannschaft) (Oberamt) zu jedermanns Wissenschaft zu bringen, auch daß darüber unverbrüchlich gehalten, und derselben in keinerley Weise zuwider gehandelt werde, Euch pflichtelfrigst zu bestreben. Hieran geschiehet unser gnädigster Befehl, und wir verbleiben Euch mit Gnaden gewogen. Datum Bayreuth, den 2. Maji, 1746.

Friederich, M. zu B. E.

(L. S.)

Kurze und eigentliche Beschreibung des sogenannten Heyl- und Wunder-Steins, und dessen fürtreflichen Würkung, sowohl wie solcher zu bereiten, als auch in unterschiedenen Fällen bey Menschen und Vieh nützlich zu gebrauchen.

Zubereitung.

№. 1. ℔. Alaun,
1. ℔. Kupferwasser,

13. Loth weisen Vitriol,

7. Loth Bolus, dieser aber bleibet so lange zurück, bis die Materie an
fängt in dem Hafen zehe zu werden. Dann

2. Loth Bleyweiß.

Diese Stücke alle absonderlich in einen Mörser klein geschlossen, durch ein Sieb
gesiebet, in einen verglasten neuen Hafen gethan, darzu einen Löffel mit Potta-
schen Saltz, nebst 3. Löffel voll Wasser gegossen, solche auf einen Dreyfuß gesetzet, ein Feuer darum geschüret, mit einander umgerühret, und wann solches über
die Helfte des Hafens gestiegen, muß man es geschwinde vom Feuer heben, und
so lange rühren, bis es sich wieder gesetzet hat, und dieses muß man so oft es
vonnöthen ist, thun.

Wann es nun ein oder zweymal abgehoben, und so dick worden ist, daß
es nicht wieder vom Löffel fließt, ist er fertig, und muß man denselben vom Feuer
nehmen, ein paar Täge stehen lassen, daß er wohl auskaltet, und hernach den
Hafen davon schlagen.

Gebrauch desselben:

Zuförderst ist zu wissen, daß dieser unvergleichliche und wegen seiner großen
Tugenden unschätzbare Heyl- und Wunder-Stein, alleine in hitzigen Schäden, oder die von hitzigen Flüssen herkommen, dienlich ist, dann in kalten Flüssen dienet er nicht alleine gar nicht, sondern vermehret auch über dieß die Schmer-
tzen.

Wann man aber denselben nützlich gebrauchen will, muß man nur so viel davon nehmen, als vonnöthen ist, und solchen in frischen Bronnenwasser zerreiben, daß das Wasser davon wohl roth wird; Es ist aber in folgenden Krankheiten und Zufällen an Menschen und Vieh sicherlich zu gebrauchen, und zwar
dienet er:

1) In hitziger oder Haupt-Krankheit, wann man in dem von solchen Stein roth
gefärbten Wasser, ein Tüchlein netzet, und solches über die Stirn und Schläfe schläget. Hat man dabey innerliche Hitze und große Durst, so leget man
soviel als einer welschen Nuß groß in ein Bronnenwasser, und trinket davon, so benimmt es alsobald die Hitze und den Durst. NB. Man muß aber
solchen Stein nicht gar zu lange im Wasser liegen lassen, daß das Wasser
C 3   roth

roth davon werde, sondern in einer halben Viertelstunde, wird er heraus genommen, sonst greift er etwas an.

2) Dienet er sehr gut wider das Rothlauf, wann man nehmlich solche eingenetzte Tüchlein überschläget. Es ziehet alsobalden die Hitze aus, je öfter man solche eingenetzte Tüchlein überschläget, je eher man das Rothlauf loß wird, ob man schon sonst das Rothlauf nicht wohl netzen darf.

3) Dienet er wider die Bräune und bösen Hälse.

4) Dienet er sonderlich wider die hitzigen und flüßigen Augen vortrefflich, vornehmlich wann er in Rosenwasser zerlassen, und die Augen damit ausgerieben werden.

5) Heilet er alle frische Wunden, lässet sie nicht schwähren, kein Rothlauf noch Brand dazu kommen, noch wildes Fleisch wachsen.

6) Ist er ungemein gut wider den kalten Brand.

7) Hat man sich am Feuer oder sonst mit heißen Schmalz oder siedenden Wasser verbrennt, kan man sich alsobald damit helfen.

8) Dienet vor die alte Schäden, wann man sie mit dergleichen Wasser fleißig auswäscht.

9) Sonderlich ist er auch bewährt befunden worden in Zahnschmerzen, wann solcher von hitzigen Flüssen herrühret.

10) Dienet dieser Stein nicht alleine denen Menschen, sondern wird auch bey dem Rindvieh nützlich gebrauchet, wann solches die Röthe hat, und man ihm das Maul damit fleißig auswäscht, so vergehet die Röthe und Hitze.

11) Ist er sehr nützlich wider das Rausch oder Flugfeuer, wann solcher im Bronnenwasser aufgelößter Stein dem kranken Vieh eingegossen wird. Einem jährigen Rindlein 2. Loth in einem Seidlein Wasser, und einem großen Stück Vieh noch einmal so viel, und zwar innerhalb einer Stunde auf dreymahl eingegossen.

12) Den Pferden dienet er wider die Felle in Augen, wann solcher klein zerrieben, und mit einem Federkiel in die Augen, geblasen wird. Ingleichen dienet er denen Pferden, vor den Frosch, Maucken, Straup-Füße, Summa vor al-

le heilige Zuflle: Sind die Pferde aufgeschwollet und gedrückt, darf man
sie damit waschen, und eingenezte leinene Tüchlein oft überlegen, so ziehet es
die Hize und Geschwulst aus.

Nachricht von dem berühmten Hamburger Universal-Präser-vativ-Pulver für das Hornvieh.

Man bemühet sich auf verschiedene Art, den Landwirthen gute Rathschläge und
Mittel zur Verbesserung der Viehzucht an die Hand zu geben. Keine aber sind
wohlger und nützlicher, als die einer graffirenden Viehseuche Einhalt thun, und
das Hornvieh für diesen Uebel präserviren. Es sind zwar seither verschiedene Mittel angepriesen worden, allein die Erfahrung hat selbige verworfen. Dasjenige
Mittel, welches hierdurch bekannt gemacht wird, hat durch unzählige Proben, so
damit in Holland, Dännemark, Schweden und besonders in den K. K. Erblan-
den angestellt worden, einen solchen allgemeinen Beyfall erhalten, daß man nicht
umhin kan, es zum allgemeinen Besten in andern Ländern denenjenigen, so sich
mit der Viehzucht beschäftigen, anzupreisen. Man braucht dieses Pulver präser-
vative, indem man einen jeden Stück Vieh wöchentlich 2. oder 3mal auf ein Stück
Brod oder in einem Krautblat, früh bey nüchtern Magen, soviel als man mit 5.
Fingern fassen kan, eingiebt. Auf diese Weise kan man sich aller sichern Trost
versprechen, daß das Hornvieh mit Gottes Hülfe das ganze Jahr hindurch frisch
und gesund erhalten werde. An denjenigen Orten, wo die Viehseuche schon würklich graffirt, ist noch zu beobachten, daß man das Vieh nicht auf die Weide treibe, und unter fremdes Vieh lasse, zur Vorsorge aber einem jeden Stück eine
Ader öfne, und sodann dieses Pulver auf vorgemeldte Weise täglich beybringe.

Von diesem Pulver, welches in blechernen Büchsen wohl vermacht ist, kost das Stück 16. ggr. Der Gebrauchszettel wird ohnentgeldlich darzu gegeben, und ist in Sachsen einzig und allein bey dem Kauf- und Handelsmann Herrn
Paul Constantin Freund in Leipzig zu haben. Diejenigen, welche zur Bequemlichkeit der Landwirthe in entfernten Gegenden, 12. Büchsen auf einmal verschrei-
ben, bekommen die 13te gratis. Ausserdem aber werden Brief und Gelder
franco eingesendet.

Leipziger Intelligenz Blatt 2. 1770. N. 16.

Das heurige Mißjahr und die viele Ueberschwemmungen der Wiesen, wodurch
viel 1000. Zuder Heu und Grummet verdorben worden, verursacht die billige Besorg-
nus

nus, daß künftig eine Seuche unter dem Rindvieh einreißen dörfte: solchem Landverderblichen Unglück nun vorzukommen, wird nöthig seyn, dem Landmann alle
Vorsicht anzuempfehlen, wozu vorstehendes Mittel vor andern dienlich seyn möchte.

Von Assecuration des Viehes, wie Ihro Königl. Majestät in

Preußen bereits Ao. 1765. in dero Herzogl. Schlesischen Landen,

heilsamlich veranstalten und durch den Druck bekannt machen lassen.

Die leidige Erfahrung hat einige Jahre her gelehret, daß viele Orte und Gegenden mit der Viehseuche heimgesucht, dardurch aber viele Unterthanen in Schaden und Unglück versetzet worden.

Das abgewichene Jahr war, wegen der vielen Ergießungen, Nässe und
Ueberschwemmungen der Wiesen, nebst dem Mißwachs an Getrayd, eines der
unglücklichsten, wodurch Mangel an Fütterung und Streu verursachet worden,
woraus aber folget, daß vieles Vieh, nicht allein durch das auf der Warte ge-
nossene nasse Gras im Leib angestecket worden, sondern auch durch Fütterung des
eingeheimbten schmutzig und staubigten Heues oder Gromets, in Stall vollend
krank gemachet werde. Wann nun nach all angewandt möglichster Sorg alt, gleichwohl zu beförchten, daß hie und dar unter dem Horn- und Schaafvieh eine ge-
fährliche Seuche einreissen dörfte, wodurch der Landmann um sein Vieh, Fleisch
und andere Nutzung gebracht würde, so ist bey der ohnehin sich äußernden Theurung, nichts als Mangel, Noth und Armuth zu gewarten. Gleichwie aber dergleichen Viehseuchen doch nicht sogar allgemein sind, daß nicht einige Aemter und
Gegenden des Landes davon verschonet bleiben, so würde der Pflicht des Landmanns, gegen seinen Nächsten, sehr gemäß seyn, wenn in einem Land und Fürstenthum gewisse Vieh-Assecurations-Societäten errichtet würden, wie bey Brand-
schäden, dergleichen Assecurationes im Fürstenthum Anspach bereits viele Jahre
mit grossem Nutzen eingeführet worden, alwo die Gebäude nach einem proportionir-
lichen Pretio eingeschätzet sind, sodann alle zusammen geschlagen und wann sich hie
oder da ein Unglück durch Feuer ereignet, von allen und jedem ins besondere,
nach dem Ausschlag das seinige zu Indemnisirung des beschädigten an das Amt,
wo er eingeschrieben ist, beygetragen wird, welches dem Verunglückten so viel hilft,
daß er wieder aufbauen kan.

Eine

Eine gleiche Aſſecuration könnte auch bey dem Vieh geſchehen, wann iedes
Pferd, Rind- oder Schaafvieh, ſo der Unterthan beſitzt, in einem mittlern Preiß
angeſchlagen, das Quantum in die Matricul gebracht, und von denen welche ihr
Vieh geſund erhalten, den Beſchädigten, nach Amtlicher Atteſtation etwas pro
rata beygetragen würde, welches einzeln wenig betragen, den Verunglückten aber
zu Wiederanſchaffung des Viehſtamms ein großes beytragen würde. Es ließe
ſich auf Genehmigung dieſes ohnmaßgeblichen Vorſchlags, ein ganz ſchicklicher Plan
hierüber begreiffen, der dem Landmann überaus nützlich wäre, eben wie auch bey
Wetterſchlägen geſchehen könnte.

Geheime Mittel, die Pferde geſund und fett zu erhalten.

Man ſuche die ſtarke Brenneſſeln, ſammle ſich von ihrem Saamen einen guten
Vorrath, laſſe ſolchen an der Sonnen wohl trocknen, alsdann zu Pulver
ſtoſſen, hiervon wird eine hole Handvoll unter den Haber gethan, womit man
des Morgens und Abends füttert. Hierdurch werden die Pferde fleiſchig, und die
Haare glänzend. Die Dänen machen großen Gebrauch hiervon.

Ein anderes:

Wann ein Pferd verwundet, gedruckt und eine ſtarke Entzündung dazu ge-
ſchlagen, ſo nimm Hafners oder Zieglers Thon, welche ihn 12. Stund lang in
Weineßig, lege darauf ſolchen auf die Wunde, ſo wird ſich in kurzer Zeit die
Geſchwulſt ganz verlieren.

Wiederum:

Wann dem Pferd die Mandeln im Hals entzündet ſind, ſo nehmet

Pulver von Berg Zeckerl,

2. Loth Huflattig,

1. Loth Kümmel oder Anis-Pulver,

legt diß alles in 1. Maas weißen Wein, laſſet es einkochen, und gebt es dem
Pferd vermittelſt eines Horns gewöhnlicher maßen, ein, laßt ſelbiges 1. biß 2.

Mannichfaltigk. 1 B. 3 St.   F   Stund

Stund langsam herum führen, damit es falle oder misse, alsdann 2. biß 4. Stund siehen gelassen, ehe man ihm etwas zu fressen gibt.

Ein besonder Kunststück.

Zu machen, daß ein Pferd 24. Stund lang hintereinander ohne anzuhalten lauffen und jagen kan.

Man nimt einen Löffel voll gelben Schwefel, (Sulphur citri) vermischt ihn mit einem halben Pfund Baumöhl und gibt es dem Pferd, so kan es ohne Schaden beständig in starkem Galopp lauffen. Ein hitziges Pferd aber taugt darzu nicht, sondern nur solche auf deren Verlust es allenfalls eben soviel nicht ankommt.

Mittel wider die Wanzen.

Nimm ein Pfund rectificirten Weinbrandwein und eben soviel Terpentin Spiritus, dann 1. Loth gestoffenen Campher, schüttle alles wohl untereinander, tunke eine Bürste in den Liqueur und bestreiche den Ort der Bettstatt wo die Wanzen sind, so werden sie alle sterben. Man muß sich aber hüten, daß kein Licht oder Feuer dem Liqueur zu nahe kemme.

Ein vortrefliches Drüsen-Pulver.

Sal tartari		10. Loth.
Antim. crudum		10. —
Wachholderbeeren		2. —
Sadebaum		4. —
Foenum Graecum		4. —

m. f. pulv.

Hiervon schüttet man des Frühlings und im Herbst jedesmals 5. bis 6. Tage nacheinander dem Pferd auf das erste Futter so viel vor, als man mit 3 Fingern fassen kan. Gemeiniglich kostet dieses Pulver in wohleingerichteten Apotheken 10. biß 12. Groschen. Das einzige sagt man noch hinzu, wie sich bey dem Gebrauch dieses Pulvers wohl vorzusehen ist, damit das Pferd es nicht aus der Krippe blase. Statt des Naßmachens ist das darauf streuen von gehackten Disteln oder andern Grünen, sicherer und besser.

Für die fallende Sucht.

Daß einen Raubvogel schießen, es mag für einer seyn, was da will, nimm solchen ganz mit Federn und allem, thue ihn in einen neuen Hafen, eine Stürze darüber, und verwahre oder bestreiche es mit Leimen wohl, laß es trocken werden, und dann bey einem Hafner unter seine Geschirr mit einsetzen und brennen. Von diesem Pulver gieb dem Patienten, wenn er merket, daß der Paroxismus kommen will, 3. Messerspitzen voll davon ein, so wird der Paroxismus zwar sehr heftig werden, der Patient aber Zeit Lebens davon befreyet seyn. Soll sehr probat seyn.

Aliud:

℞. 1 Quintl. Beinlein von Schweinen Knorpel,

1 — Gebranntes Hirschhorn,

1 — Krebs-Augen,

1 — Hecht-Zähne,

1 — rothe Corallen-Zinken,

1 — Kröten-Schüßel,

½ Quintl. Jelappa (radix) fiat mixtura, wann vorhero alles klein

zerstoßen, und durch ein Haar-Sieblein geschlagen.

Gebrauch:

Von diesem Pulver, wann man einem neugebohrnen Kinde auf den ersten
Brey eine kleine Messerspitzen voll zu essen giebet, so bekommt es sein lebtage das
Fraisch nicht; bey erwachsenen und alten Leuten aber, wenn dergleichen sich äußert,
so kan man ihnen 3. biß 4. Messerspitzen voll in frischen Bronnen-Wasser geben,
jedoch ist wohl zu bemerken, daß solches an keinem Mondswechsel, e. gr.
am neuen Mond oder ersten Viertel geschehe, sondern außer
der Zeit, es seye dann im größten Nothfall.

oeconomisch - landwirthschaftliche

Manichfaltigkeiten.

des
Erſten Bandes
Viertes Stück.

Schwabach,
Gedruckt und verlegt von Johann Gottlieb Mizler, Hochfürſtl. privil. Buchdrucker.
1 7 7 7.

44

½ Quintl. Jelappa (½

Innhalt.

Weilen die Absicht dieses öconomischen Calenders ist, allerhand Regeln und Observationes zum Besten des Landmanns anzuführen, damit derselbe hier und dar, etwas davon, zu seinem Nutzen aussuchen und anwenden könne; So handeln wir anfänglich

Vom Feldbau.

1) Der Erdboden ist das Mittel, wovon die Menschen ihre Nahrung nehmen und erbauen sollen.

2) Da dieser von mehr als einerley Art ist, so muß man wissen, ob er fruchtbar oder unfruchtbar sey, welches von dessen Beschaffenheit herkommt.

3) Daraus folget die Nothwendigkeit, den Erdboden zu kennen, und die Beschaffenheit der verschiedenen Erd-Arten zu beurtheilen.

4) Der Erdboden ist theils schwer, mittel oder leicht, und nach dieser Beschaffenheit muß sich der Landmann mit der Aussaat richten, dann ein Land trägt Weitzen, Dinkel, Korn, ein anderes Gersten, Haber, Erbsen, Bohnen und dergleichen.

5) Ein reiner Boden ist eine feine weiche Erde, ohne einige Mischung mit anderer Materie, alle andere sind von verschiedenen Erd-Arten zusammen gesetzt, die theils fruchtbar theils unfruchtbar machen.

6) Da nun hievon der Nutzen des Feldbaues dependiret, so liegt dem Landmann ob, nachzudenken, ob durch vernünfftige Vermischung dem unfruchtbaren Boden, zu helfen sey.

7) Hieraus folgt die Nothwendigkeit, eine gewisse Proportion in Acht zu nehmen, wie viel von seiner Erden, Thon, Leimen, Mergel, Kieß, Sand, oder auch mehlbigter Erde zur Vermischung tauglich seyn.

A 2   8) Zu

8) Zuweilen findet sich in der Ober-Fläche des Ackers zu viel Sand, welcher an sich unfruchtbar ist, einige Schu tiefer aber liegt ein starker thoniger Boden oder gar Mergel, welcher zu Vermischung des Sandes ungemein hilfft, und wann solche geschiehet, so wird der Acker im Nutzen und Werth um so viel verbessert.

9) Hierzu nun zu gelangen, muß man Gräben an dem Acker machen oder den Erd-Bohrer zu Hülffe nehmen.

10) Der Unterthan muß sich darnach richten, nachdem er in einer Orts-Mar-kung wohnet; Manche Gegend ist an sich gesegnet, fruchtbar und zu allem tragbar, ein anderer Feldbau aber ist mager und trägt kaum das doppelte Saam-Korn; da liegt nun dem Besitzer ob, durch Fleiß und Nachforschung sein schlechtes Erdreich zu verbessern, dann es heißt: im Schweiß deines Angesichts sollt du dein Brod essen. Man siehet, daß ein fleißiger Landmann auch in unfrucht-baren Gegenden seine Aecker doch verbessert und sich wohl nähret, da ein un-verständiger mit all seiner verkehrten Mühe und Arbeit nichts erbauet. Wann man die Jugend vom Müßiggang abbringen will, so darf man nur alle Kinder, armer Leute, miteinander auf einen Acker führen und Disteln ausstechen, so-dann auf einen Haufen tragen lassen und zum Futter vor Rind- und Schwein-Vieh gebrauchen, jeden Kind aber des Tags einen Kreuzer schenken, so wer-den sie fleißig, der Acker gesäubert und die Kinder ernähret.

11) Es ist also gar sehr viel daran gelegen, den Boden des Ackers kennen zu lernen und Ihm die Proportion des Thons, Leimen oder Sandes zu geben, wel-che die Fruchtbarkeit erfordert, sonst muß die Herrschafft und der Unterthan darunter leiden. Wäre diese Regel bißher beobachtet worden, so lägen nicht so viele 100 Morgen Aecker öde oder unfruchtbar da.

12) Zu Verbesserung des Ackers wird fernächst auch der Thung erfordert, welcher die Krafft zum Wachsthum geben und diejenige Bestand-Theile ersetzen soll, die zur neuen Saat erforderlich sind.

13) Wie aber die Feldungen hitzig oder kalt; so erfordern solche auch verschiedene Ar-ten von Thung, dieser ist wiederum entweder natürlich oder gekünstelt.

14) Der natürliche wird gesammlet, von Thieren, Geflügel, und fetten Erdreich, der künstliche von Kalch, Gips, Lederstücklein, Wollenstock, leinerne Lumpen, alten Stricken in Urin gerundt, Viehhaaren der Gerber, Bein, Hornspähn, Klauen, Aschen, Ruß, Schierwände von alten Gebäuen gestossen, verfaul-
tet

der Erbersohe, Seegspähne und dergleichen, davon jede Sorte einem Erdboboden nützlicher ist als die andere.

15) Je länger der Mist von Thieren und Kräutern fault, je besser ist er, je eher er aber alsdann nach dem ausführen auf dem Acker unter die Erde gebracht wird, je mehr Nutzen verschafft solcher.

16) Verständige Landwirthe wissen ohnedem, welcher Thung zu diesen und jenen Erdboden tauglich seye, und daß der Mist aller Getreid und Fleisch fressenden Thiere der beste sey, aus dieser Ursach müssen auch die menschlichen Excrementa sehr thungreich seyn, indem unsere Nahrung größtentheils thierischer Art ist.

17) Der Mist und Urin aller Thiere geben, wann sie gemischet sind, die beste Thungung ab, und der Geist der in dem menschlichen Urin steckt, ist bekannt genug; Die Chymici machen einen Spiritum daraus, der so stark als der Hirschhorn Spiritus ist, und der brennende Phosphorus wird gleichfals vom Urin und dem Zusatz der Excrementen gemacht, welche letztere in dem Erdboden eine Gährung verursachen. Schweinsmist ist hitziger als Pferd-Thung, und reichet als der Mist einer andern Creatur, die blos von Pflanzen lebt, er muß alt seyn und dann auf kalte Aecker gestreuet werden.

18) Unter den künstlichen Thungungen ist auch der Gebrauch des Mergels, Gips und Kalchs, ein Hauptstuck, wann solcher auf sandig, kiesig und steinigen Boden gestreuet und mit etwas Kuhmist, Schlamm und Asche vermischt wird. Schon zu der Römer Zeiten ist der Gebrauch des Mergels bekannt gewesen. Der Kalchstein findet sich an vielen Orten und wird leicht daburch erkannt, wann etwas Scheid-Wasser darauf geschüttet wird, und er brauset, so ist es wahrer Kalchstein, ein anderer läßt solches Wasser ablaufen ohne die geringste Gährung zu verursachen. Der Stein zu Solnhofen und der Gröstlein zu Crailsheim geben genugsame Proben hievon. In dem Gau bey Ochsenfurth bedienet man sich des Gipses schon mit grosem Nutzen.

19) Starke Egen mit eisernen Zacken sind viel besser als die hölzernen.

20) Was hier wegen des Thungs von den Aeckern gesagt worden, läßt sich auch mit gewissen Unterschied auf die Wiesen appliciren.

21) Das beste Mittel den Schaafthung zu vermehren, ist, daß man in dem Schaaf-Stall alle Wochen frischen Sand oder trockene Erde 4 Zoll hoch einstreu: und solche mit Stroh bedecke, dann also den ganzen Winter hindurch, und auch im Sommer, wann die Schaaf zu regnerischer Zeit nicht auf dem Feld bleiben können, continuire; man erlangt hiedurch eine grose Quantität des besten Schaaf-

    Mist

Mißes, dann die auffstreuende Erde und Sand, wird vom Urin und Mist der Schaafe, item deren Fettigkeit und Ausdünstung ihrer Cörper, angeschwängert und kann man den schlechtesten Acker durch einige Fuhren dieses Schaafmists und sandiger Erde, dergestalt verbessern, daß er unglaublichen Nutzen bringt, und dem Pferg weit vorgehet.

Von dem Saamen.

1) Die Erzeugung des Getreides erfordert einen wohl gebaut von Unkraut gesäubereten und trocken eingeerndeten Saamen.

2) Dieser muß in der Achre ehe er gedroschen wird, verschwitzen. Sodann

3) auf den Boden dünn geschüttet - dabey vor der Sonne verwahret werden.

4) Der Saame muß nach Beschaffenheit des Erdbodens gewählet werden.

5) Von der Frucht, welche heuer auf dem Flur gebauet worden, darf man nicht gleich eben dahin säen, sondern man muß von einer andern Marckung dergleichen einwechseln.

6) Der Vorsprung auf der Tenne ist allemahl der beste.

7) Trockener Erdboden erfodert eingeweichten Saamen, hingegen feuchtes Erdreich will trockenen Saamen haben.

8) Ob die frühe-mittlere-oder spate Saat besser sey, läßt sich nicht zuverläßig sagen, es kommt auf die Witterung des Spaat-Jahres und Winters en, dann muß jeder Landmann sich nach den Umständen richten und Gott vertrauen.

9) Die Insecten als Schnecken, Würmer und dergleichen zu vertreiben ist nichts besser, als geflossenen Gips auf den Saamen zu streuen, so werden alle solche Thierlein gleich davon sterben.

Von Anlegung der Tungstätte.

Wir haben zwar oben schon vieles von allerhand Arten des Thungs erwehnet; weil aber an dessen Zubereit- und Fäulung so gar viel gelegen ist, so wird nicht undienlich seyn, hievon noch etwas zu gedencken.

1) Eine rechte Mist - oder Tungstätte soll von Rechtswegen ins Viereck ausgemauert, gepflastert, und nahe am Viehstall angelegt werden, damit der Urin oder Adel aus solchem in die Thungstätte lauffe.

2) Die

2) Diese Mauer soll etliche Schu höher als das Erdreich seyn, damit die Faul,
nus besser von statten gehe und nicht das beste auf die Gassen lauffe.

3) Ist nöthig, daß die Thung-Grube eine Art von Bedachung nur von Schwar,
ten oder Stroh-Deck habe, damit die Sonne die beste Säfte nicht austrocknen
kann.

4) Fast in allen Dörfern hat man Plätze, wo die Schweine vor dem Austreiben
auf die Weyde zusammen getrieben, und bey einer Stunde lang stehen gelas,
sen werden, um allda ihren Thung vorher liegen zu lassen. Wäre es nicht
besser solche ausgemauerte Thungstätte an jeden Orth zu errichten, wo auch
Gassen-Erden hinweggeworfen, eingestreuet und ein Thung-Vorrath ge,
sammlet werden könnte. Land-Städte welche Mangel an grünen Gemüse
haben, möchten einen Morgen oben Platz zum gemeinen Kuchen-Gemüs-Gar,
ten anrichten und auf solche Art Thung dazu sammeln können, wann der Sach
nur nachgedacht werden wollte.

Hiernächst will man ein erst ferndiges Jahr emanirtes Hochfürstl. Ausschreiben
hier einschalten, welches in Land-Oeconomie Sachen gute Anweisung geben kann.
Es lautet also:

Von Gottes Gnaden, Wir Christian Friederich Carl Alexander, Marg,
graf zu Brandenburg; in Preussen, zu Schlesien, Magdeburg, Cleve, Jü,
lich, Berg, Stettin, Pommern, der Cassuben und Wenden, zu Meclen,
burg und zu Crossen, Herzog; Burggraf zu Nürnberg, ober-und unterhalb Ge,
bürgs; tot. tit.

Geben allen Unsern getreuen Bürgern, Unterthanen, und Landes Innwohnern
hiermit in Gnaden zu vernehmen, welcher gestalt Wir den bißherigen Getraid Miß,
wachs, Mangel und daraus entstaandene allgemeine Theurung, mit vielem Bedau,
ern angesehen, und dem großen Nothstand beherziget, dabey aber wahrgenommen
haben, wie von theils Unsern benachbarten Craiß-Mit-Ständen, die mutuelle
Getrayd-Aushü'fe eines Unterthanen gegen den andern, ausser Augen gesetzet, die
rigoreuseste Verbote gegen die Unfrig.n ausgeübt, und eine nie erhörte Sperr ei,
nes Craiß-Standes gegen den andern, verhänget worden, somit uns in die unver,
meidliche Nothwendigkeit gesetzt haben, anfänglich ein gleiches zu thun, jedoch mit
der Mäßigung, daß alle auswärtige Gült und Zehend-Früchte der Eigen-Herr,
schaff.en, ohne einige Hinderung, vielmehr durch ertheilte Pässe, verabfolget, und
nur gegen die Getrayd-Wucherer das Verbot der Ausfuhr verhänget worden.

Wir haben aber gleichwohlin wahrgenommen, daß auch die ferndige Getrayd,
Erndte nicht so ergibig gewesen, die Einwohnern Unsers Fürstenthums unt-rhalb
Gebürgs

Gebürgs, mit aller Nothdurfft auf ein Jahr biß zur künfftigen Erndte damit zu verse-hen, sondern es bleibet noch immer die Besorgniß über, daß bey heutiger noch un-gewisser fruchtbarlicher Witterung, und einer zu hoffenden gesegneten Erndte, die Theuerung und Mangel, wenn auch Gott vor Mißwachs, Hagel und andern Cala-mitæten verschonete, gleichwohlen noch fortwähren, und es hier und dar an nöthi-ger Subsistenz fehlen dörffte, da zumahlen bey dem allgemeinen Geld-Mangel, und da die Handwercker und Fabriques meist ganz darnieder liegen, vielen es an Geld zu Erkauffung der Nothdurfft fehlet, woraus denn hier und dar, Seuchen und tödt-liche Krankheiten erfolgen müssen; In solchem Betracht, und da Unsere Landes-Vä-terliche Vorsorge, gegen alle Einwohnere Unsers hiesigen Fürstenthums, erfordert, auf alle nur mögliche Mittel, woher die nöthige Subsistenz zu erlangen seyn möchte, den Bedacht zu nehmen;

So haben Wir den ohnmaßgeblichen Vorschlag Unserer getreuen Landes-Oecono-mie Deputation, in reife Erwägung gezogen, und ermangeln dahero nicht, solchen allen Unsern Ober- und Aemtern mit der nachdrücklichen Weisung zu erkennen zu geben, daß sie auch ihres Orts daran seyn mögen, auf alle Weise beförderlich zu seyn, da-mit die heilsame Absicht erreichet werden möge.

Es gehet aber diese vornehmlich dahin, daß zu Erlangung mehrerer Frucht und Erd-Gewächse, welche den Menschen zur Nahrung dienen können,

1. in jedem Ort, als ein ausserordentliches Mittel, so viel als möglich, an Som-mer-Getrayd, Heydel, und andern Eß-Waaren in der Brach angebauet werden solle.

2. Finden Wir vor nöthig, daß in allen Aemtern, bey jeden Dorf und Weyler, diejenigen tauglichen Hutt-Plätze, ohne Anstand ausgesuchet, nach deren Gemeind-Rechten ausgetheilet, und von denen Einwohnern umgeackert, oder gehacket, und mit Getrayd, Erdbirn oder andern Eßwaren, angebau-et werden, um der menschlichen Nothdurfft mehr als dem Vieh, da-durch zu statten zu kommen, worüber sich, bey gegenwärtigen ausserordentlichen Nothfall, niemand unter einigerley Vorwand setzen, oder hinderlich seyn soll, indem doch hier und dar noch so viel Wäsen und zum bauen untaugliche Holz- und andere Plätze übrig bleiben werden, worauf das Vieh gewaldet werden kann. Massen Unsern Beamten hiermit specialiter aufgetragen wird, diese gemeinnützliche Sache, auf alle Weise durch allenfalsige Communication mit denen benachbarten, zu befördern, und sich daran nicht hindern zu lassen;

Wie nun unsere Landes-Väterliche Absicht lediglich dahin gehet, bey derma-ligen Nothstand, denen Einwohnern, einige Nahrungs-Verbesserung und Erleich-terung zu verschaffen; So versehen Wir uns zu dem pflichtschuldigen Dienst-Eifer eines jeden Ober-und Beamten hierinn allen Fleiß anzuwenden, und vors erste so-bald

bald möglich anzuzeigen, wie viel Morgen Aecker in der Brach, und wie viel Mor=
gen Zur=Wäsen angebauet werden sollen?

Was hingegen die Haupt=Tabell selbst anbetrifft, wird solche nach beygehen=
den Formular erst auf künftigen Herbst, nach geendigter Erndte, jedoch mit desto
mehrer Zuverlässigkeit erwartet, als woran Wir eines jeden Beamten Fleiß und pa=
triotischen Eifer, selbst erkennen wollen. Im Fall auch hier oder dar ein Anstand
vorwaltete, wäre solcher alsbald Unserer Landes Oeconomie-Deputation, einzuberich=
ten, als welche Uns sodann daraus immediate referiren solle.

Nachdeme man auch wahrgenommen, daß viele Unterthanen sich darum vom
Feldbau hart nähren, oder wohl gar nicht zurecht kommen können, sondern in Schul=
den verfallen, weilen es ihnen an genugsamem Vieh, zu Erlangung nöthigen Dungs,
zu Besserung der Aecker fehlet, dieser Mangel aber daher rühret, weilen die Pro=
portion der Aecker mit den Wiesen, nicht vorhanden ist, und dahero zu wenig Gut=
ter gebauet wird, so daß viele entweder gar öd liegen bleiben müssen, oder doch,
wann sie auch gebauet werden, wenig mehr als den ausgestreuten Saamen ertragen,
folglich des Unterthanen Arbeit und aufwendende Kosten vergebens sind. Hiernächst
auch auf manchen Aeckern die Ober Fläche so steril ist, daß solche dem Saamen die
erforderliche Nahrung nicht geben, folglich auch diese weder genugsame Halmen,
von Aehren hervor bringen kann; Dahingegen, wo man durch die vorhandene Erd=
Bohrer nachsuchen oder graben würde, an vielen Aeckern, wenig Schuh tiefer, sich
ein besserer Boden, auch wohl Mergel, vorfinden möchte, womit der magere Sand=
Acker zu weit mehrerer Fruchtbarkeit, ohne große Kosten, gebracht werden kan,
wann nur an den Seiten, Gräben gemacht, der gute Boden ausgehoben, und
mit dem obern schlechten, der ausgehobene Graben wieder eingefüllet, und so continuiret würde. Da nun besonders Mängel eine große Hinderniß in der Nahrung
des Landmans verursachen: So ist man versichert, daß durch rechtschaffener der
Land-Oeconomie sich befleißender Beamten Eifer und Nachdenken, solchem Feh=
ler gar wohl abgeholfen werden könnte, wann dergleichen disproportionirliche Gü=
ter im Amt ausgesuchet, der Ueberfluß an tauglichen Aeckern mit Klee angebauet, dem
Zehend-Herren vom Morgen 30. bis 45. Kreutzer abgereichet, und dadurch nicht
nur dem Viehstand, sondern auch ohnfehlbar erlangend mehrern Dung, denen ma=
gern Aeckern geholfen würde.

Und daferne ein Guth zu viel Aecker, ein anderes aber zu wenig hätte, so könn=
ten auch durch respect. Abnahm und Zulegung derselben, die Güthere in bessere
Proportion gebracht, somit dem Mangel an Wiesen, durch Anbauung des Klee=
Futters, geholfen werden

Sollte auch ein oder anderer Unterthan sich nicht im Stande befinden, alle
seine überflüßige und untragbare Felder, selbst zu bauen, so wird amtlichen Gut=
finden und Bericht überlassen, andern Söldnern, Taglöbnern und armen Leuten,
auf

auf etliche Jahr dergleichen Aecker, gegen eine dem Eigenthümer bezeigende Erkenntlichkeit zu überlassen, damit durch diese das Feld urbar und tragbar gemacht werde, als
dergleichen Mittel nicht alle vorgeschrieben werden können, sondern weitern Nachdenken der Beamten und Ueberlegung mit Feld-verständigen Männern, überlassen wird.

Wie nun eine wesentliche Pflicht jeden Amts-Dieners ist, nicht nur vor die
Exaction der Herrschaftlichen Gefälle zu sorgen, sondern vornehmlich auch dem Unterthanen zu Verbesserung seines Feldbaues und Nahrung überhaupt, behülflich zu seyn.
Als befehlen Wir hiemit einem jeden Beamten diese Obsorge nicht nur gnädigst,
und ernstlich an, sondern versichern auch, daß derjenige, welcher sich hierinn Mühe
geben und billige Vorschläge thun werde, eine hinlängliche Erkenntlichkeit an hierzu
expresse geprägten silbernen Medaillen zu erwarten haben solle, um auch andere
zu gleichem Ende aufzumuntern.

Wir haben übrigens das gnädigste Zutrauen zu Unsern Ober-Aemtern, daß
sie diese wichtige Sache auf alle mögliche Art befördern, und die Beamten nicht nur
zur Befolgung anweisen, sondern auch ihnen afistiren werden. Verbleiben anbey
denenselben mit Gnaden gewogen. Signatum unter hiervorgedruckt Hochfürstl. Hof-
und Regierungs-Raths-Innsiegels. Onolzbach, den 23. April 1772.

L.S.

Nebst deme wird das in der allhiesigen Poschischen- und andern auswärtigen Buch-
handlungen verkäufliche Büchlein: Allgemeine Regeln zu Beförderung
des Feldbaues 2c. besonders der Jugend auf dem Land empfohlen, zu lesen.

Tabel-

T A

von allen L

Ueber alle in des Orts...ch-Stand.

Nahme des Orts.	Nahmen der Innwohner.	Sind ang						
		Winter-Fluhr.	Somm-Fluhr					
		Morgn.	Morac	Käh.	Kalber			

Anmerkung vom Kleebau im Itzgrund.

Man nimmt bey der Haber- oder Gerstensaat unter diese Frucht Kleesaamen, und besaamt a mit Morgen Acker damit, die Frucht wächst sodann ehender als der Kleesaamen dergestalt, daß wann der Haber oder die Gersten abgeschnitten, der Klee noch nicht gar eine Spannen lang angewachsen ist, wornach aber solcher noch 1 Schuh hoch und darüber wächset, welches nicht nur grün verfüttert, sondern auch gedörrt werden kann. Es darf aber nach abgeschnittenem Getrayd, kein Vieh auf solchem Acker gehütet werden. Man ackert solchen Klee folgenden Jahrs, in so fern alda wieder Getraid angebauet wird, um, oder wann das Stück Feld in der Braach lieget, bleibt er stehen, biß der Anbau mit Getrayd auf den Herbst solcher g·schiehet. Nur ist bey Fütterung des Klee darauf zu sehen; daß man das Vieh wegen Fette des Klees nicht gleich darauf sauffen lässet.

Wie das Süßholz gepflanzet wird.

Das Süßholz ist dem Nahmen nach bekannt, und wird denen Materialisten gut bezahlt. Die Wurzel der Süßholzpflanze ist einer Ehlen lang und so dick wie ein Mannsdaume, innwendig geiblich, der Geschmack sehr süß, wächst in den Boden tief hin. Die Blüthe des Süßholzes bestehet in einen kleinen grünen Becher. An den glatten Hülsen unterscheidet man das rechte Süßholz, es will wenigst eine Ehle tief guten Boden haben, der locker ist.

Im Monat Märzen wird die Wurzel gepflanzt, wann der Boden vorher zugerichtet und getunget ist. Mit einem Pflanzstock wird in der Reyhe ein Loch in die Erde gemacht und dann die Setzlingspflanze sachte hinein gesteckt, daß nur ein Aug einen Zoll hoch ausser der Erde bleibt. Es erfodert weiter keine Wartung, als daß man es beständig ausjäte und vom Unkraut reinige. Etwas vom Gemüß, das nicht unter sich wächst, kan man darauf bauen. Nach dreyen Jahren ist es gewachsen herauszuthun, und wird die Mühe reichlich bezahlen, wann es im Herbst ausgezogen wird.

Von der Cultur der Anispflanze.

Der Saame muß gesund und frisch seyn, und im Frühling gesäet werden, die Pflanzen sollen 6 Zoll weit von einander stehen. Im Herbst werden sie mit der Hand ausgezogen, unter Dach getrocknet, und dann der Saame ausgedroschen und verkauft.

Feldkümmel

wird auf eben die Art gebauet, die Pflanze wächst 4 Schuh hoch, die Wurzel ist lang, weiß und hat einen angenehmen Geschmack. Wann die Pflanzen gegen 3 Zoll hoch sind,

so müssen sie gehackt und das dazwischen wachsende Unkraut ausgejätet werden
Der Ertrag und Nutzen dieses Kümmelbaues wird groß seyn.

Vom nutzbaren Gebrauch der Quecken.

Es ist bekannt, daß diese Art Unkraut in denen Aeckern den grösten Schaden thut, denn es hindert den Wachsthum des Saamens nicht nur, sondern saugt auch das Land aus und nimmt so überhand, daß endlich kein Getraid mehr angebauet werden kan. Da nun dieses schädliche Wurzelkraut nothwendig heraus gethan werden muß, soll anderst der Acker nicht gar verderben, welches nicht anders dann in brachen durch aufäckern und egen nach der länge und queer, dann durch den Gebrauch der Rechen mit eisernen Zähnen, geschehen kann, so haben viele überlegt, ob dann dieses schädliche Unkraut nicht zu etwas zu gebrauchen seye, einige haben es in den Mist geworfen um Dung daraus zu machen, aber damit übel ärger gemacht, denn die Quecke ist ohnverfault mit dem Dung wieder auf den Acker geführt und derselbe aufs neue damit besudelt worden. Andere haben die Quecken ausgewaschen und dem Vieh zu fressen gegeben, allein dieses hat durch den darunter gebliebenen Sand die Zähne verderbt. Daher sind andere auf den Vorschlag gekommen, zu Verwahrung der Aecker an den Landstraßen, eine Art von Mauern oder Brustwehr daraus zu machen; sie haben in einer Graben Linie unten 2 Schuh breit eine lange Quecken gelegt, dann solche mit Erden, die gleich dabei aus einem aufgeschlagenen Graben genommen worden, bedeckt und so mit Quecken und Erde biß 4 Schuh hoch, oben zugespitzt continuiret, wovon die Quecken gleichfort gewachsen und eine grüne Mauer verursacht haben. Der Nutzen ist doppelt, daß man erstlich den Acker vom Unkraut reiniget und 2) den Saamen an den Straßen vor dem Vieh und Verderb bewahrt.

Von den Hollunder Hecken.

Da die Feldgüter eine Verwahrung vor dem Vieh nöthig haben, so sind zwar die Hecken von schwarz- und Weiß-Dorn 2c. vor andern anzurathen, wir wollen aber hier auch eine Art von Stauden erwehnen. Das Hollunder-Holz taugt vor die Tischler und Drechsler, die Blüthe und Beere sind mit Nutzen zur Latwerge und Sultzen zu verkauffen, das Vieh aber frißt nichts von den Blättern, sie sind ihm widrig, der Hollunder wächst geschwind, und dörfen nur Stöcker zu 2 Schu lang und 1 Schuh tief in die Erde gesteckt werden, es müssen aber solche schief einen Schuh weit von einander stehen; weil dergleichen Hecken unten blos werden, so steckt man wilde Aepfel und Bän-

Kern

Kern auch Wachholder- und Stachel-Beere dazwischen, woraus nach und nach el-
ne dicke Hecke wird, wodurch kein Vieh schlieffen mag.

Von Fütterung der Kühe im Stall.

Es ist schon lange von erfahrnen Haußwirthen und auch vernünftigen Bauers-
leuthen, die Frage aufgeworffen worden, ob es nicht besser sey, die Küh im
Stall zu füttern, als solche im Frühling auf die Weyde zu treiben, da die Erfahrung gelehret hat, daß eine im Stall gefütterte Kuh so viel Milch gebe als 4 auf
der Weyde gehende. Es bewähret auch die Nutzbarkeit der Sache, daß solcher
Vorschlag von vielen Gemeinden schon in Ausübung gebracht, die Küh zu
Hauß behalten, und dagegen die taugliche Wäsen zum Acker- und Kleebau unter die Gemeindsleuthe vertheilt worden.

Daß solcher Vorschlag aber nicht allenthalben gleich angehe, ist gar wohl
begreiflich, dann wer nicht viel Futter hat, der jagt die arme Küh auf die Weyde, sie mögen satt oder hungrig wieder heim kommen, unterdessen ist gewiß,
daß der mehrere Tung im Stall, fast soviel als der magere Nutzen vom
Weyd-Vieh im Werth beytrage. Die Stallmilch ist ohnedem viel fetter und
besser als jene. Wann das Vieh einen grossen Weg nach der Weyde gehen
muß, so erhitzt und ermattet es sich, und verliert im Heimweg nicht nur die
Milch, sondern auch den Tung und hat die Plage von den Bremen und Fliegen unterwegs auszustehen.

Wann die Küh rindern, welches sich im Frühjahr beym Austreiben zur
Tränke äussert, läßt man den Hummel kommen, und beleget sie.

Es hat auch nicht die Meinung, die Küh das ganze Jahr im Stall zu
halten, sondern sobald das Getreyd das Feld und die Stupfel angehen, treibe
man sie aus, und sie finden hernach auf den Wiesen biß in spaten Herbst Futter.

Hiezu gehöret aber, daß der Landmann Kleeäcker anbauet, damit er gleich
vom Frühjahr an, Gras und Futter zur Stallfütterung habe, welche Aecker al-
lewahl nahe am Ort ausgesucht werden müssen, damit der Klee nicht weit zu
führen oder tragen ist, eine solche im Stall gefütterte Kuh kann täglich 2 tß.
Butter einbringen.

Wann sich nicht schon viele Dorfschafften überzeugt gefunden hätten, die
Stallfütterung der Küh einzuführen und dargegen das Austreiben derselben im
Frühjahr biß zur Ernde, einzustellen, die zur Weyde gebrauchte Wäsen aber
unter sich nach den Gemeind-Rechten zu vertheilen und nützlich zur Fütterung
des Viehes oder Getreydbaues anzuwenden, so würden wir Anstand nehmen,
etwas

etwas davon zu schreiben, da im Anfang so viele Hinderniß dagegen streiten werden, die aber doch nach und nach alle zu überwinden sind.

Von den Bienen.

Es sind zwar schon viele Bücher von der Bienenzucht heraus, worunter auch der Fränkische Bienen-Meister zu zählen ist, wir wollen aber auch einige Regeln, von alten Bienenverständigen hersetzen und jedem überlassen, davon zu glauben, was er will.

1) Daß keine Biene im schwärmen davon fliege: Lege er solche Zeit nur ein Brodmesser auf den Stock, oder stecke ein wenig von der blauen Violenwurzel in den Korb, so bleiben die Bienen. Ferner, man schneide den Waasen, worauf getretten worden, eines Schuhes breit heraus und lege ihn umgewendet wieder dahin.

2) Wann jemand die Bienen fasset, so nehme er ein Blat vom nächsten Baum in das Maul, so sticht ihn keine.

3) Zur Fütterung stelle er eine Fladen mit Honig, in den Stock, wann die Bienen sich nicht Wintern können.

4) Im Frühling gebe er Honig mit etwas guten Wein vermischt, den Bienen, so werden sie desto munterer.

5) Daß die Königin nicht davon fliegen und der Schwarm nicht durchgehen könne, soll man ihr die Flügel abschneiden.

6) Wann die Hände mit Melissenkraut gerieben werden, so stechen einen die Bienen nicht, wann man damit umgehet und sie auch angreifet.

7) Wilden Thimian soll man in der Gegend des Bienenstandes viel bauen, weil er ihnen zuträglich ist.

8) Zur Nahrung der Bienen wird die Anbauung des Melissenkrauts, wild und zahme Wicken mit welssen Saamen, Berggeiß Klee, die wohlriechende Distel gerühmet.

Mittel, die Ziegel-Dächer zu verwahren, daß weder Regen noch Schnee durchdringen könne.

Was der Mangel an Verwahrung der Dächer, denen Gebäuen, vor Schaden bringe, ist allen Haußwirthen bekannt.

Man

Man hat geglaubt, durch Verkittung der Ziegeldächer, mit Kalch, oder Verstopfung mit Moos, dem Schaden vorzubeugen, allein die schlechte Verfertigung des Mörtels und die Nachlässigkeit des Dachdeckers hat die Unzulänglichkeit bewiesen, weil auch das Moos mit der Zeit dürr und feuerfangend wird.

Das vornehmste ist, daß man sich nach gutem Ziegel-Zeug umsehe, wo der Ziegler 1) guten Laimen hat, 2) solchen wohl bearbeitet und 3) tüchtig brennt, ausser dem faulen die Ziegel alle Jahr wieder vom Dach herab und verursachen dem Hausbesitzer doppelten Schaden.

Es meritirte, daß man an Kirchthürnen und hohen Gebäuden die Dächer mit lauter glasurten Ziegel bedeckte, dann das würde eine ewige Währung seyn. Wann die Ziegler alte Stücker Glas sammelten und zerstießen, durchsiebten und die Ziegel damit bestreuten, sodann brennten, könnten sie die Glasur ohne Kosten haben.

Ausserdem sollten die Fürst oder Hohlziegel, alle mit gutem Zeug von schwarzem Kalch-Sand, Schwein- und Kälber-Haaren, Rindshauten oder Feilspäne, dann geflossenen Ziegelmehl, eingedeckt werden. Der Maurer sollte die Ziegel beym eindecken der Dächer, mit Fleiß nahe zusammen rucken und keine Oeffnung oder Fugen darzwischen lassen, auch nicht zu eng oder zu weit latten, weil die Ziegler nicht einerley Formen und Möbel sondern von verschiedener Breite und Länge haben, so folgt, wo Ziegel von verschiedenen Zieglern genommen und die Dächer damit ausgebessert werden, daß hier und da Oefnungen darzwischen bleiben, welche auch durch das verkräten, nicht verwahret werden können, mithin die Sparren und Balken verfaulen und das Geschirr an den Decken herunter fällt, ehe man es wahr nimmt.

Um aber die Dächer, statt des Verkrätens mit Kalchmörtel, auf bessere Art, zu verwahren, solle man aus den Brechhäusern, die Flachseichteln oder den Abgang, der beym Flachsbrechen sich ergiebet, nehmen, selbige im Scheuertennen wohl dreschen, und zerklopfen, alsdann ein Rattensieb nehmen und sie dadurch rädern, was nicht durchfällt, wegschmeissen, das klare hingegen in einem Töpfer-Thon oder Häfnerslaimen, welcher klar zerstossen, getrocknet und durch ein feines Drathsieb gerädert worden, vermischen, daß keine Wurzeln, Holz oder Steine darinnen bleiben, dergestalt daß zu zwey Metzen trocken und durchgesiebten Laimen, drey Metzen auch durchgesiebte Flachseichteln genommen, beedes untereinander gemischt und in eine Bütten oder Wasserständer und Trog gethan, mit Wasser begossen und wohl durcheinander gearbeitet werde; alsdenn solle ein fleißiger Taglöhner diesen zugerichteten Laimen auf den Boden tragen, und mit einem dazu gemachten dünnen Spaten oder

oder Spachtel, alle Fugen und Ritzen zwischen den Ziegeln, fleißig verschmiret und der Kalmen dazwischen hineingedruckt werden, ohne daß es nöthig ist, das ganze Dach zwischen den Latten, über und über, zu verschmieren. Thut man nur den 20sten Theil gesiebten schwarzen Kalch darunter, so wird der Zeug desto besser und dauerhafter; es muß aber dieses Kalchuntermengen nur geschehen, was man in einen halben Tag verarbeiten kann. Wann 2 fleißig und verständige Taglöhner sind, so können sie in ein paar Tagen ein großes Dach verstreichen und solches vor allem Schaden verwahren. Es ist dieses Mittel probirt und sehr gut befunden worden.

Accur.

Accurate
Intereße-
Resolvirung,

Ueber

Capitalien a 5. und a 6. pro Cento.

Von

Einem Gulden an, bis 10. tausend Gulden,

Und

Von einem Tag an, bis auß ganze Jahr:

Von fl.	1. Tag.			2. Tagen.			3. Tagen.			4. Tagen.			5. Tagen.			10. Tagen.		
	fl.	kr.	h.	fl.	kr.	h.	fl.	kr.	h.	fl.	kr.	h.	fl.	kr.	h.	fl.	kr.	h.
1.			$\frac{1}{10}$			$\frac{1}{5}$			$\frac{3}{10}$			$\frac{2}{5}$			$\frac{1}{2}$		1	$\frac{1}{2}$
2.			$\frac{1}{5}$			$\frac{2}{5}$			$\frac{3}{5}$			$\frac{4}{5}$			1		1	$\frac{1}{2}$
3			$\frac{3}{10}$			$\frac{3}{5}$			$\frac{9}{10}$			$\frac{3}{5}$			$\frac{1}{2}$			1
4.			$\frac{2}{5}$			$\frac{4}{5}$		4	$\frac{1}{5}$			$\frac{3}{5}$			$\frac{2}{3}$			$1\frac{1}{3}$
5.			$\frac{1}{2}$			1			$\frac{1}{2}$			$\frac{1}{2}$			$\frac{1}{2}$			$1\frac{1}{2}$
6.			$\frac{1}{2}$			$\frac{3}{5}$			$\frac{3}{10}$			1			1			2
7.			$\frac{7}{10}$			$1\frac{1}{5}$			$\frac{1}{10}$			$1\frac{1}{5}$			$1\frac{1}{5}$			$2\frac{1}{2}$
8.			$\frac{4}{5}$			$1\frac{3}{5}$			$\frac{2}{5}$			$1\frac{1}{2}$			$1\frac{1}{2}$			$2\frac{1}{2}$
9.			$\frac{9}{10}$			$\frac{4}{5}$			$\frac{9}{10}$			$1\frac{1}{2}$			$1\frac{1}{2}$			3
10.			$\frac{1}{5}$			$\frac{3}{5}$			1			$1\frac{2}{3}$			$1\frac{1}{2}$			$3\frac{1}{2}$
20.			$\frac{4}{5}$			$1\frac{1}{2}$			2			$2\frac{2}{3}$			$3\frac{1}{3}$		1	$2\frac{1}{2}$
30.			1			2			3		1				1		2	2
40.			$1\frac{1}{3}$			$2\frac{2}{3}$		1			1	$1\frac{1}{3}$		1	$2\frac{2}{3}$		3	$1\frac{1}{3}$
50.			$1\frac{2}{3}$			$3\frac{1}{3}$		1			1	$2\frac{2}{3}$		2	$\frac{1}{2}$		4	$\frac{1}{2}$
60.			2		1			1	2		2			2	2		5	
70.			$2\frac{2}{3}$		1	$\frac{2}{3}$		1	3		2	$1\frac{1}{3}$		2	$2\frac{2}{3}$		5	$3\frac{1}{3}$
80.			$2\frac{2}{3}$		1	$1\frac{1}{3}$		2			2	$2\frac{1}{3}$		3	$1\frac{1}{3}$		6	$2\frac{1}{3}$
90.			3		1	2		2	1		3			3	3		7	2
100.			$3\frac{1}{3}$		1	$2\frac{1}{3}$		2	2		3	$1\frac{1}{2}$		4	$\frac{1}{2}$		8	$\frac{1}{4}$
200.		1	$2\frac{2}{3}$		3	$1\frac{1}{3}$		5			6	$2\frac{2}{3}$		8	$1\frac{1}{3}$	1	16	$2\frac{1}{3}$
300.		2	2		5			7	2		10			12	2		25	
400.		3	$1\frac{1}{3}$		6	$2\frac{2}{3}$		10			13	$1\frac{1}{3}$		16	$2\frac{2}{3}$		33	$1\frac{1}{3}$
500.		4	$\frac{1}{3}$		8	$1\frac{1}{3}$		12	2		16	$2\frac{2}{3}$		20	$3\frac{1}{3}$		41	$2\frac{1}{3}$
600.		5			10			15			20			25			50	
700.		5	$3\frac{1}{3}$		11	$2\frac{1}{3}$		17	2		23	$1\frac{1}{3}$		29	$\frac{1}{2}$		58	$1\frac{1}{3}$
800.		6	$2\frac{2}{3}$		13	$1\frac{1}{3}$		20			26	$2\frac{1}{3}$		33	$1\frac{1}{3}$	1	6	$2\frac{1}{3}$
900.		7	2		15			22	2		30			37	2	1	15	
1000.		8	$1\frac{1}{3}$		16	$2\frac{2}{3}$		25			33	$1\frac{1}{3}$		41	$2\frac{2}{3}$	1	23	$1\frac{1}{3}$
10000.	1	23	$1\frac{1}{3}$	2	46	$2\frac{2}{3}$	4	10		5	33	$1\frac{1}{3}$	6	56	$2\frac{1}{3}$	13	53	$\frac{1}{3}$

15. Tagen.			1. Monat.			2. Monat.			3. Monat.			6. Monat.			Ein Jahr.		
fl.	kr.	𝔑.	fl.	kr.	𝔑.	fl.	kr.	𝔑.	fl.	kr.	𝔑.	fl.	kr.	𝔑.	fl.	kr.	𝔑.
·	·	¼	·	·	1.	·	·	2.	·	·	3	·	1	2	·	3	·
·	·	1.	·	·	2.	·	1	·	·	1	2	·	3	·	·	6	·
·	·	1½	·	·	3.	·	1	2.	·	2	1	·	4	2	·	9	·
·	·	2.	·	1	·	·	2	·	·	3	·	·	6	·	·	11	·
·	·	2½	·	1	1.	·	2	2.	·	3	3	·	7	2	·	15	·
·	·	3.	·	1	2.	·	3	·	·	4	2	·	9	·	·	18	·
·	·	3½	·	1	3.	·	3	2.	·	5	1	·	10	2	·	21	·
·	1	·	·	2	·	·	4	·	·	6	·	·	12	·	·	24	·
·	1	¼	·	2	1.	·	4	2.	·	6	3	·	13	2	·	27	·
·	1	1.	·	2	2.	·	5	·	·	7	2	·	15	·	·	30	·
·	2	2.	·	5	·	·	10	·	·	15	·	·	30	·	1	·	·
·	3	3.	·	7	2.	·	15	·	·	22	2	·	45	·	1	30	·
·	5	·	·	10	·	·	20	·	·	30	·	1	·	·	2	·	·
·	6	1.	·	12	2.	·	25	·	·	37	2	1	15	·	2	30	·
·	7	2.	·	15	·	·	30	·	·	45	·	1	30	·	3	·	·
·	8	3.	·	17	2.	·	35	·	·	52	2	1	45	·	3	30	·
·	10	·	·	20	·	·	40	·	1	·	·	2	·	·	4	·	·
·	11	1.	·	22	2.	·	45	·	1	7	2	2	15	·	4	30	·
·	12	2.	·	25	·	·	50	·	1	15	·	2	30	·	5	·	·
·	25	·	·	50	·	1	40	·	2	30	·	5	·	·	10	·	·
·	37	2.	1	15	·	2	30	·	3	45	·	7	30	·	15	·	·
·	50	·	1	40	·	3	20	·	5	·	·	10	·	·	20	·	·
1	2	2.	2	5	·	4	10	·	6	15	·	12	30	·	25	·	·
1	15	·	2	30	·	5	·	·	7	30	·	15	·	·	30	·	·
1	37	2.	2	55	·	5	50	·	8	45	·	17	30	·	35	·	·
1	40	·	3	20	·	6	40	·	10	·	·	20	·	·	40	·	·
1	52	2.	3	45	·	7	30	·	11	15	·	22	30	·	45	·	·
2	5	·	4	10	·	8	20	·	12	30	·	25	·	·	50	·	·
10	50	·	41	40	·	83	20	·	125	·	·	250	·	·	500	·	·

Von fl.	1. Tag.			2. Tagen.			3. Tagen.			4. Tagen.			5. Tagen.			10. Tagen.		
	fl.	fr.	₰	fl.	fr.	₰	fl.	fr.	₰	fl.	fr.	₰	fl.	fr.	₰	fl.	fr.	₰
1.	.	.	$\frac{1}{4}$	.	.	$\frac{1}{2}$	.	.	$\frac{3}{4}$	.	.	$\frac{3}{4}$	.	.	$\frac{1}{2}$	.	.	$\frac{1}{2}$
2.	.	.	$\frac{1}{2}$	.	.	$2\frac{1}{2}$	.	.	$1\frac{1}{2}$	.	.	$2\frac{1}{2}$	=	=	$\frac{1}{2}$	=	=	1
3.	.	.	$\frac{3}{4}$	.	.	$1\frac{1}{2}$	.	.	$2\frac{1}{2}$	.	.	$1\frac{1}{2}$	.	=	$\frac{3}{4}$	=	.	$1\frac{1}{2}$
4.	.	.	$2\frac{1}{2}$	.	=	$1\frac{1}{2}$	.	.	$1\frac{1}{2}$	.	.	$1\frac{1}{2}$	.	.	$\frac{3}{4}$	.	.	$1\frac{1}{2}$
5.	.	.	$\frac{1}{2}$	.	.	$\frac{1}{2}$	.	.	$\frac{3}{4}$	.	.	$\frac{1}{2}$	.	.	1	.	=	2
6.	.	.	$2\frac{1}{4}$	.	.	$1\frac{1}{2}$	.	.	$1\frac{3}{4}$	.	.	$2\frac{1}{4}$	.	.	$1\frac{3}{4}$	.	.	$2\frac{1}{2}$
7.	.	.	$1\frac{1}{4}$	.	.	$2\frac{1}{2}$	.	.	$1\frac{1}{2}$	.	.	$1\frac{1}{4}$	.	.	$1\frac{3}{4}$	.	=	$2\frac{1}{2}$
8.	.	.	$1\frac{1}{4}$	.	.	$1\frac{1}{2}$	.	.	$2\frac{1}{2}$	.	.	$1\frac{1}{4}$	.	.	$1\frac{1}{2}$	.	=	$3\frac{1}{2}$
9.	.	.	$\frac{3}{4}$	.	.	$1\frac{1}{2}$	.	.	$1\frac{1}{2}$	.	.	$1\frac{1}{2}$	=	.	$1\frac{1}{2}$	=	=	$3\frac{1}{2}$
10.	.	.	$\frac{3}{4}$	.	.	$\frac{1}{2}$	.	.	$1\frac{1}{2}$	.	.	$1\frac{3}{4}$	.	=	2	.	1	=
20.	.	.	$\frac{3}{4}$	.	.	$1\frac{1}{2}$	.	.	$2\frac{1}{2}$	.	.	$3\frac{1}{4}$	.	1	.	.	2	.
30.	.	.	$1\frac{1}{4}$	.	.	$2\frac{1}{4}$	.	.	$3\frac{1}{4}$	.	1	$\frac{1}{2}$	.	1	2	=	3	=
40.	.	.	$1\frac{3}{4}$	.	.	$3\frac{1}{2}$	.	1	$\frac{1}{2}$	.	1	$2\frac{1}{2}$	.	2	.	.	4	=
50.	.	.	2	.	1	.	.	1	2	.	2	.	.	2	2	.	5	.
60.	.	.	$2\frac{1}{4}$	.	1	$\frac{1}{2}$	.	1	$3\frac{1}{2}$	.	2	$1\frac{3}{4}$	.	3	.	.	6	.
70.	.	.	$2\frac{1}{2}$	=	1	$1\frac{1}{2}$	.	2	$\frac{3}{4}$	.	2	$3\frac{1}{4}$	.	3	2	.	7	.
80.	.	.	$3\frac{1}{2}$	.	1	$2\frac{1}{4}$	.	2	$1\frac{3}{4}$	=	3	$\frac{1}{4}$	.	4	.	.	8	.
90.	.	.	$3\frac{1}{4}$	.	1	$3\frac{1}{4}$	.	2	$2\frac{1}{4}$	.	3	$2\frac{1}{4}$	.	4	2	.	9	.
100.	.	1	.	.	2	.	.	3	.	.	4	.	.	5	.	.	10	.
200.	.	2	.	=	4	.	.	6	.	.	8	.	.	10	.	.	20	=
300.	.	3	.	.	6	.	.	9	.	.	12	.	.	15	.	.	30	=
400.	.	4	.	.	8	.	.	11	.	.	16	.	.	20	.	.	40	.
500.	.	5	.	.	10	.	.	15	.	.	20	=	.	25	.	.	50	.
600.	.	6	.	.	12	.	.	18	.	.	24	=	.	30	.	1	=	=
700.	.	7	.	.	14	.	.	21	.	.	28	.	.	35	.	1	10	=
800.	.	8	.	.	16	.	.	24	.	.	32	.	.	40	.	1	20	.
900.	.	9	.	.	18	.	.	27	.	.	36	.	.	45	=	1	30	=
1000.	.	10	.	.	20	.	.	30	.	.	40	.	.	50	=	1	40	=
10000.	1	40	=	3	20	.	5	.	.	6	40	.	8	20	=	16	40	.

15. Tagen.			1. Monat.			2. Monat.			3. Monat.			6. Monat.			Ein Jahr		
fl.	fr.	kr.	fl.	kr.	h.	fl.	kr.	h.	fl.	kr.	h.	fl.	kr.	h.	fl.	kr.	h.
·	·	½	·	·	1¼	·	·	2¼	·	·	3¼	·	1	3½	·	3	1¼
·	·	1¼	·	·	2¼	·	1	¼	·	1	1¼	·	3	2¼	·	7	¼
·	·	1¼	·	·	3¾	·	1	3¼	·	2	2¼	·	5	1¼	·	10	3¼
·	·	2¼	·	1	¾	·	2	1¼	·	3	2¼	·	7	¼	·	14	1¼
·	·	3	·	1	2	·	3	·	·	4	2	·	9	·	·	18	·
·	·	3¾	·	1	3¼	·	3	2¼	·	5	1¾	·	10	3¼	·	21	2¼
·	1	¼	·	2	¼	·	4	¼	·	6	1¼	·	12	2¼	·	25	¼
·	1	¾	·	2	1¼	·	4	¾	·	7	¾	·	14	1¼	·	28	3¼
·	1	1¼	·	2	2¼	·	5	1¼	·	8	¼	·	16	¾	·	32	1¼
·	1	2	·	3	·	·	6	·	·	9	·	·	18	·	·	36	·
·	3	·	·	6	·	·	12	·	·	18	·	·	36	·	1	12	·
·	4	2	·	9	·	·	18	·	·	27	·	·	54	·	1	18	·
·	6	·	·	12	·	·	24	·	·	36	·	1	12	·	2	24	·
·	7	2	·	15	·	·	30	·	·	45	·	1	30	·	3	·	·
·	9	·	·	18	·	·	36	·	·	54	·	1	48	·	3	36	·
·	10	2	·	21	·	·	42	·	1	3	·	2	6	·	4	12	·
·	12	·	·	24	·	·	48	·	1	12	·	2	24	·	4	48	·
·	13	2	·	27	·	·	54	·	1	21	·	2	42	·	5	24	·
·	15	·	·	30	·	1	·	·	1	30	·	3	·	·	6	·	·
·	30	·	1	·	·	2	·	·	3	·	·	6	·	·	12	·	·
·	45	·	·	30	·	3	·	·	4	30	·	9	·	·	18	·	·
1	·	·	2	·	·	4	·	·	6	·	·	12	·	·	24	·	·
1	15	·	2	30	·	5	·	·	7	30	·	15	·	·	30	·	·
1	30	·	3	·	·	6	·	·	9	·	·	18	·	·	36	·	·
1	45	·	3	30	·	7	·	·	10	30	·	21	·	·	42	·	·
2	·	·	4	·	·	8	·	·	12	·	·	24	·	·	48	·	·
2	15	·	4	30	·	9	·	·	13	30	·	27	·	·	54	·	·
2	30	·	5	·	·	10	·	·	15	·	·	30	·	·	60	·	·
25	·	·	50	·	·	100	·	·	150	·	·	300	·	·	600	·	·

G

Gewicht des Geldes.

		℔.	Loth.
100. fl. Laubthaler wiegen		2.	4.
100. fl. Convent. Thaler.		2.	10.
100. fl. 24. Kr.		3.	11.
100. fl. 12. Kr.		3.	26.
100. Stück Caroline.		1.	19.
150. Stück Maxd'ors so 100. Carolin ausmachen		1.	30.
100. Stück Ducaten		—	32.

Gespräch zwischen einem Ungelehrten und einem Gelehrten, von der Ableitung der Gewitter, oder Blitze.

U. Was man doch für wunderbare Dinge hören muß! Eben hat mir ein Reisender erzählt, daß man in Schlesien und, wenn ich mich recht besinne, zu Sagan an dem Thurm einer Kirche etwas angebracht habe, wodurch man die Blitze abführen will, daß sie dem Thurm keinen Schaden thun sollen.

G. Kömmt ihm das so unglaublich vor, mein Freund?

U. Ja freylich, mein Herr! Ich denke nach meinem einfältigen Verstande, was wird der Blitz nach der Kunst der Menschen fragen, und sich um alle ihre Anstalten bekümmern? Der Blitz gehet seinen Weg und fähret, wohin er will. Die Reisenden erzählen sehr oft Dinge, die sie nicht gesehen haben.

G. Sachte! Sachte! mein Freund. Thue er dem Reisenden kein Unrecht, der ihm das erzählet hat. Die Sache ist wahr.

U. Wahr? das wäre! Woher wissen sie das, mein HErr?

G. Ich habe ein Buch von dieser Sache, welches eben der gelehrte und vortreffliche Herr Abt von Felbiger hat ausgehen lassen, welcher die Anstalt mit der Gewitterableitung, an der Pfarrkirche zu Sagan angegeben und angeordnet hat.

U. Es wäre wohl allzufrey, wenn ich Sie fragen wollte, mein Herr! ob Sie aus diesem Buche genugsam wissen, was es mit der Ableitung der Gewitter für eine Beschaffenheit habe?

G. Ich weiß es so ziemlich.

U. O! so bitte ich Sie um alles in der Welt: stillen Sie meine Neugier, und erklären Sie mir, wie es mit dieser Ableitung der Blitze beschaffen ist.

G. Herzlich gern, mein Freund.

U. Aber bedenken Sie, daß ich kein Gelehrter bin. Ihr Herrn Gelehrte habt auch, wenn ich es sagen darf, eure Handwerks-Sprache, die unser einer nicht verstehet. Reden Sie mit mir, wie mit einem Ungelehrten, und geben Sie mir alles recht deutsch.

G. So gut ich kann, mein Freund! Also zur Sache! Was bemerket er, wenn es ein Gewitter geben will?

U. Daß

U. Daß Winde entstehen und dicke finstre Wolken einander entgegen ziehen.

G. Recht so, mein Freund! Aber woraus meinet er, daß diese Wolken bestehen?

U. Ich habe einmal gehört, aus Dünsten.

G. Ganz recht! Aber für was hält er den Blitz?

U. Für ein Feuer, das aus den Wolken hervorbricht.

G. Recht so! Er antwortet mir, wie ich es haben will. Ist er niemals wo gewesen, da es eingeschlagen hat?

U. Ja!

G. Nach was hat es wohl gerochen?

U. Nach Schwefel.

G. Ja! er hat ganz recht, mein Freund. Nun nehme er das alles zusammen. Die Wolken bestehen aus Dünsten: der Blitz ist ein Feuer, das aus den Wolken hervorbricht und einen Schwefelgeruch von sich gibt. Wenn es also blitzet; so muß ja wohl ein Theil der Dünste, aus denen die Wolken bestehen, in Brand gerathen seyn?

U. Allerdings.

G. Könnte das wohl geschehen, wenn alle diese Dünste wässerig, und nicht manche von ihnen etwas brennbares oder schwefliges wären?

U. Nein, ich denke nicht. Aber wie gerathen denn diese brennbaren Theile der Wolken oder der Dünste wirklich in einen Brand?

G. Das wollte ich ihm eben erklären, mein Freund. Ich muß ihm aber vorher, der Deutlichkeit wegen, noch sagen, wie diese brennbare Dünste in die Luft hinauf kommen. Man würde sich betrügen, wenn man glauben wollte, daß keine andere, als wässerige Ausdünstungen in der Luft, in die Höhe stiegen. Bedenke er nur, mein Freund! wie viele Bäume, Kräuter und Blumen es giebt, die alle ihren eigenen Geruch haben. Daher entstehet eine unaussprechliche Menge von Ausdünstungen. Menschen und Thiere dünsten beständig aus, und es ist gewiß, daß durch diese Ausdünstungen nicht nur wässerige, sondern auch schwefelige, öhlichte, irdische und Salz-Theilchen in die Luft kommen. Wie viele schwefelige und andere Ausdünstungen werden nicht, durch das Verbrennen, täglich in die Luft gebracht? Glaubt er also, mein Freund, daß sich in der Luft brennbare Theile oder Dünste befinden?

U. Ja, ich glaube es. Allein ich wiederhole meine Frage, wie gerathen sie denn wirklich in einen Brand?

G. Das will ich ihm erklären. Wenn man mit einem Hammer auf ein Eisen schlägt; wird es nicht durch das öftere Schlagen erst warm, endlich aber gar glühend?

U. Ja.

G. Kann denn also nicht ein Feuer entstehen, wenn gewisse Körper an einander stoßen und einander reiben?

U. Allerdings: das lehret mich die tägliche Erfahrung.

G. Gut!

24

G. Gut! Nun wollen wir weiter gehen. Wenn die Dünste, mit denen die obere Luft angefüllet ist, sich so verdicken, daß sie Wolken werden: kann man die Sonne vor ihnen sehen?

U. Nein, sie verdecken die Sonne.

G. So müssen sie also diejenigen Sonnenstrahlen auffangen, welche ausserdem zu uns herabkommen würden?

U. Allerdings.

G. Wenn nun aber diese verdickten Dünste die Sonnenstrahlen auffangen; so müssen sie ja wohl durch dieselben sehr erhitzt werden?

U. Nicht anders.

G. Wenn nun ein Wind entstehet und diese erhitzten Dünste forttreibet, so müssen sie wohl gewaltsam auf einander stossen und sich einander reiben?

U. Es dünkt mich so.

G. Wenn nun aber dieses geschiehet: so können ja wohl diese Dünste einander entzünden und in Brand bringen?

U. Das geht mir gut in den Kopf, mein Herr! Aber sollten denn diese Dünste nicht zu klein seyn, als daß sie einander reiben und in Brand setzen könnten?

G. Nein! dieser Zweifel läßt sich leicht heben. Was thut er, mein Freund, wenn er Feuer schlägt?

U. Ich schlage einen Feuerstein an meinen Stahl, oder umgekehrt, meinen Stahl an den Feuerstein: und da ich allererst von Ihnen gelernt habe, daß, wann gewisse Körper einander stark reiben, ein Feuer entstehe; so begreife ich jetzt, wie es zugehe, daß ich Feuer schlage.

G. Wenn er nun aber Feuer schlägt; so berührt ja oft nur ein sehr kleiner Theil oder Punct von dem Stahl einen gleichfalls sehr kleinen Theil oder Punct von dem Kieselstein, und es gibt doch Funken?

U. Allerdings.

G. Nun so siehet er ja, mein Freund, daß auch etwas sehr kleines sich durch Reiben entzünden kann. Und also können auch Dünste, wenn sie gleich noch so klein sind, sich entzünden.

U. Ohne Zweifel: Nun gehet mir auf einmal ein Licht auf.

G. Ist nicht ein einziges entzündetes Theilchen, ein einziger Feuerfunken im Stande, alle in der Nähe befindlichen brennbaren Dinge in Brand zu setzen?

U. Nichts ist gewisser, denn ein einiges entzündetes Pulverkörnlein steckt alle diejenigen an, welche bey ihm liegen.

G. Sollte denn also nicht ein einiger entzündeter Dunst viele andere brennbare Dünste entzünden und in Brand setzen können?

U. Gewiß er muß es thun können.

G. Wenn ein einziger noch so kleiner Funken auf einen Haufen Pulver fällt: was geschiehet alsdann?

U. Das Pulver entzündet sich und giebt eine Flamme.   G. Hat

G. Hat denn dieser einige Funken das ganze Pulver entzündet?

U. Das denke ich nicht: sondern ich stelle mir die Sache so vor. Dieser Funken hat vielleicht nur ein einziges Pulverkorn entzündet. Dieses hat sodann seine nächsten Nachbarn, wenn ich so sagen darf, angesteckt, und so immer ein Pulverkorn das andere, und zwar mit der größten Geschwindigkeit: und so ist die Flamme entstanden.

G. Recht so, mein Freund! Er spricht wie ein Professor. Wenn nun aber auf gleiche Art ein einiger entzündeter Dunst in der Luft einen andern, und dieser wieder einen andern entzündet, und auf solche Weise eine ganze Menge von schwefligen Dünsten, die an und hintereinander sind, in Brand gebracht wird: könnte nicht daraus gleichfalls eine Flamme entstehen?

U. Warum nicht? Und diese Flamme wäre wohl der Blitz?

G. Getroffen! mein Freund. Die Feuerschlangen, welche wir in der Luft bey Gewittern so oft erblicken, sind nichts anders, als Streifen von brennbaren und in der Luft befindlichen Dünsten, davon der vorhergehende immer den folgenden entzündet, und zwar so weit, als dergleichen Dünste nahe genug an einander sind. In eben der Linie, in welcher diese brennbaren und schwefligen Dünste sich an einander befinden oder auf einander folgen, in eben der Linie, sage ich, entzünden sie sich auch. Daher kömmt es, daß die Strahlen des Blitzes bald schief, bald senkrecht herab, bald in die Höhe, meistentheils aber schlangenförmig und hin und her fahren.

U. Sie vergessen, daß ich ein Ungelehrter bin, und sagen mir auf einmal gar zu viel vor, mein Herr! Lassen sie mir Zeit, einen Einfall anzubringen, der mir bey Ihrer Rede in den Sinn gekommen ist. Ich habe einmal zum Zeitvertreibe Pulver in mancherley Figuren auf meinen Tisch gestreuet, und hernach angezündet. Habe ich das Pulver in gerader Linie gestreuet: so hat es sich auch in gerader Linie entzündet. Habe ich es in allerhand krummen Linien und schlangenförmig ausgestreuet: so hat es sich auch schlangenförmig entzündet und die Flamme hat ein Zikzak gemacht. Hernach habe ich es auf Papier gestreuet und angezündet, und da habe ich sodann auf meinem Papier eben die Figur gefunden, in welcher sich das Pulver entzündet hat. Soll ich etwann das, was sie von dem verschiedenen Lauf oder Gange des Blitzes gesagt haben, auch auf diese Art verstehen?

G. Vortresslich! Man kann sich die Sache nicht ähnlicher vorstellen. Nun können wir einen Schritt weiter gehen. Wenn der Blitz irgendwo eingeschlagen hat: so wird man gewahr, daß er an Metallen herabgefahren ist, wenn dergleichen sich an solchen Orten befunden haben, z. E. an den Drähten, die zu allerhand Absichten an den Gebäuden gebraucht werden.

U. Das ist mir nicht unbekannt.

G. Wenn ein Wetterstrahl Thürme beschädiget, welche mit Kupfer oder Blech gedeckt waren: so wird bey sorgfältigem Nachforschen sich allezeit finden, daß der Blitz, soweit das Kupfer oder Blech reichte, ohne Schaden zu thun, fortgelaufen ist; daß er aber erst da geschmettert oder auch gezündet hat, wo das Kupfer oder Blech sich endigte und an andre Körper anstieß.

U. Das kann ich nicht in Zweifel ziehen, weil es in der Erfahrung gegründet ist, und weil ich es sehr oft in den Beschreibungen von Wetterschlägen gelesen habe.

G. Wenn nun von diesen mit Kupfer oder Blech gedeckten Thürmen kupferne Rinnen an der ganzen Seite des Thurmgebäudes herab tief in die Erde geführet würden: so wäre es ja wohl zu vermuthen, daß die Blitzmaterie, welche sich aus den vorbeyziehenden Wetterwolken auf das kupfer= oder blecherne Thurmdach zöge, diesen kupfernen Rinnen nachziehen und durch dieselben von dem Thurmdache herab in die Erde fahren würde, ohne dem Thurmgebäude einen Schaden zu thun.

U. Ja, das wäre wohl zu vermuthen.

G. Darauf gründet sich die Anstalt, welche zu Sagan getroffen worden ist, den dasigen Pfarr-Kirchen-Thurm vor den schädlichen Wirkungen des Blitzes zu verwahren.

U. Das möchte ich noch deutlicher wissen.

G. Man hat durch vielfältige Erfahrungen wahrgenommen,
1) daß der Blitz am liebsten den Metallen nachziehet und nachfähret, es sey nun Kupfer, Eisen oder Bley.
2) daß, soweit der Blitz am Metalle fortlaufen kann, kein Schade geschiehet,
3) daß der Blitz von seinem Gang oder Lauf abspringt, wo das Metall aufhöret, und sich dahin beweget, wo einzelne Stücke Metall in andern Körpern stecken,
4) daß im letztern Falle die an dem Metalle zunächst befindlichen Cörper zerschmettert, ja die Metalle auch wohl geschmolzen werden, wo sie beym Ende an andre Körper anstoßen,
5) daß der Blitzstrahl durch Holz und Steine nicht leicht kommen kann.

U. Ein wenig Geduld! mein Herr. Was sagen Sie da? Der Blitzstrahl könne nicht durch Holz und Steine kommen? Lehret denn nicht die Erfahrung, daß der Blitzstrahl das Holz zersplittert und entzündet, und die Steine zerschmettert?

G. Er hat Recht, mein Freund! Ich habe aber nur sagen wollen, daß der Blitzstrahl durch Holz und Steine nicht so leicht, so unschädlich, als wie durch die Metalle und an denselben, dahinfähret, sondern daß derselbe, wenn er, in seinem Laufe, Holz oder Steine antrifft, abspringt, Schaden thut, zersplittert, schmettert, zündet.

U. Nun verstehe ich Sie, mein Herr. Haben Sie nur die Güte fortzufahren.

G. Nun setze ich zu den fünf gemeldeten Punkten nur noch den sechsten hinzu,

6) daß

6) daß metallne Rinnen, welche das Waſſer herableiten, auch überaus dienlich ſind, den Wetterſtrahl abzuleiten.

Alles dieſes iſt in der Erfahrung gegründet, und daraus iſt man auf den
Vorſchlag gekommen: man ſollte auſſen an einem Gebäude von der Spitze
deſſelben bis auf den Erdboden ein an einander hängendes Metall z. E. eine
Kette von Kupferdrath oder kupferne Rinnen anbringen; dann würde man
dieſes Gebäude wider die ſchädlichen Wirkungen des Blitzes beſchützet haben,
der meiſtentheils auf die Spitzen zufährt oder von denſelben angezogen wird.

U. Ich ſchäme mich es zu ſagen: aber die Sache iſt mir noch nicht recht klar.

G. Es hat nichts zu ſagen: ſie wird ihm ſchon klärer werden. Haben nicht unſre
meiſten Thürme zu oberſt einen metallnen Knopf und auf demſelben eine Wetterfahne, an deren oberſten Spitze ein Kreutz oder ein Stern oder ſo etwas
beveſtiget iſt?

U. Ja!

G. Wenn nun die Wetterwolken umherziehen, ſo ziehet ſich die Blitzmaterie, mit
welcher die Wolken angefüllet ſind, gar zu gern auf dieſe Thurmſpitzen, theils,
weil ſie ſehr hoch, theils, weil ſie von Metall ſind, und der Blitz am allerlieb-
ſten dem Metall nachziehet.

U. Das kömmt mir begreifflich vor.

G. Gut! Wenn ſich nun mehr Blitzmaterie in dieſe Thurmſpitze ergieffet, als dieſelbe faſ-
ſen kann: ſo ſucht di.ſe Blitzmaterie einen Ausgang oder ziehet weiter. So lang ſie
auf ihrem Zug Metall, z. E. Kupfer, Bley u. ſ. w. antrifft, was wird da geſchehen?

U. Das habe ich ſchon gehöret. Die Blitzmaterie wird an dieſem Metall, ohne
Schaden zu thun, ſo lang fortlaufen und fortziehen, ſo lang daſſelbe dauert.

G. Und wenn dieſes Metall von der Thurmſpitze ganz herunter bis in den Erdbo=
den gienge; was würde geſchehen?

U. Die Blitzmaterie würde an dieſem Metall immer fort herab laufen, ſich nicht
weiter ausbreiten, und keinen Schaden an dem Thurmgebäude thun.

G. Recht ſo! Wenn aber die Blitzmaterie, welche ſich gegen die Thurmſpitze hinae-
zogen hat, auſſer dem metallenen Thurmknopf und der Wetterfahne kein Metall auf dem Thurm antrifft: was wird ſie alsdann thun, wenn ſie in den
Brand geräth?

U. Sie wird vermuthlich aus der Thurmſpitze, und aus dem metallnen Knopf
ſtrohmweiſe herausfahren, und wenn ſie auf ihrem Gange Holz und Steine
antrifft, dieſelben zerſplittern und zerſchmettern, ſodann vielleicht auf die Glocken zufahren, und von da an den Glockenſeilen herunter auf die Leute, welche läuten: oder wenn ſie einen Drath antrifft, wird ſie an demſelben fortlaufen, ſo lange er dauert, und ihn zugleich, wenn er ſchwach iſt, ſchmelzen; und
wenn der Drath ein Ende hat, wird ſie wieder ſchmettern, zerſplittern, zün-
den, nachdem ſie Dinge im Wege antrifft: oder ſie wird ſich auch gleich anfangs

fangs in verschiedene Strahlen abtheilen und an vielen Orten der Kirche Verwüstungen anrichten.

G. Vortrefflich! Man merket es ihm an, mein Freund, daß er die Wetterbeschreibungen gern lieset.

U. Ja ich lese sie mit großer Aufmerksamkeit.

G. Was müßte man denn also thun, wenn man einen Thurm vor den schädlichen Wirkungen des Blitzes verwahren wollte?

U. Ich denke, man müßte ihn über und über mit Kupfer decken und hernach an das Kupferdach kupferne Rinnen der Länge herab bis in den Erdboden anbringen, durch welche die Blitzmaterie ihren Weg nehmen und in den Erdboden geleitet werden könnte, ohne sich auszubreiten und Schaden zu thun.

G. Ich bewundre seinen guten Verstand, wie er alles so gut gefaßt hat und geschickt anzuwenden weis. Weil aber die Kupferdächer zu kostbar seyn möchten, wie könnte man sich helfen?

U. Man müßte darauf denken, von der Thurmspitze an, metallene Rinnen und Ableiter die ganze Länge des Thurmgebäudes herunter bis in den Erdboden zu führen, durch welche die Blitzmaterie herabgeleitet werden könnte, weil sie auf diese Art eine bereitete Bahn von einem aneinander hangendem Metalle anträffe.

G. Unvergleichlich! Das ist eben das Kunststück, welches der Herr Abt von Felbiger an dem Pfarr-Kirch-Thurm zu Sagan angebracht hat.

U. Ich danke Ihnen ergebenst, mein Herr, für ihren Unterricht: nun kann ich mir einige Vorstellung von dieser Sache machen. Aber könnte man nicht dergleichen Kunststück auch an ordentlichen Wohnhäusern anbringen?

G. Warum nicht? Man hat es schon lange in Philadelphia in Amerika, mit gutem Erfolge auf des Herrn Fränklins Vorschläge probiret. Man setzt eine eiserne Stange auf den Giebel des Hauses und läßt von derselben einen starken meßingen Drath oder auch eine kupferne Rinne über das Dach und außen an der Mauer herab bis in den Erdboden laufen.

U Haben diese Versuche gut gethan?

G. Allerdings: man hat sichere Nachrichten aus Nordamerika, daß seit der Zeit kein Gebäude, welches mit einer solchen Ableitung versehen gewesen, vom Blitze beschädiget worden sey: da sonst die Gewitter in selbiger Gegend großen Schaden gethan haben.

U. Darf ich Sie wohl noch um die Auflösung eines Zweifels bitten?

G. Entdecke er mir nur seinen Zweifel, mein Freund!

U. Mein Zweifel ist dieser. Würde man nicht Gefahr laufen, durch dergleichen eiserne Stangen auf den Giebeln der Häuser unnöthiger Weise die Blitzmaterie herzuziehen und herbey zu locken?

G. Er hat nicht unrecht, mein Freund. Freylich ziehen die eisernen Stangen die Blitz-

Blitzmaterie an und herbey: aber durch die Ableiter ist dafür gesorgt, daß die herbeygezogene Blitzmaterie von dem Hause abgeführet und herunter in den Erdboden geleitet wird, ohne daß sie einen Schaden thut.

U. Das wäre ja also eine heilsame Erfindung, die man über all nachmachen sollte?

G. Ja freylich! Aber die Sache erfordert eine große Vorsichtigkeit. Ich kann mich aber für diesesmahl nicht weiter darauf einlassen, und ich verweise ihn auf des Herrn D. Reimarus und des Herrn Abt von Felbiger Schriften.

U. Ihre Gesellschaft ist heute sehr lehrreich gewesen, mein Herr! Leben Sie wohl!

Vorstehendes Gespräche soll bloß dazu dienen, unstudirten Hausvätern einen Begriff von der Ableitung der Blitze von Thürmen und Häusern zu geben. Inzwischen wird es manchen von unsern Lesern nicht unangenehm seyn, eine genauere Beschreibung von den Anstalten zu lesen, welche vorgekehret worden sind, den neugedeckten Thurm der Saganischen Pfarrkirche wider die schädlichen Wirkungen der Wetterstrahlen zu bewahren. Wir ertheilen ihnen daher solche Beschreibung mit den eigenen Worten des hochwürdigen Herrn Abts von Felbiger aus seinem Buche, welches A. 1771. unter diesem Titel herausgekommen ist: Die Kunst, Thürme oder andre Gebäude vor den schädlichen Wirkungen des Blitzes durch Ableitungen zu bewahren.

Der Thurm hiesiger Stifts- und Pfarr-Kirche (zu Sagan) ist im Viereck, dessen jede Seite fast 20 Ellen hält. Er ist bis zum Simse 74 Ellen hoch; er ist nun erst mit einer Haube bedeckt worden, welche die Gestalt eines gebrochenen Französischen Zeltdaches hat. Das Dach ist aus Ziegeln jener Art, die man Bieberschwänze nennet. Wo die Triangel der obern vier Dachseiten zusammen laufen, raget eine Säule hervor, welche viereckig, wie eine Base oder Postament gestellet, und ganz mit verzinntem Blech überzogen ist; die Base verdünnet sich; obenauf steckt ein kupferner Knopf von ungefähr 3 Fuß Höhe und 2½ Fuß im Durchschnitte. Die Spindel gehet bis ans Ende des Knopfes, und hat in sich eine eiserne Stange, die oben zugespitzt ist, mit einem unten angeschmiedeten Rand, der auf dem Knorfe aufsitzt, diese Stange ist oben kögelförmig, damit auf derselben die Wetterfahne, in deren Mitte ein stählerner Hut angelöthet worden, sich leicht bewegen könne. Gleich unter der Wetterfahne habe ich eine Windrose von Kupfer etwa ein 3 Fuß im Diameter anbringen, und solche nach den Weltgegenden gehörig richten lassen, damit man also gleich daran sehen möchte, aus welcher Gegend der Wind komme. Da die Windrose acht Spitzen hat, so ist man nicht nur im Stande, die vier Haupt- und die nächsten vier Zwischenwinde zu erkennen, sondern man kan auch deutlich noch acht andre Mittelwinde unterscheiden, wenn nemlich die Fahne so stehet, daß deren aufrecht stehende Fläche mitten zwischen zwey Spitzen sich befinden.

Die Windfahne ist nach der Angabe des bekannten Teupranns so gemacht, wie er die Beschreibung in seinem Tractate de instrumentis meteorologiae servientibus gegeben hat. Das Gegengewicht ist ein linsenförmiger mit Bley ausgegossener Körper, der so schwer ist, als nöthig war, um die kupferne Fahne im

D 3   Gleich-

Gleichgewichte zu halten. Ueber der Pfanne der Wetterfahne ist ein kupfernes Fuß hohes Kreuz, jeder Arm desselben hat 3 lilienförmige Spitzen; die Spitzen un Ränder des Kreutzes sind vergoldet, aber nicht gefirnisset, in der Mitten ist da Kupfer bloß. Dieß und die dreyfachen Spitzen an den Armen sind deßhalben als veranstaltet, damit die elektrische Kraft aus den Wolken desto besser angezogen wer den möge, dazu können auch die Spitzen der Windrose, die ebenfalls vergoldet sind behülflich seyn.

Der Dauer wegen ist die Spille sowohl als der Knopf und auch die Vase mit grauer Oelfarbe angestrichen; weil dafür gehalten wird, daß dadurch der Ab= leitung Hinderniße gemacht werden, so hat man auf jeder der vier Seiten der Spille, des Knopfs und der Vase, 2 Zoll breite Streifen unüberstrichen gelaßen, auf diesen kann die von den Spitzen ablaufende Gewittermaterie bis dahin gelan= gen. Wo die Vase auf dem Dache aufstehet, daselbst ist an einem Absatze des Simses ein starkes eisernes Band geleget, dieß soll dazu dienen, damit die über obenerwehnten metallnen Streifen herabkommende Gewittermaterie gesammlet und weiter geleitet werden möge. An der einen Kante der Vase hat dieses Band ein Oehr, in diesem ist das obere Theil der Ableitungskette mittelst einer Schraube be= festiget. Die Kette bestehet aus eisernen Stangen von der Dicke eines Zolls, je= des Glied ist etwann 5 Fuß lang, und eines an das andre gebogen. Die Kette gehet auf den Fürstziegeln des Zeltdaches von dem obern Theile zu dem untern her= ab; damit solche weder aufliege, noch von dem Winde hin und her getrieben werde; so hat man Nägel von besonderer Gestalt machen laßen. Jeder dritte Fürst= ziegel ist mit so einem Nagel an den Ecksparren befestiget, der Nagel aber raget 8 Zoll über die Vase des Fürstensiegels in die Höhe, und hat ein Oehr, durch wel= ches die Kettenstange gestecket ist. Ueber dem Simse des Daches so wohl als dem Hauptsimse, hat man die Stücken gebogen, um sie abstehend zu erhalten. Zu oberst der geraden Thurmmauer hat man auf eben die Art die Kette an der Ecke des Thurms noch einmal befestigt; denn hängt die Kette frey herab bis in die Ge= gend der Treppe, welche in einem besondern etwann 30 Ellen hohen gemauerten Thürmchen befindlich ist. Hier mußte man der Kette eine andre Richtung geben, indem sie über das Dach des Treppenthürmchens wegzuleiten war. Dieß Treppen= thürmchen stehet in dem rechten Winkel, den der Kirchthurm mit der Kirche macht. In der Gegend befindet sich eine kupferne Rinne; da nun zu besorgen war, die größ= sere Maße dieser Rinne möchte dem Ableiter die elektrische Materie rauben und sol= che an sich reißen, dadurch aber Schaden verursachen, weil die Rinne nicht herab= geht, sondern oben ausgießt: so legte ich den Ableiter in die Rinnen und führte ihn von daher bis auf die Erde herab. Die Beschaffenheit des Orts ließ nicht zu, den Ableiter anderst als just in den Winkel zu bringen, den der Thurm mit der Kirche macht, es gieng auch nicht an, solchen in einen Brunnen, oder irgend in ein Waß= ser zu führen, weil dergleichen nicht in der Nähe befindlich ist. Ich mußte mich

dem

demnach begnügen, am Ende ein grosses Stück Eisen an die Ableitungskette zu machen, und solches 4 Fuß in die Erde zu schlagen.

Wir fügen noch einige praktische Erinnerungen, über die Ableitung der
Blitze, aus der so betitelten Fränklinisch-Reimarischen Methode, das Einschlagen des Blitzes abzuwenden, welche 1770. erschienen ist, bey.

Es sind unsre Thürme und andre hohe Gebäude, insonderheit, wenn sie Wetterfahnen, oder oben im Dachstuhl viel Eisen haben, bey niedrigen Gewitterwolken
in grosser Gefahr, getroffen zu werden. Zu einem Mittel dagegen, wird nach des
Herrn Fränklins Vorschlage

1) eine, etlich Fuß hohe und 2½ biß 3 Zoll dicke Stange auf der Spitze des Gebäudes mit Pech befestiget.
2) wird an dieser Stange ein Metallner Drath angebracht, der auswendig am
Gebäude herabgeführt, und in einen Fluß, Bronnen, Teich oder feuchtes
Erdreich eingesenket wird. Durch diesen Drath wird die oben in der Stange aufgefangene Blitzmaterie, ohne Gefahr und Schaden, abgeführet und
das Gebäude vor dem Wetterstrahl gesichert. Beydes dieses zusammenge-
nommen, heißt die Blitzableitung.

Es ist aber bey dieser Ableitung folgendes zu beobachten:
1) Soll die eiserne aufgesteckte Stange oben, so viel möglich, zugespitzt seyn, da
aber das Eisen leichtlich rostet: so ist rathsam, daß diese Spitze verguldet, oder
von Kupfer gemacht werde.
2) Eben dieses ist zu beobachten, bey Thürmen und Häusern, die bereits mit
Kreutzen oder Wetterfahnen versehen sind; daß nemlich derselben Oberstes,
auf gleiche Art zugespitzet werde, wenn sie zu einer Ableitung dienen sollen.
3) Der Drath kann nach Belieben aus einem jeden Metall bestehen; doch ist der
Kupferdrath hiebey der dauerhafteste.
4) Bey Thürmen oder Häusern, die mit einem Metall bedeckt sind, darf die
Ableitung erst am Ende des Daches angebracht werden. Doch, da sich die
Blitzmaterie im ganzen Dache verbreitet, so ist sicherer, wenn man an allen
vier Ecken desselben Ableitungen anhängt.
5) Wo blecherne oder bleyerne Dach-Rinnen sind, darf der Drath von oben nur
auf diese gehen; von deren Ende aber muß er vollends in die Erde abgeführet
werden.
6) Bey Kirchthürmen hat man die Ableitung, so viel möglich, von der Zeigerta-
fel, und den Schall-Löchern, wo die Glocken hängen, zu entfernen, damit nicht
die Blitzmaterie daselbst in den Thurm hineingelocket werde.
7) Deßgleichen soll der Drath, an Häusern, bey keiner Thüre, und überhaupt an
keinem Orte, wo Leute hinkommen, herunterlaufen.
8) Auch bey hohen über das Haus erhabenen Schorsteinen sind Ableitungen anzurathen; weil die Blitzmaterie auch durch diese angezogen wird.

9) Alles

9) Alles dieses gilt auch von Kirchen, die auf ihrem zweyten Giebel ein Kreutz oder eine Wetterfahne tragen.

10) Alle, insonderheit hohe Gebäude, die Wetterfahnen, oder dergleichen metallene Zierrathen, aber keine Ableitung haben, sind bey niedrigen Gewitterwolken in Gefahr; indem der Blitz dadurch angelocket wird.

11) Nicht viel besser siehet es um diejenigen aus, wo, nach heutiger Bauart, oben im Dachstuhl viel Eisen angebracht ist. Dieses sollte, so viel möglich, vermieden werden.

12) Pulverthürme sollen mit glasirten Ziegeln gedeckt seyn; die Ableitung aber für Vorsorge, nicht vest an der Mauer herunter laufen.

13) Anbey ist es gleichgültig und unschädlich, was für Körper der Draht, im Vorbeygehen, berühre; wenn nur kein Metall in der Nähe ist; wobey auch noch rathsam, daß er in kein Behältniß eingeschlossen, sondern frey sey.

Aus Dr. Heberdens Bericht, den die Königl. Großbrittanische Akademie ihren Abhandlungen einverleibet hat, erhellet, daß der Wetterstrahl, der den 18ten Jun. 1764. den Kirchenthurm zu South-weald in Essex betroffen, erstlich bloß nach dem Metall gefahren. Denn oben bey den eisernen Stangen, die eine Wetterfahne tragen, fuhr er ein; gieng durch die bleyernen Rinnen am Kirchdache herunter, und suchte die dasigen eisernen Stangen und Klammern auf. Zweytens daß er, so weit er eine Strecke von einigem Metall gefunden, keinen Schaden gethan. Drittens aber erst da, wo das Metall aufhörte, oder wo einzelne Stücke Metall in andern Körpern stacken, die am Ende derselben befindlichen Körper, von Holz oder Stein, zerschmettert habe.

Am nämlichen Tage traf der Blitz den schönen steinernen Brigittenthurm in London: auf dessen Pyramide stund ein Kreutz, nebst der Wetterfahne und einem vergüldeten kupfernen Knopf, an einer eisernen Stange bevestiget, die 10 Fuß tief in den Stein der Thurmspitze eingelassen und mit Bley umgossen war. Alles dieses blieb unbeschädigt; ausser daß einige Flecken, oben am Kreutze, wo die Vergüldung erloschen war, anzeigten, daß der Blitz daselbst eingefahren sey. Auch die obern Steine, darinn die Stange steckte, hatten nichts gelitten. Erst dort, wo die Stange aufstund, hatte der Blitz seine zerschmetternde Kraft an den Steinen heftig ausgeübet. Etwas weiter unten, wo eiserne Stangen, Roste und Anker, zur Bevestigung der Schwiebbögen, angebracht waren, zeigte sich klärlich, wie der Blitz von einem Eisen zum andern gesprungen, und erst an deren Ende, wo er an seinem Fortgang gehindert worden, die Steine zerschmettert habe. D. Watsen und Herr Delaval, die diesen Wetterschlag genau untersuchet haben, machten daraus den Schluß, daß ein in der Luft erhabenes Metall die Materie des Blitzes leichtlich auffangen und sammlen könne; daher jenes die Gebäude, ohne eine angebrachte Ableitung, in Gefahr setze; wobey die im Einbau befindliche abgesonderte
Stücke

Stücke Metall die Gefahr vergrösserten: daher man die Fränklinsche Ableitung nie genug anpreisen könne.

Vor kurzem fiel ein Wetterstrahl auf den 410 Fuß hohen Nikolaithurm in Hamburg, dessen 216 Fuß hoch mit Kupfer bedeckte Spitze einen Knopf, Fahne und Kreutz auf einer Helmstange trägt. Zum Beweis, daß der Blitz oben eingefahren, zeigte sich bey Herrn D. Reimarus Untersuchung an der Südöstlichen Seite des Knopfes ein schwarzer Flecke, wo die noch ganz neue Vergoldung erloschen war. Weiter fand man, so weit das Kupferdach reichte, nichts schadhaftes; weil nemlich die Blitzmaterie in solchem ungehindert herunter strömen konnte. Am Ende des Kupferdrachs war eine Menge eiserner Ankerstangen und bleyerner Röhren in der Nähe, welche die Blitzmaterie ergreifen kennte. Wo aber diese aufhörten, zeigten sich Nordostwärts allenthalben Spuren ihrer Gewalt, und Zersplitterungen.

Eben an dem Tage, wo der Brigitten Thurm in London getroffen worden, fiel der Blitz auf zwey Eckhäuser, in der Essexstrasse, zerschmetterte deren Kamine, und lief auf der Westseite nach 96, auf der Ostseite aber 220 Fuß weit an den Häusern hin; indem diese sämtlich vornen bleyerne Dachrinnen hatten. In der ganzen Strecke dieser metallenen Rinnen ward keine Beschädigung vermerkt. Am Ende derselben wurde alles zerschmettert. (So kann der Blitz auch dem besten Nachbar, durch eine Rinne, wenn kein Ableiter angebracht ist, ins Haus geleitet werden.) Nach obiger Art erlang es bey dem hölzernen Thurm mit einer eisernen Fahne, zu Neuburg, den der Blitz von oben herab bis zur Glocke, ganz zersplitterte. So weit aber von dar der eiserne Drath zur Uhre; und ferner die Perpendikelstange gieng; so weit blieb alles unbeschädigt. Hingegen unterhalb diesen Metallen ward wieder alles sehr zerschmittert.

Genug Beweise für die Zuverlässigkeit der Fränklinischen Methode, die Blitze durch Metalle abzuleiten! Zu Florenz ist ohnlängst, wie die neuesten Berichte melden, bey dem dasigen grossen Pulver-Magazin, auf höchstem Befehl eine Wetterstange nach Fränklinischer Manier errichtet worden. Ein gleiches soll bey allen übrigen, um sie gegen die Gefahr des Wetterstrahles sicher zu stellen, unverzüglich vorgenommen werden.

Der Einwurf, daß die Blitzmaterie durch die aufgesteckte Stange herbeygezogen und angelocket werde, ist bereits in dem vorstehenden Gespräche dadurch genugsam gehoben worden, daß alle diese Materie zugleich gemächlich abgeführet, die Donnerwolke dadurch entkräftet und das Einschlagen verhindert werde.

Wollte man wider die Allgemeinheit dieses Verwahrungsmittels excipiren: es könnte die Gewitterwolke auf einmal und mit solcher Heftigkeit losbrechen, daß die Ableitung die ganze Materie nicht fassen könne, folglich nicht zuverlässig wäre: so dienet zur Antwort: daß ein dergleichen schneller Wetterschlag zwar möglich, obgleich wegen der succesiven Abführung der Blitzmaterie selten zu vermuthen sey.

Mannichfaltigt. 1 B. 4 St.   E   Wenn

Wenn es sich aber ja zutragen sollte, so geschiehet es dem Gebäude ohne einigen Schaden: wie solches die Erfahrung an einem Hause zu Philadelphia A. 1760. zeigte.

Man könnte fragen: wie aber, wenn der Blitz mit Vorbeygehung der Stange, an einem andern Orte des Hauses einschlüge: würde nicht da die Ableitung vergeblich seyn? Hierauf antworten wir: eine beständige Erfahrung lehret, daß die in den niedrigen Gewitterwolken befindliche Blitzmaterie sich allezeit nach den metallnen Spitzen auf dem Obersten der Gebäude und der Thürme hinziehet.

Man hat aber doch Erfahrungen, daß der Blitz erst mitten an Gebäuden eingeschlagen hat? Man antwortet: Dieses wird sicher da niemals geschehen, wo eine Ableitung ist. Vermeinet man es aber bey andern Häusern so zu finden; so kömmt der Irrthum daher, weil man den Weg des Blitzes nicht einsiehet, und seinen Anfang, mit Vorbeygehung des zu oberst befindlichen Metalls, nur da suchet und finden will, wo sich der Schade zeiget; welches aber ein unrichtiger Schluß ist.

Wie ist es aber, wenn der Blitz von unten auf fähret, wie manche behaupten wollen? Der Nutzen der Ableitung wird immer der nämliche bleiben, die Blitzmaterie mag durch die Stange hinauf oder durch sie herunter fahren. Ja! könnte man sagen: diese Sache hat doch dem seel. Herrn Prof. Richmann zu Petersburg das Leben gekostet? Antwort: der seel. Richmann muste gleichsam mit Gewalt unglücklich werden; indem er nichts weniger, als eine Ableitung von aussen machte; sondern den Drath in sein Haus hinein leitete, und die Blitzmaterie, durch Verhinderung ihres Abflusses, anhäufte. Genug, die Richmannische Zurüstung war gerade das Gegentheil von der Fränklinischen Ableitung.

Wenn Zeloten und Bethschwestern dieses Gegenmittel wider den Blitz, als einen Frevel und Eingriff in die göttlichen Gerechtesame verbannen wollten; so wird ihre Thorheit so lang in den Gegenbann gethan, als lang die Selbsterhaltung eine natürliche Menschenpflicht ist.

Denen Unstudirten zu gefallen, welche in unsern Zeiten so oft die Blitzmaterie eine elektrische Materie nennen hören, will ich die Anmerkung beyfügen. Man findet beym Experimentiren mit der nun sehr bekannten Elektrisir-Maschine, daß die elektrische Materie durch einen metallnen viele 1000 Fuß langen Drath in einem Augenblick durchfährt. Weil nun die Blitzmaterie an dem Metalle ohne Schaden mit grösster Geschwindigkeit fortläuft: so hält man die Blitzmaterie auch für elektrisch, und nennet sie so.

Der Hauptsatz bey dieser ganzen sehr interessanten Materie, von der Ableitung der Blitze, ist diese durch die Erfahrung bestätigte und nicht aus den Augen zu lassende Wahrheit: daß Metalle, und zwar von allen Arten, die Eigenschaft haben, den Blitz anzuziehen, und ohne Beschädigung der nächst anstossenden verbrennlichen Materien fortzuleiten.

Diese

Diese unzählige mahl vorgekommene Erfahrung hätte die Welt längst lehren können, was man thun müsse, um die Gebäude vor den schädlichen Wirkungen des Blitzes zu verwahren. Allein Herr Franklin war der erste, welcher diese Erfahrung zu nutzen gewußt hat. Die Elektricität, welche manchem nur als ein physikalisches Spielwerk vorgekommen ist, hat diesem Menschenfreund die Augen geöffnet.

Die Gelehrten verstehen durch die Elektricität nichts anders, als jene Kraft, welche Körper, die gerieben worden sind, besitzen, andre leichte Körper anzuziehen, oder auch von sich zu stossen, zu leuchten, und Feuer zu geben. Körper von diesen Eigenschaften nennet man elektrische Körper, und elektrisiren, heißt Körper durch Reiben zum Anziehen, Zurückstossen, zum Leuchten und Feuergeben geschickt machen. Es giebt Körper, welche diese Kraft durchs Reiben erhalten, dergleichen sind unzählige; (vornemlich aber ist es Bernstein,) Schwefel, Siegellack, Pech, Colophonium, Seide, Haare, Wolle, Glas etc. Es giebt aber auch andre Körper, welche diese Kraft zwar anzunehmen fähig sind, aber nicht dadurch, daß man sie reibet, sondern wenn man sie andern Körpern, die elektrisch sind, nahe bringet, dergleichen sind alle Metalle. Die Metalle sind vornemlich diejenigen Körper, durch welche die elektrische Materie gehet, ohne sie zu beschädigen. Hingegen giebt es viele Körper, durch welche die elektrische Kraft nicht so ungehindert kommen kann, z. E. Holz, Steine u. s. w. Von Körpern letzterwähnter Art fähret die elektrische Kraft in andre, welche dieselbe annehmen, z. E. in Metalle, wenn solche auch in einiger Entfernung sich befinden, und zwar meist mit einer Flamme, einem Schlage, oder mit Geräusche, so nach Beschaffenheit der Umstände mehr oder weniger heftig ist.

Wer zur Zeit eines nahe über einen Thurm, besonders in der Nacht wegziehenden Gewölkes neugierig genug ist, nach den Thurmspitzen zu sehen, die eine oder mehrere metalne Spitzen haben, der wird sehr oft an dergleichen Spitzen eine Flamme sehen, auch wohl ein Geräusche oder Zischen wahrnehmen. Diese Flamme rühret von nichts anderm her, als weil die elektrische Materie durch solche metalne Spitzen aus den vorbey ziehenden Wolken hervor gelocket wird. Je grösser nun die metalnen Aufsätze der Thürme sind, jemehr müssen sie Zwischen-Räume haben, und können folglich auch um so mehr dergleichen Materie einnehmen. Strömet aber aus einer vorbey ziehenden Wolke, welche sehr viele elektrische Materie enthält, auf den metalnen Aufsatz des Thurmes mehr, als die Zwischenräume des Metalles von dieser Materie zu fassen vermögen, so schließt die elektrische Materie aus, begiebt sich weiter, und zerreißt zugleich den Zusammenhang der metallischen Theile, und zerstöret folglich die metallenen Körper, sobald kein Metall mehr vorhanden ist, welches die elektrische Materie wieder in sich nehmen kann: Dann erfolget das, was man nicht unrecht den Schlag nennet. Die Materie des Blitzes führe, nemlich mit der grösten Gewalt überall herum, um einen Körper zu suchen, der-

C 2   sen

ne die Blitzmaterie aufnehmen können, z. E. ein
) daher in der Nähe des Wetterstrahls Dräthe ɑ
ihret der Blitz auf dieselben zu und an ihnen herab
d ist der Strahl stark, so wird der Drath verzehr
so kleine Theile zerrissen, daß man sie nicht leicht
der Gegend vorhanden und herumgestreuet wären
enn das Eisen stärker ist; man wird alsdenn nur
ht, wo das Eisen aufhöret, und wo der Bl-tz zu ɑ
n ist, durch dessen Zwischenräume er zu bringen ɾ
tblösset der Blitz sogar Metalle, die in andern Ş
r und Klammern in den Mauern. Wo dieses ɡ
schmettern und Sprengen ab. Die vorbeyschieɩ
nlich von dem in den Mauern versteckten Eisen anɡ
der Materie des Blitzes im Wege stehenden Kỏ
indet oft Stücke Steine, welche auf solche Art
nd weit herum geworfen worden sind. Oder ɛ
fahrenden Blitzes durch irgend eine Fuge oder aɩ
n Eisen; es erfüllet seine Zwischenräume, und sin
werden sie mit Gewalt zerrissen, und die anliege
damit die elektrische Materie des Blitzes wiederɩ
könne. Dieß Aus- und Einfahren muß nothwen
des Blitzes endlich einen Körper antrifft, dessen Ƶ
hmen geschickt sind. Und wo dieses geschieht, bɛ

Wolken befindliche Blitzmaterie kann sich bloß ɩ
se, die viel elektrische Materien enthält, einer anɩ
n hat: denn in diesem Falle ziehet die letztere die ɛ
Feuer aus der letztern, so wie zu geschehen pfleget,
ɩ unelektrischen Körper nahe an einen elektrisirten ʃ
leicht hat den Herrn Fränklin auf den vernünftigɛ
terte von gleicher Art mit der elektrischen sey. Ƌ
enützet und den herrlichen Vorschlag gethan, die
aube sich zuziehende Blitzmaterie durch metalline ⱬ
e herab zu führen. Der preiswürdige Herr Abɩ
sens der erste, welcher diesen herrlichen Vorschl
und ausgeführet hat, und verdienet deshalben eine
unsterblichen Ruhm.

Fränkische

oekonomisch = landwirthschaftliche

Manichfaltigkeiten.

des

Ersten Bandes

Fünftes Stuck.

Schwabach,
Gedruckt und verlegt von Johann Gottlieb Mizler, Hochfürstl. privil. Buchdrucker.

Innhalt.

Es ist nun das sechste mahl, daß dieser oeconomische Calender unsern Landsleuten in Franken, zu Gesicht kommt, als denen zu Gefallen, solcher, auf ver-
schiedenes Ansuchen, zum Unterricht der gemeinen Leute, heraus gegeben worden: Seitdeme sind dergleichen so viele zum Vorschein gekommen, daß man ein ganzes Repositorium damit anfüllen könnte. Indessen enthalten alle dergleichen oeconomische Blätter doch viel gutes und haben ihren Nutzen, dann obschon nicht alles überall angehet, weil das Clima, die Landes-Art und überhaupt die Einrichtung in einem
Land anders ist, als im andern; so findet man doch hier und dar etwas, so irgendwo
mit Nutzen nachzumachen ist.

Der Feldbau ist bishero dasjenige gewesen, welcher uns am meisten beschäfti-
get hat. Das hauptsächlichste kommt auf die Kämmenus des Erdbodens, dessen
schickliche Vermisch- und Verbesserung an. Die vielerley Arten des Thungs, welche hier und dar vorgeschlagen worden, der Gebrauch des Gipses und Mergels, ist
vielfältig pro und contra betrachtet worden. Am Ende lauft alles dahin aus, die
rechte Proportion zwischen Aeckern und Wiesen zu treffen, dann das vornehmste ist die Erbauung gnugsamer Fütterung, aus dieser folgt die Viehzucht, von
solcher kommt die nöthige Bethungung der Aecker, und daher nehmen wir unser Getraid zum Essen und Verkauffen, das Stroh bedeckt die Gebäude, gibt Streu vor
das Vieh und vermehrt den so nöthigen Thung. Wie aber die Anzahl der Menschen ehemahls sich merklich vermehret; so hat man zu Abwendung des Mangels, den
Bedacht auch auf die Urbarmachung der öden Huth-Plätze genommen. Man hat
ausgerechnet und gefunden, daß solche Anger und Gemeine Huth-Plätze bey weitem
den Nutzen, den das Vieh durch die Weyde bekommt, nicht gebe, welchen die Menschen durch Aptirung zu Wiesen oder Aecker, mittelst Umreissung derselben, haben
können; aus diesem ist erfolgt, daß in andern Staaten und Provinzen, die Aufhebung der Gemeinheiten, die Unterlassung des Vieh-Austreibens, auf solche, bis zur
Ernde, gegentheils die Vertheilung derselben nach denen Gemeind-Rechten, und
deren Cultur, dem menschlichen Geschlecht weit profitabler erachtet und befohlen
worden.

Viele alte schädliche Gewohnheiten, als a) die nur einmalige Benutzung der
sogenannten Herbstwaisen, b) das Austreiben des Viehes im Frühling auf die Wie-

sen

sen u. d. g. sind an denen meisten Orten abgeschaft und es würde der Nutzen allgemein befördert worden seyn, wenn nicht die Vermischung so vielerley Herrschaften Unterthanen, aus einem ungegründeten Vorurtheil, man vergebe sich etwas durch den Beytritt oder die Nachfolge dessen, was die Landes-Herrschaft angeordnet habe, an seinem Vogtheylichen Recht, daran hinderlich gewesen wäre, so jedoch nicht ist, und mit der Zeit von selbst sich geben wird.

In dem Marggrafthum Brandenburg Anspach ist durch unermüdete Sorgfalt der gnädigst angeordneten Landes-Oeconomie-Deputation, die Probe schon an so viel tausend Morgen gemacht worden, daß die Güter im Preiß gestiegen, die Viehzucht und der Ackerbau verbessert und auch die Schaafzucht vermehret worden. Daher es kommt, daß die Unterthanen sich mit mehrern Vieh versehen und eine Kuh die sonst 20 fl. gegolten jetzo schon vor 50 fl. verkauft wird. Weswegen mit Landesfürstl. gnädigster Erlaubnuß, eine Medaille von Silber geprägt, und denen Herrn. Beamten die sich wegen der Landes-Oeconomie-Verbesserung distinguiret haben, Prämia davon ertheilet worden sind. Die einige Schweinszucht hat, bey bisheriger Getraid-Theurung, noch nicht recht in Gang gebracht werden wollen, welche aber, bey anhoffender Wohlfeile des Getraids, sich auch vollend ergeben wird, da so viele 1000 fl. vor fremde Schweine alljährlich aus dem Lande geschickt worden. Hierzu dienet das Brandwein-Brennen, welches Bierpräuer, Becken, Wirber re. gar wohl nutzen und die Schweinsmütter erhalten können, welches man bey bisherig theuren Getraid-Jahren billig unterlassen müssen, jetzo aber wieder thunlich ist, da nicht nur allerhand schlechtes Getraid, sondern auch Obst, Vogelbeer und anders dazu angewendet werden kan.

Generale Nachricht, von dem bißherigen Mißwachs, Theurung und andern Hindernissen der Nahrung.

Die seit etlichen Jahren nicht nur in unserm Franken sondern auch andern Provinzen, in und ausser Teutschland sich ergebene allgemeine Theurung und Hungersnoth, hat leider ein unerhörtes Elend in der Hauß- und Landwirthschaft verursachet. Schon No. 1769. hat der Mißwachs angefangen und bis 1772. continuiret: es ist so weit gekommen, daß das Nürnberger Simra Korn, so gegen 400 Pf. wiegt, um 50·60. und mehr Gulden verkauft worden; aller Vorrath war im Land weg, man muste das Getraid nicht nur aus Holland, sondern auch sogar aus Africa und Archangel, mit schweren Kosten kommen lassen, der gemeine Mann verkaufte und versetzte was er hatte, um nur Brod zu schaffen, arme Leute musten sich mit Kleyen-Brod, wann es nur zu bekommen war. ja mit Kräutern auf dem Feld und überhaupt mit dem sättigen, was sonst den Hunden und Vieh zu schlecht war. Bey solch grosser Hungersnoth und Theurung gieng alles Geld aus dem Land, so daß jetzo eine allgemeine Noth herrschet: jedermann klagt über Nahrung- und Geldmangel, welcher sich

bey

bey Abnahm der Commercien und Manufacturen, ereignet, dazu kommt die Stei-
gerung der Handwerker, und Taglöhne, der Waaren und Victualien, das Dar-
nieder-liegen der Gewerber; der Bauer, Bürger und Handwerksmann suchte alles theurer zu verkauffen, der Diener konnte mit seiner Besoldung nicht mehr aus-
kommen, man verkaufte Güter, versetzte Mobilien, machte Schulden, und durch
die öftere Schuld-Austheilungen, die täglich ohne Scheu vorkommen, wird ein
gutwilliger Darlenher, der sich mit saurer Mühe, sein Lebtag ein geringes Capital,
auf den Nothfall im Alter erspahret, gottloser Weise drum gebracht, so daß durch
einen boshaften Schuldenmacher zehen Bettler werden; der muthwillige Decoctor
macht es wie der ungerechte Haußhalter, behält sobiel zurück, daß er nach geendigter Schuld-Austheilung, wieder von neuem forthaußen und besser als zuvor leben
kan, weil er nicht drum bestraft wird; Daraus folgt der Verfall des Credits.
Niemand trauet dem andern mehr etwas von seiner Baarschaft an, sondern behält
es in der Stille, ohne Nutzen, weil er besorgt, er komme durch ungestrafte Schuldenmacher, vollend gar drum. Dardurch, und daß alle Gewerber stecken, weil
die mächtige Städte ein Monopolium in ihren Landen etabliret und die auswärtige Waaren verbieten, oder mit excessiven Impost belegen, vermehrt sich die Zahl
der Dürftigen, die keinen Verdienst mehr haben, die Armuth hat fast keine Schran-
ken mehr, der Mittelmann wird durch unerschwingliche Ausgaben von dem Bettel-
volk hingerissen, und unvermerkt so enerviret, daß er, statt andern zu helfen, endlich selbst darben und betteln muß: Worunter sodann die Herrschaftlichen Revenuen
auch leiden, indem, wann der Unterthan nichts mehr hat und geben kan, das
Zinanz-Wesen natürlicher Weiß, wann auch keine andere Ursachen dazu kämen,
erschrecklich leiden muß. Zwar ist nicht ohne, daß die Menschen guten Theils auch
an dem Geldmangel und daher rührenden Verfall schuld sind, dann zu geschweigen, daß so viele Millionen vor Getraid aus dem Land gegangen sind, so continuirt
solches Uebel, ohngeachtet der allgemeinen Armuth, doch noch täglich durch die
Consumtion so vieler 1000 Centner Caffee und Zucker, welches sogar der Taglöhner nicht mehr entbehren kan, sondern glaubt, er komme durch solches Getränk
besser bey, als wann er die Maas Bier vor 3 bis 4 kr. bezahlen sollte. Hierzu
kommt, daß der Handwerksbursch in seidenen Strümpfen gehen und der Geringste nicht ohne eine silberne Sackuhr bleiben will, fremde Welschen und Krämer
haußiren im Land, tragen das Geld vollend hinaus, und werden, um des selbigen Haußir-Gelds willen, protegirt.

Dergleichen Klaglieder gehören zwar eigentlich nicht in den Haushaltungs-
Calender, allein es hat einen so starken Einfluß in das Oeconomicum, daß man
wohl etwas davon erwehnen darf, und die künftige Jahrbücher werden kaum
lebhaft genug beschreiben können, was in letztern Jahren Teutschland vor Hunger,
Noth und Elend auszustehen gehabt, dergleichen man seit dem 30jährigen Krieg
nicht

6

nicht erlebet hat, wordurch aber auch geschehen, daß über eine Million Menschen, gegen sonsten, mehr gestorben sind.

Und obschon unser Franken keine Kriegs-Verheerung, ausser denen vielen Winter-Quartieren und Durchmärschen, zu erdulden gehabt, wodurch die meisten Städte und Gemeinden so in Schulden versetzt worden, daß sie noch viele Jahre zu thun haben, bis sie sich wieder einiger massen erholen: so hat je doch die von verschiedenen Ständen, gegen die Unterthanen verhängte Getraid- und Victualien-Sperr, welche, gegen alle dem Publico versicherte Aufhebung, noch dato continuiret, so daß man denen armen Leuten das erkaufte Getraid und Meel auch nicht einmal Metzenweiß passiren lässet, sondern confisciret, das Ungemach und den Nothstand noch weiter vermehret, sogar wird die Nahrung auch dardurch gesperret, daß auswärtige ihren Unterthanen verbieten, bey andern Müllern mahlen zu lassen, oder bey diesen Wirthen und Becken ihr Getränk und Brod zu nehmen, weniger Hochzeit und Kindschenken zu halten, welches fürwahr gegen alle Regulas Vicinitatis streitet. Doch das thun Christen gegen einander.

Recension etlicher oeconomischen Schriften.

Ansonsten ist vom Feldbau überhaupt in denen bißherigen Haußhaltungs-Calendern und andern dergleichen Schriften, schon soviel gesagt worden, daß es überflüßig wäre, mehrers zu recapituliren, sondern man will geneigte Leser auf folgende Tractätlein

1) Sammlung oeconomischer Nachrichten 8. 1763.
2) Samlung verschiedener Nachrichten, welche in das Policey-Cameral- und Landes-Oeconomie-Wesen einschlagen. in 8vo. 1764.
3) Gesammlete Nachrichten der oeconomischen Gesellschaft in Franken in 4to. 1765. 1766. und 1767. 3 Vol.
4) Allgemeine Regeln zu Beförderung des Feldbaues, hauptsächlich zum Unterricht der Jugend 8vo. 1772.

verwiesen haben, welche vielleicht nicht ohne Nutzen gelesen werden.

Nur dieses müssen wir noch anführen, daß da im fernbigen Calender von dem Anbau des Klees im Igrund, nur etwas weniges berühret worden, ein in der Oeconomie wohl erfahrner guter Freund, uns seithero eine speciellere Nachricht davon zukommen lassen, welche wir mit aller Dankuchmigkeit hier einzuverleiben nicht umhin können. Sie lautet also:

An-

Anmerkung, wie der Klee in dem Jsgrund angebauet wird.

Wann im Frühjahr der Saamen der Sommerfrucht, als Sommer-Waitzen, Gersten oder Habern, schon in das zubereitete Feld ein- und mit der Egen unter die Erden gebracht, so wird der Kleesamen sobald als möglich, nemlich noch eh sich das durch die Bearbeitung erlockerte Erdreich wieder zusammen setze und vest werde, auf den mit Sommer-Frucht-Saamen besäeten Acker gantz dünn eingestreuet, und zwar mit allem Fleiß, wie man einen Ruben- oder Kraut-Pflantzen-Saamen aussäet.

Wann der Acker besäet, so wird der eingestreute Saamen mit einem Rechen unter die Erde gebracht, als wie bey einem Garten-Beeth, oder mit einem Dorn-Strauch die Beethe überfahren, thut auch die Dienste wie ein Rechen, oder wann der Kleisaamen zur Zeit eines Regens, welcher aber nicht platzregnerisch seyn darf, eingesäet wird, so wäschet das Regen-Wasser solchen schon tief genug in das Erdreich denn diese Pflantzen liebet mehr die Ober-Fläche als die Tiefe, dahero ist nicht rathsam, den Klee-Saamen unter den Getraid-Saamen zu mischen, weil solcher nicht gleiche Schwere mit dem Getraid hat, und folglichen zu ungleich ausgestreuet, und theils zu tief in das Erdreich gebracht würde.

Auf einen Morgen Acker wohin der vierte Theil eines Nürnberger Simra Korn, nemlich 4. Metzen gesäet wird, sind 4. U Klee-Saamen zu reichend. Der Acker wohin der Klee-Saamen gesäet wird, muß von dem so genannten Hunds-Graß gereiniget werden, weil dieses der Feind des Klees ist, und sobald solches Gras die Wurzel des Klees erlanget und berühret, so stirbet dieser aus.

Wann man zu befürchten hat, daß das zur Herbst- und Frühlings-Zeit auf die Klee-Aecker weidende Schaaf-Vieh die Pflantzen angreiffe und abnage, so daß an dem folgenden Wachsthum Schaden geschehe, so darf nur gantz dünn und weitläuftig frischer Thung auf den Klee-Acker ausgestreuet werden, so greiffet die Klee-Pflantzen kein Schaaf-Vieh an. An der Erziehlung des ächten Saamens ist alles gelegen, und da der Klee die mehreste Jahr, drey-mal zum abgrasen wächset, wann anderst kein gar zu trockenes Jahr einfället, so wird der Saamen allezeit von dem zweyten Wachs, welcher sich gemeiniglich in der Mitte oder gegen das Ende Julii auszeitiget, genommen, muß aber auf dem Feld wohl zeitigen, und bey dem einsammlen die Büschel nicht zu dick gebunden, und diese auf kein feuchtes Lager gebracht, der ausgeklopffte Saamen aber bey frischer Luft aufbehalten werden.

So

So lange der Klee noch im wachsen ist, so ist die Fütterung davon allezeit dem Viehe gefährlich, wann man ihm zuviel gibt, sobald aber solcher die Blühe oder Blumen ausschiebet, schadet auch die überflüßige Fütterung nicht mehr, und ist keine Gefahr des Aufblähens mehr zu besorgen.

Dieses muß ich noch beysetzen, daß ich nicht räthlich halte, an Ortschaften, wo der Landmann den Klee-Bau anfangen solle, demselben anzurathen, gleich einen ganzen Acker damit zu besäen, dann die Anschaffung des Saamens machet demselben eine neue Ausgab, und wann die anhoffende Frucht nicht das erste Jahr im Ueberfluß sich zeiget, so würde derselbe gleich abgeschröcket.

Ich habe dahero, wo ich Bauern den Klee-Bau angetragen, nachfolgende Methode beobachtet: Ich habe dem Landmann nach obenstehender Art gelernet, den Klee-Saamen an die Füß der Aecker oder die Anwänder, und zwar in der Höhe, wohin die Düngung durch den Pflug ausgeschleifet, am häuffigsten liegen bleibet, oder in der Tiefe, wohin die Geilung des Feds durch das abwärts fließende Regen-Wasser abgeführet, etwas fettern Boden angeleget, anzusäen, und dieses nur in geringer Maas, bis dieser den Vortheil selbsten erprobet, und dardurch zur Begierde gelanget, den nur mit wenigem gesundenem Vortheil zu vergrößern; der Klee wird auf solche Aecker gesäet, welche das folgende Jahr in die Brach kommen dann das erste Jahr wächset der Klee nicht so häufig, daß er öfters nicht den Saamen, noch vielweniger die Mühe bezahlen würde, und wann die Frucht vom Feld, so stocket solcher erst um sich; das 2te Jahr aber bedecket solcher das ganze Brachfeld mit seinem Kraut, und wird bis Ende Augusti begraset, im halben August aber das Feld wieder nach und nach umgerissen, bethunget und zu künftiger Winter-Saat zugerüstet.

Da der Kleebau auf denen Aeckern statt der künstlichen Wiesen, eine so nützliche Sache ist, und den Getraidbau gar nicht hindert, so wollen wir diese nützliche Methode dem Fränkischen Landmann bestens empfehlen, dabey aber melden, daß in unsern Gegenden folgende Kleearten bekannt sind:

a.) Der Teutsche,

b.) Der Böhmische,

c.) Der Flandrische,

d.) Der Lucerner,

e.) Der Esparcette.

Erwehnung der Erdbirn und was circa 130tausend Menschen des Jahrs an Getrayd consumiren.

Wir haben oben von dem Mißwachs und Mangel des Getraids etwas erwehnet, hätte die göttliche Vorsehung nicht das so edle Gewächs der Erd- oder Grund-birn in unserm Land bekannt werden laßen, wie viel Leute wären in denen letztern Ge-traidtheuren Jahren, in deren Ermanglung, Hungers gestorben, da solche jetzo nicht nur eine vollkommene Nahrung vor den gemeinen Mann, sondern auch eine Deli-cateße auf vornehmer Leute Tischen ist, und diese Frucht so nutzbar und umgerißenen Huth-Wäßen und oeden Plätzen gebauet werden kan. Dieses Gewächs ist um so nöthiger, als noch jetzo bey ermanglendem vorjährigen Getraid, kein Vorrath vor-handen und wann GOtt seinen Segen nicht gäbe, das ein Jahr ins andere wachße de Getraid schwerlich zu Erhaltung der Menschen hinreichend seyn dörfte.

Nimmt man an, daß in einem Fürstenthum

    125,700. Christliche und
     4500. Jüd.sche Seelen

130,200 Seelen sich befinden, und rechnet vor eine in die andere vor Brod, Meel und auder Gemüß, nur 1 Gra. Korn, so werden dazu über 130tausend Gra. erfordert, und wann nur ein halbes Mißjahr einfällt, wie Ao. 1772. da man-cher Schober Getraid oder 60. Garben, kaum 6 bis 7 Metzen gegeben, folglichen nur ½ Gra. auf 1 Schober zu rechnen ist, so erfordert es 260tausend Morgen besaamte Aecker, welche schon einen großen District Landes ausmachen, daß also wohl gethan wäre, wann in guten Jahren Land-Magazins von denen Unterthanen selbst unter sich ohne Wucher, errichtet und der Vorrath zur Zeit des Mißwachses denen Leuten um billigen Preiß abgegeben würde.

Nimmt man ferner an, daß unter obiger Summ keine Bettler befindlich, die doch alle ernähret seyn wollen, so wird die Consumtion noch größer, ohne daß sie dem Staat etwas mit Arbeit nutzen.

Gedanken, daß die armen Juden auch das Feld bauen sollten.

Und da die Juden auch eine beträchtliche Anzahl Menschen ausmachen, und sich um ihrer frühzeitligen Verheyrathung willen, täglich vermehren, gleichwohl etliche 1000 Gra. Getraid zu ihrer Erhaltung benöthigt sind; So sollte diß Volk, beson-ders die armen, welches, wie die Lilien auf dem Feld, weder arbeiten noch spinnet, zur Cultur des Erdbodens, vornehmlich der oeden Plätze und überflüßigen Aecker, wie im gelobten Land ehehin geschehen, auch angehalten und ihnen durch Verhandlu-rung innländischer Producten, an statt der fremden Wäschen und Hausirer, so das Geld aus dem Land tragen, eine Nahrung verschaft werden, da ihnen ohnedem in b.nen angränzenden benachbarten Aemtern alle Handelschaft verbotten ist, weil

Mannichfaltigt. 1 B. 5 St.   B   sonst

sonst die meisten zu Bettlern werden, und keine andere Nahrung mehr haben, als daß sie einfältigen Bauersleuten Geld und Waaren, um Juden-Zinß geben, alle Vierteljahr den Zinß zum Capital schlagen, dem Bauern und seinem Weib wieder etwas an Vieh, Kleidern und andern dazu geben, und so von Zeit zu Zeit das Capital dergestalt erhöhen, daß binnen ein paar Jahren der Unterthan verderben muß; In Städten aber denen Leuten ihre Forderung und Besoldung um mehr als 30 pro Cent Rabat abschrencken und dardurch selbige um das ihrige bringen, welches zwar auch von unbeschnittenen in gewisser Maas geschiehet. Es gibt aber auch rechtschaffene und verdiente Männer unter den Juden, und diese sind hierunter nicht gemeinet.

Das Betteln abzustellen, sollte man den armen Leuten Arbeit verschaffen.

Nun komme ich auf die Armen, diese wollen und müssen auch leben: aber sie sollen auch arbeiten und nicht bloß betteln: Da aber ihre Entschuldigung ist, man gibt uns nichts zu arbeiten; So sollte und könnte darauf gesehen werden, solche Anstalten zu machen, daß alle inländische Arme, welche nur Hände und Füße regen können, aufgeschrieben, Flachs, Werck, Baum- und Schaaf-Wolle, von Herrschafts wegen angeschaft, in jeder Haupt- und Land-Stadt denen Vorstehern zugetheilet, von diesen an die beschriebene Arme ausgetheilet, das Gespinnst nach der Feine bezahlt, daraus Lichter, Garn, Zwillich, dann gemödelt und glattes Tuch gewürkt und gebleicht, sonach zum Gebrauch, statt des auswärtigen, verkaufft, und abermal das Geld im Land behalten werden, wie man hievon die löbl. Exempel von der Stadt Eißleben und anderwärts zum Vorgang hat.

Nachricht von dem Nutzen der Brand-Societät.

Nun komme ich noch auf eine Branche, welche in der Haushaltungs- und Land-Oeconomie eine der wichtigsten ist, nemlich die im Fürstenthum Anspach vor einigen Jahren errichtete Brand-Assecurations-Societät.

Dieses so nützliche Institutum hat Anfangs viele Schwürigkeiten gefunden, da der Landmann geglaubt, es wäre der Beytrag eine neue Steuer, weil er Exempla vor sich hat, daß bey denen Armuten mehr auff nehmen als geben gesehen wird; Allein nachdeme der irrige Wahn gehoben und jedermann überzeugt worden, daß es auf keine Cassa ansehen, sondern jeder, nachdem er seine Gebäue einschätzen lässet, nach Proportion der zu Ende jeden Jahrs speccificirten abgebrannt und eingeschätzten Gebäue, von seiner Rata beytrage; So ist nun männiglich von der guten Ordnung überzeugt, und es lassen so gar auswärtige ihre Gebäue mit in die Societät einschätzen, und contribuiren pro quota. Die Summa der beytragenden Socie-

täs

tht, ist bereits bis zu End: des 1773 Jahrs auf Acht Millionen, Sechstma hundert, Funfzehen tausend und Siebenhundert Gulden angewachsen gewesen,
und hat vom Hundert Gulden, solch eingeschätzter Gebäue auf 21. Brände, welche zusammen 6325 fl. betragen nur — fl. 4½ kr. beytragen worden dörffen, welch
geringen Betrag man dergleichen verunglückten Personen auch ohne zu hoffen habenden Entgel, gerne als ein Almosen reichen würde; da doch nach denen Regeln der
Brand-Societät, jeder sein Quantum, wie er sich selbsten einschätzen lassen, bey entstehenden Brand, baar wieder von seinen Amt bekommt, und also eine solche Brand-
Stütze in der That eine sichere Hypothec ist, worauf man Geld leyhen kan. Wollte
dergleichen Affecurations-Societät auch auf Wetterschläge und Viehfall, nach denen
Aemtern, eingerichtet worden, könnte es vielen dergleichen damnificirten Unterthanen
zur Rettung vom Verderben dienen.

Nutzen der Obstbäume und Schaden des negligirenden Aus-
tilgens der Raupen.

Nachdeme auch viele Dorfschaften und deren Innwohner grossen Nutzen von Obst
erlangen, zumahlen wo deren Vorfahren wilde Bäume gepflanzet und hernach
mit guten Obst abgeholzet haben, und die jetzige Innwohner solch löblichen Exempel
nachfolgen; So ist diß eine grosse Hinderniß, wann die Gemeinds-Leute im Früh-
Jahr, da noch der Schnee liegt, die Bäume und Hecken von denen schädlichen Rau-
pen-Nestern nicht reinigen und solche, ehe die jungen ausschliefen, abnehme; Daher
jedem Hausvatter dergleichen nothwendige Arbeit sorgfältigst anzuempfehlen wäre.
Im Fürstenthum Anspach ist dergleichen Ao. 1762. und erst vor 2. Jahren unterm
30ten Mart. 1772. neuerlich geschärfest anbefohlen worden. Die Nachläßigkeit der
heutigen Innwohner in Pflanzung mehrer Obstbäum ist unverantwortlich, wo noch
einige von den Vorfahren gesetzte Bäume sind, die geniefet man und haut sie endlich
zu Brennholz ab, an statt jedes Ort eine Gemeind-Baumschule anlegen und daraus Bäume auf Hutbräfen pflanzen sollte.

Wir haben oben von dem Thung gesagt, da nun der Gyps bishero in öffentlichen Schriften als ein so vortreflich Mittel zum Getraid und Futter-Bau angepriesen und dem Erfänder sogar ein Prämium deswegen aus der Schweiz zugeschickt worden, so will man davon nur noch so viel erwehnen, daß dergleichen gebrannt und un-
gebrannter Gips, sowohl zu Crailsheim als Windsheim zu haben ist. Nach gemachter Probe, kan man in loco die Mezen so 50 Pf. wiegt, vor 4 kr. haben, hierzu das
Fuhrlohn a 30 kr. vom Centner mit 15 kr. gerechnet, kommt der Mezen vor 19. bis
20 kr. Rheinl.

Nachdeme uns auch eine Piece zugekommen, welche bey der Landes Oeconomie nicht ohne Nutzen zu lesen seyn wird, so erachten wir vor billig, sie gegenwärtigen
Blättern einverleiben zu lassen. Sie lautet also:

B 2   Be-

Beantwortung der Frage, eines vornehmen Ministers: Das rechte Verhältnuß zwischen dem Ackerbau und der Viehzucht betreffend.

So weit sich meine geringe Einsicht in die Land-Wirthschaft erstrecket, so weit will ich es wagen, ein bestimmtes Verhältnuß, zwischen dem Ackerbau und der Vieh-zucht, hauptsächlichen ab.r in Absicht, auf das zu verwenden seyende Futter, und da-her kommenden Thungs, für die Felder zu berechnen und darzuthun, wobey ich aber das Verhältnuß derer Aecker und deren Ertrag, dann die Größe derer Wiesen und deren Benuzung, wie es im Lande Francken gewöhnlich, pro norma annehmen werde.

Unsere Land-Wirthe sind hierinnen vielerley Meinung, und nach solchen ver-schiedenen Principiis tractiren sie auch ihre Wirthschaft; Ich will mich demnach nicht daran kehren, wie es ist, sondern wie es seyn könnte und sollte. Viele unserer Ein-wohner liegen in solchen Gegenden, wo nicht Wies-Wachs genug vorhanden, und wo ihnen das Anlegen künstlicher Wiesen, gewisser Ursachen wegen, vereitelt wird; einfolglichen haben sie nicht Futterung genug, und ihre Felder geben die Ausbeute nicht, welche sie geben könnten;

Gleiche Bewandnuß hat es auch mit dem Erdbirn-Ruben. dann Rangeres-Bau, da erstere durch die wilden Schweine ausgewühlet, letztere aber durch das ro-the Wildpret bis auf die Wurzel abgefressen werden, es seye dann, daß durch das Feldhüten solches Uebel abgethan werde, ansonsten der Land-Wirth sich in seinem oeconomischen Vorhaben betrogen siehet. Ich rede also nur von dem Verhältnuß wie es seyn könnte.

In einem benachbarten Fürstenthum hält ein Morgen Landes 360 Ruthen, in dem eigentlichen Frankenland aber 180 Ruthen, ab 12 Werk-Schu gerechnet, und wird das Feld in Winter- und Sommer-Bau, dann in das Brach-Feld eingetheilet.

Nach unserer Lands-Art, bestehet das Winter-Feld in Korn, Dinckel und Winter-Weizen, der Sommer-Bau aber in Gersten, Haber, Sommer-Korn und Weizen, und was sodann an Erbsen, Linsen, Wicken, Sau-Bohnen, Ruben, Po-dacken oder Erdbirn-Aepfel, Rangeres und dergleichen, dann an Hanf und Flachs erlanget werden will, bringet ein vernünftiger Haußwirth in das Braach-Feld, nachdeme solches vorhero wohl abgedunget und im Herbst des verflossenen Jahrs ge-ackert worden. Solchem Feld entgeht keine Kraft, denn wenn die Frucht weg ist, kommet man abermalen mit der Thungung, so, daß diese zweymalige Thungung die entzogene Kraft ersetzet, und man wird auch, wenn solches Feld, gleich der Braach, mit Winter-Frucht angesät wird, im Schneiden, Dreschen und Aufheben der Kör-ner, keinen Abgang finden.

Num

Nun will ich den Fall setzen, ein Landwirth hat nur ein Gut von 18 Morgen Aecker und 4 Tagwerk Wiesen, ich nehme mit Vorsatz nur 4 Tagwerk Wiesen an, um das nützliche meines Principii deutlicher zu machen; wiewohl viele dergleichen Güter nicht so viel haben: So entstehen die Fragen:

a.) Wie viel Thung brauchet ein solcher Landwirth?

b.) Wie viel Vieh hat er nöthig solchen Thung zu erlangen? dann

c.) Was für Futter und wie viel ist zu dessen Erhaltung erforderlich?

Nach hiesiger Gewohnheit erfordert der große Morgen Landes 10 wohl beladene Fuhren auf 4 Stuck Anspann gerechnet, wobey ich zugleich voraus setze, daß es wohl zusammen gefaulter Thung seyn müsse, und ist der Thung aus Mastungs-Ställen allemahl der beste, weil das Vieh gut gefüttert wird. Da nun, nach obigen Ansatz, 6 Morgen Winter-Feld, als der dritte Theil, bey dem Gut sind, so hat er 60 Fuhren Thung hierzu, und zu denen Wiesen, wann solche anders den gewünschten Nutzen geben sollen, 20 Fuhren von dem kürzesten nöthig, einfolglichen solle solcher Landwirth alle Jahr zu obigen Gebrauch Achtzig Fuhren Thung ausführen können; Der Landwirth hat nun in seinem Stall nur 10 Stuck Rindvieh, nemlich

2 Stuck 5 bis 6.}
2 "   3 u. 4.} Jährige Ochsen,
2 "   Kühe,
2 "   Raupen oder 2 Jährige und
2 "   Kälber.

Kan auch nicht mehr halten. Ratio! nach unserer Landesart rechnet man auf 1 Stuck grosses Vieh, wenn kein Zufluß zur Fütterung an Klee, Ruben, Rangeres und dergleichen da ist, Ein halb Tagwerk wohl gewartete Grometh-Wiesen, und da bey dem besten Einstreuen und wenn das Viehe nicht immer ausgetrieben wird, sondern zu Hauß im Stall seine Nahrung findet, auf ein Stuck großes Vieh des Jahrs 8. Fuhren, auf ein mittleres 6. und auf ein geringes nur 4 Fuhren Thung gerechnet werden können; So bekommt der pro Simili angenommene Landwirth nur 68 Fuhren, einfolglichen 12 Fuhren Thung zu wenig, muß solchemnach sparsamer rhangen, oder die Wiesen gar unbethungt lassen; woher es denn kommt, daß er von Jahren zu Jahren weniger Körner und Futter einhemset, einfolglichen immer ärmer an Geld, Vieh und Getraid wird, zu geschweigen, wie er von seinem Braach-Feld nichts bethungen kan, auf welchem die künftige Frucht ohnbeschadet, Ruben, Podacken, Rangeres, Erbsen, Linsen und dergleichen, nach eines jeden Orts Boden gebauet und wenigstens 2 Morgen zu solchem Bau emploiret werden könnten.

B 3   ☞ 36

Ich will also den Fall setzen, ein Landwirth hätte bey dem Antritt eines solchen Guts etwas Geld und Gelegenheit 12 Fuhren Thung, welche ihme schon zur ordinaire Bethungung seines Geldes und Wiesen fehlen, nach obiger Berechnung, zu erkaufen, und müste 16 Fuhren zu 2 Morgen Brach-Feld, allwo Kraut, Ruben und dergleichen zu bauen, erkaufen, welche Geld-Ausgabe ab 1 fl. 30 kr. die Fuhr gerechnet, sich auf 42 fl. belauffen könnte, so würde er so wie ich gleich berechnen werde, seinen Zustand um ein merkliches beglücken, und seine Viehzucht vermehren, sonach seinen Feldbau verbessern, welches von Jahren zu Jahren noch mehr geschehen könnte und würde.

Nun folget die Berechnung selbsten:

Von 6 Morgen Winter-Bau, erlanget der Landwirth inclusive derer Büschel und Werr-Stroh, 4 Schober auf 1 Morgen   Bund Stroh gerechnet   ·   ·   ·   1440.

Von 6 Morgen Sommer-Bau, an Haber-Gersten-und Weitzen-Stroh incl. Büschel, nicht gar 3 Schober auf 1 Morgen   960 jeden auf 15 ℔. gerechnet.

Von denen 2 Morgen Brachfeld wird ⅓ Morgen mit Erbsen und Linsen gesäet, gibt an Büscheln auf das wenigste   ·   148

Pro nota. Linsen-Stroh ist zum Futter schneiden sehr gut.

Sa. 2548.

Dann bekommt er von 4 Tagwerk wohl abgedungten und gut gewarteten Wiesen 320 Ctnr. Heu und Grometh; nemlich 2 Fuhr Heu und so viel Grometh.

Von denen übrigen 1⅔ Morgen Acker, welche statt der Brach angebauet werden, ist auf das allerwenigste nachstehendes zu erlangen: Morgen.

8 Gra. jedes zu 8 Metzen gerechnet Erdbirn auf   ·   ·   ⅓.

3200 Welsche Ruben und Rangeres, dann

3200 Kraut auf   ·   ·   ·   ·   ⅔.

Mit Lein wird besäet   ·   ·   ·   ·   ⅓

Wann nun bey fleißigem Ausgrasen derer Aecker, welches so nothwendig als nützlich ist, noch das Erdbirn- dann die Ruben- und Kraut-Blätter, wenn solche gelb werden wollen, verfüttert werden, dann bey dem Einheimsen die frischen Kraut- und Ruben-Blätter gestopfet und eingesäuret oder gesalzen werden,

ben, welche sodann den Winter über unter dem geschnittenen Futter verfüttert werden, und dieses saure Futter consumiret ist, sobann erst mit denen Ruben, Rangeris, Erdbirn und Kraut-Dorschen der Anfang gemacht wird, so brauchet der Landwirth auf ein Stück Rindvieh großes und kleines dann Sommer und Winter gegen einander gerechnet an Stroh täglich

⅓ Bund zum einstreuen und
⅔ Bund zum schneiden und füttern, dann täglich

6½ ℔. Heu und Grometh zum einschneiden und aufstecken mit gemischtem kurzen Strohe, weilen das Vieh, wenn es im Herbst gestopfte Blätter, im Winter aber saure Blätter, dann nach deren Endigung gestopfte Ruben, Rangeris, P. backen ꝛc. bekommt, mit kurzem Futter besser wird, als wenn ihme langes Futter, ohne dergleichen nahrhafte Sachen mit zu füttern, aufgestecket wird; Diese Art der Fütterung erspahret vieles Stroh und grün Futter, beförderet die Mastung und Melken, wobey nicht in Vergessenheit zu stellen, wie die Erbauung derer Stunkel-Ruben sehr vielen Vortheil verschaffet.

Aus meiner eigenen Erfahrung kan ich darthun, wie profitable das Einmachen oder Einsalzen derer Ruben und Kraut-Blätter seye, dann ich habe schon viele Jahre, besonders im Herbst fernbigen Jahrs 36 Eymerige, nemlich soviel Tonnen oder Kuefen voll, sauere Blätter einmachen lassen, wovon mir keine Handvoll verdorben, und woran ich dato noch füttern lasse, Erdbirn und Ruben sind auch noch da; Es muß aber jedes Faß, Tonne oder Kuefen, worinn die Blätter, Dorschen und dergleichen Vieh-Kraut, eingesalzen und eingestossen wird, oben wenigst 1 Schuh hoch mit Laimen bedecket oder bestrichen werden, daß keine Luft dazu kommen kan. Womit ich, ohne das Küh-Vieh, Zug-Ochsen und Schweine zu rechnen, 2 Ochsen mästen ließe, welche so schön geworden, als ob sie eine Brauhaus-Mastung gehabt hätten, und welchen ich in denen letztern 4 Wochen das Kesser oder Abgang vom Getraid, habe schroten und verfüttern lassen.

Wenn denn nun unter solcher Fütterungs-Art ein Stück Vieh gegen das andere gerechnet, ⅓ Bund Stroh zum Streuen und ⅔ Bund zum Füttern, dann täglich 6½ ℔. Heu und Grometh nöthig hat und mit solchem Quanto wohl abgefüttert werden kan; pro nota! Ich nehme hier groß und kleines Vieh zusammen, und gleiche die Winter- und Sommer-Fütterung aus; so hat der Hausvirth auf 1 Stück Vieh jährlich 1281 ℔. Heu und Grometh, dann 182 ℔. Stroh nöthig, wobey aber die Süd-und Ueberfehrig, nemlich obiger Abgang vom Getraid, mit verfüttert werden muß, einfolglichen kan der Landwirth 13 Stück Vieh halten, weilen er wie oben bewiesen 2548 Bund-Stroh, 32000 ℔. Heu und Grometh einheimsen kan.

Da

Da nun in der Erfahrung gegründet ist, daß von einem Stuck großen Vieh 8. von einem mittlern 6. und von einem kleinen 4 Fuhren Thung erlanget werden können, ohne darauf zu sehen, daß wenn Moos, Laub und Nadeln mit gestreuet und nebst 4. Bund Stroh verwendet werden, noch mehrerer Thung zu erlangen ist; So kan ein Landwirth folgendes Vieh halten:

  2 Ochsen 5.)
  2   4. } Jährig,
  2   3.)

wovon die ältesten all Jahr verkauffet werden können und bey 3 paar Anspann auch in der Feldarbeit zu schonen sind.

  2 Kühe,
  2 Stück 2.)
  2   1.) Jährige Stier und Kalben,

  2 zurück gebundene Kälber,

und der Landwirth erlanget folgende Bedungung:

  48 Fuhren von denen 6 Ochsen,
  16   von denen 2 Kühen,
  24   von denen Stier und Kalben,
  8   von denen Kälbern,
  <u>4   von denen Schweinen,</u>
  100 Fuhren,

bekommt also, was er nöthig hat.

So wie sich nun schon hieraus ein Nutze zeiget, so groß wird solcher werden, wenn ich in Consideration stehe, wie ein solcher Oeconomus, wie oben schon gedacht, bey mehrerem Vieh alle Jahr ein paar Ochsen verkauffen und ein paar junge nachziehen kan, und bey hinlänglicher Bedungung seiner Aecker und Wiesen, eine reichere Ernde einbringen müssen.

Ich habe mich mit dem Kleebau hier gerne nicht einlassen wollen, weilen, ohngeachtet dessen Anbau nützlich und unsere Feldungen solchen zu ertragen geschickt, zumahlen wann es nach oben beschriebener Art, wie im Itzgrund, geschiehet; das Wildpret aber dem Klee sehr nachgehet, einfolglichen könnte der Landmann an vielen Orten, wo er sich auf den Kleebau Rechnung machen und anbauen wollte, das Wild sich desto mehr zuziehen, welches ihme Saamen und Klee mit einander abfressen würde.

               Was

Was endlichen die Verbesserung, besonders derer sauren und mosigen Wiesen anlanget, welches von Kälte und Nässe des Bodens herrühret, aber durch Ausstechung enger Gräben und Ausdohlung, dann Bestreuung mit Sand und Gassen-Erden, verbessert werden kan, so ist es an vielen Orten gewöhnlich, daß Landwirthe, welche, wegen Entlegenheit von denen Städten, Aschen und Aescher nicht haben können, im Frühjahr auf denen oben Plätzen Wasen ausstechen, im Sommer austrocknen lassen, und sodann im Herbst gleich denen Meilern oder Kohl-bocken, anbrennen und mit solcher Asche, dann durch Aufstreuung gebrennten Kalch und Gipses denen Wiesen die Sauerung vertreiben.

Was in der oben angeführten Piece gedacht wird, daß der Klee dem Feld keine Nahrung entziehen solle, lasse ich an seinen Ort gestellet seyn, da ich es in meinem Project dahin angetragen, daß alle Jahr 4 Morgen Feld ausgebraacht werden, und doch Fütterung genug da ist, die Probe wird einem jeglichen eigen, welches besser gethan ist, nichts auszubraachen und alles anzubauen oder etliche Aecker in der Brach liegen zu lassen und etliche anzubauen. Das letztere kommet mir um so natürlicher vor, weilen auf zweyerley Arten die Aecker einmal durch das ausbraachen und das Andernmal durch den Ruben und-Podacken-Bau vom Unkraut gereiniget werden.

Nöthige Anschaffung verschiedener Gattung Thungs.

Da es eine unumstößliche Wahrheit ist, daß ohne den Thung, die Feldwirthschaft nicht bestehen kan, so folget der gewisse Schluß, daß man auf natürlich und künstliche Thungung, den Bedacht nehmen müsse. Thung-Städte, die an denen Ställen liegen, wo der Abel des Viehes aus solchen in die Mistgrube lauffen kan, behalten den ersten Rang, und jener große Monarch, der vor einer wohl ange-füllten Thungstätte vorbey gefahren, hat gesagt, das sey die rechte Goldgrube und der Besitzer müsse ein guter Wirth seyn; in der That ist es auch so, dann der Urin des Viehes schwängert den Strohmist so an, daß die saltzige Theile der Fruchtbarkeit mit auf den Acker gebracht werden, wann anders der Haußwirth besorgt ist, daß seine Mistlauche beständig auf den Misthauffen gesprengt und nicht auf die Strassen lauffen gelassen wird, welches allemal ein Kennzeichen eines unverständigen und nachlässigen Oeconomen ist.

Die zweyte Art der Thungung ist der Mergel auf leichten und Sand-Aeckern, er ist überall zu finden, wann man ihm nur nachsuchen mag: dessen Beschreibung und Gebrauch in meinem wochentlichen oeconomischen Nachrichten, so umständlich enthalten und zugleich des Herrn Dr. Seip in Pyrmont, Tractätlein allegirt worden ist.

Die dritte Art von Thung, ersetzt nach der neuesten Erfahr= und=Beschreibung der Gips, oder auch gebrennter weisser Kalchstein; wovon ich oben schon Erwehnung gethan, und der in Franken, zu Crailsheim und Windsheim in Menge die Me= tzen oder 50 ℔. vor 20 kr. zu haben. Wann nicht erfahrne Landwirthe wiederhohl= te Proben damit gemacht und solchen gut gefunden hätten, würde ich Anstand neh= men, solchen andern zu recommendiren.

Die vierte Art Thung zu erlangen, ist, daß in denen Gegenden, wo Stroh genug wächset, die Leute solches auf die Strassen und wo sich das Wasser sammlet, werffen, damit es von Menschen und Vieh zertretten und gleichsam Mist werde, welchen sie hernach zusammen schlagen und auf ihre Güter führen.

Fünftens: noch besser macht man es, wann trockener Wasen, Sand und Erde in die Rind= und Schaaf=Ställe geführt und Stroh darauf gestreuet= so= dann nur alle acht Tag ausgemistet und so öfters wiederholt wird, welchen Falls der Thung und Urin mit der Erde vereinigt und den besten Thung gibt.

Da man auf diese Art fast noch soviel Thung, als von dem blossen Ein= streuen des Strohes bekommt, so legt sich klar an Tag, daß nicht nur die Aecker sondern auch Wiesen genugsam gedunget werden können, und nicht nöthig sey, den dritten Theil der Aecker in der Brach liegen und ruhen zu lassen, damit das Gras und Unkraut die Kraft aussauge, welche Besserungskraft zum Getraid= Fut= ter und Hülsenfrüchte oder Rangeres und Erdbohn=Bau, angewendet werden könn= te. Es heißt aber insgemein, die ungebrachte Aecker trügen nicht soviel und nur schlechtes Getraid; woher rührt aber die Ursach, als von ungnugsamer Thungung. Warum kan ein Kraut= und Küchen=Garten alle Jahr unausgesetzt gebauet wer= den, als weil er alle Jahr gethungt wird. Nur das eingewurzelte Vorurtheil darf man weglassen, so wird sich der Widerspruch heben. Will man die Metho= de des Kleebaues, wie solche im Iggrund mit Nutzen gebräuchlich, und oben schon beschrieben ist, einführen, so wird der Getraid=Bau nicht gehindert und Futter gnug in der Brach gebauet werden. Hat man dieses, so folgt die Vieh=Zucht, der Thung und der Getraid=Bau ohntrüglich auf dem Fuß nach; Wann man zumahlen

a) den Erdboden kennen und vermischen lernt,
b) die Huth=Wäsen anbauet,
c) das Vieh bis zur Ernde im Stall füttert,
d) wohlgebauten Saamen ausstreuet,
e) im Frühjahr die besaamte Felder behörig von dem überhand nehmenden Gras und Unkraut auszihen lässet,

f) den

f) den Ablauf des Wassers aus denen Beethen befördert, und

g) auf abhängigen Aeckern den Thung meinst obenhin führet, weil der Regen die leichte Particula des Mists ohnedem abwärts führet.

Weil nun alles auf genugsame Thungung und fleißiges Ackern ankommt, und wo diese nicht ist, der gemeine Mann leeres Stroh drischt, i. e. wann er zu viel Aecker und zu wenig Wiesen, bey seinen Hof oder Guth hat, wann 30. Morgen zwar mit dem Pflug umgeschlossen und besäet, oder nur 10. Morgen und die übrigen gar nicht, oder nur halb und kaum alle 6. Jahr einmal gethungt werden, so hat der Bauersmann und sein Vieh, viel Arbeit und wenig einzuschneiden, ja es trägt der unbedungte Acker öfters kaum den Saamen mehr. Was ist also nöthiger, als die so oft angepriesene Proportion der Aecker gegen die Wiesen zu beobachten, und entweder die überflüßige entlegene Aecker weg zu geben oder mit Klee anzubauen, damit mehr Futter erlangt. mehr Vieh gehalten und mehr Thung gemacht, so fort der Acker behörig gethungt werden könne, dann jedes Guth gibt nach seinen Kräften, die man ihm mittheilt.

Einige Haußhaltungs Vortheile.

Das Wasser zum Bierbrauen und Brandwein brennen soll man zuvor mit Wachholderreiß, noch besser dergleichen Wurzeln, abkochen, weil solches gesund und dem Bier einen angenehmen Geschmack gibt: auch sollen die Quecken, wohlgewaschen, zerhackt und gesotten, ein gutes gesundes Bier geben.

Melkenden Kühen soll man öfters Liebstöckel oder Angelica Kraut und frische Wurzel, frisch und gedörrt in geschnittenen Futter geben, es bewahret vor aller Krankheit. Auch die Erfurther und andere Rettig klein geschnitten oder geschlossen, unter das kurze Futter gemischt, vermehret die Milch und verwahret vor ansteckender Seuche, deßwegen man Rettig in Menge bauen solle.

Wann Brau- und Brandwein-Geschirr durch böse Leute oder aus Nachläßigkeit verdorben worden, daß man kein gutes Bier noch Brandwein mehr bekommen kan, so nimm um Johannis einige Zweig von 9. Laub-Bäumen, 9. Knoblauchbollen, etwas Schwefel und Schwein-Haar und räuchere damit alle groß und kleine Gefäße.

Das

Damit man die Scheuer-Tenne durch die Griffe der Pferde und Wagen-Räder nicht verderbe, so belege man sie zur Zeit der Getraideinführung mit schlechten Brettern oder Schwarten.

Wann die Vogel-Beer im Frühling mit Wasser gekocht und es denen Kälbern im Meel-Trank zu sauffen gegeben wird, so vertreibt es die Ruhr.

Ein Mittel das leinen Tuch gut zu blaichen.

Man nimmt zu 100. Ehlen Tuch vor 3. kr. Glaß-Galle, 2 kr. Althee, für 3. kr. Sauer-Klee-Salz, 3. kr. Mandel-Saiffen, vor 1. kr. Schäufeleins-Bech, thut sämtliche Species in ein Säcklein. Wann das Tuch vom Weber kommt, muß es es erst sauber ausgesotten und auf die Blaich gelegt werden, hernach beym ersten lauchen, legt man das Säcklein in den Kessel und läßt es mit sieden, übergießet hernach das Tuch mit diesen Laugen-Wasser, sodann mit ordinari Wasser. Beym zweyten Laugen, wirft man das Säcklein wieder in das siedende Wasser, und verfährt damit, wie das erste mal und wäscht sodann das Tuch mit ordinari Wasser aus.

Mittel wider die Kehlsucht der Pferde.

Nimm eine Handvoll Gundekreben, zerschneid sie klein, nimm dazu 1 Maas Wein, lasse solch Kraut die Helfte darinn einsieden, gib den Wein samt den gesottenen Kraut dem Pferd im Futter, so wirds bald offen und laust aus. Ist bewährt.

Eine bewährte und köstliche Horn-Salbe.

	loth
Nimm rein Wachs	16
Terpentin	5½
Hirsch Unschlit	5½

Bochs

Bocks Unschlit	•	•	•	5½
Weiß Harz	•	•	•	2½
Baumöhl	•	•	•	11
Honig	•	•	•	16
Zucker	•	•	•	5½
Schweinschmalz	•	•	•	10⅕
venetische Saifen	•	•	•	5⅗
Lein Oehl	•	•	•	3¼
Brandwein	•	•	•	3

Laß erstlich das Wachs, hernach das Harz über einem gelinden Feuer wohl fliesen, sodann thue den Terpentin, folgends das Unschlit, dann das Honig, nach diesem Baum-Oehl, Lein-Oehl, Schweinschmalz, venetianische Saifen, letzlich den Zucker drein, und wann alles wohl zergangen, beständig untereinander gerührt, der Brandwein dazu gegossen, in einem verglaßten Hafen geschüttet.

Diese Salbe dienet nicht nur die Pferde an Hufen und Crone zu schmieren, sondern heilt auch alle Schäden bey Menschen und Vieh.

* * *

Aus einem Sra Kern bekommt man von einem redlichen Müller Maas.

192 feines ⎫
96 Mittel- ⎬ Meel,
48 Nach- ⎭
———
336.

solle eine Sorte die Maas um 2. Pfennig wohlfeiler als die andere verkauft und daraus erlößt werden 16. fl. — Wie kommt die Maas von jeder Sorte? Antwort:

von feinem pro 12 ½. Kr.
vom mittlern pro 10 ½. Kr.
vom Nachmeel pro 8 ½. Kr.

C 3   Pro-

Probatio. fl. kr. h.

192 Maas a 12½ h. thut . . . 10. 3. 1½.
 96 a 10½ h. . . . . 4. 13. 2½.
 48 a 8½ h. . . . . 1. 42. 3½.
                    16. —. —.

Nachricht, wieviel Abgang an Most und Wein beym Ablaß zu rechnen sey.

Beym ersten Ablaß vom Eymer 4 Maas.
Bey dem zweyten . . 2 Maas.
Bey dem dritten , . 1 Maas.
Und so bey jedem Ablaß . 1 Maas.

Getraid-Resolvirung.

Das Anspacher Herrschaft Mäs ist durchgehends dem Nürnberger gleich.
1 Simra hat im Getraid 16 Mez, die Mez 16 Ms.
1 Simra hat im rauhen Getraid 16 grose oder 32 kleine Mezen und von diesen leztern 1 Mezen 19 Ms.

Herrschaftl. Futter-Mäslein,

Täglich vor 1 Pferd 6 Ms. gerechnet, thun 96. 1 Sra. Haber.
 , , a 8 Ms. = 72. , ,
 , , a 10. Ms. 57. , ,
 , , a 12. Ms. 48. , ,

Ein Bayreuther Sra. oder 116 Mees thut Herrschaft oder Nürnberger Mees:

	im glatten			im rauhen		
	Sra.	Mz.	Ms.	Sra.	Mz.	Ms.
— 1 Mees	—.	1.	9.	—.	1.	10½.
1 Simra	1.	7.	7½:	—.	23.	6.
10 Simra	14.	9.	16½.	7.	29.	6.
1 Höfer Maas thut Bayreuther				—.	—.	½.
1 Achtel Höfer Mees thut Bayreuther				—.	—.	21½.
1 Höfer Schöffel thut Bayreuther				—.	7.	2½.

Nach-

Nachricht, was der Kern oder Waitzen vor 200. Jahren und nachhero gegolten.

Ao.					fl.	kr.
1540. das Herrschaftl. oder Nürnberger Simra	—				53½. Fränkl.
1550.					4.	48.
1560.					9.	4.
1570.					20.	—.
1580.					14.	13½.
1590.					14.	24.
1600.					13.	20.
1610.					21.	20.
1620.					16.	—.
1630					25.	30.
1640.					9.	4.

Der Anbau der Kürbiße so bißhero an vielen Orten versäumet worden, verdient viel mehrere Attention, da diß Gewächs überall an Häußern, Gärten, Hecken und neben den Aeckern angebauet werden kan. Nicht nur Menschen können davon gute Nahrung haben, sondern auch das Rind- und Schwein-Vieh wird dadurch gesättiget und gibt reichen Nutzen.

Daß die Mäuße dem Getraid in denen Scheuern nicht so viel Schaden thun, streue man in denen Vierteln der Scheuern den untersten Boden mit dicken Erlen-Laub, so werden sie vertrieben.

Wer im Herbst die Krautblätter, welsche Ruben, Rangeres 2c. in Kuefen oder Tonnen einsaltzet und einstopfft, hernach oben einen Schuh dick mit Letten oder Leimen überstreicht, daß keine Luft darzu kommen kan, der behält solch eingesauerte Fütterung biß ins Früh-Jahr, und gibt unter dem geschnittenen Stroh und Grommeth eine treffliche Fütterung vor das Vieh.

Die

Die schwarze Würmer, welche die Steck-Ruben auf denen Aeckern abfreſſen, zu vertreiben, ſoll das erſte Mittel ſeyn, Aſche mit klein geſtoſſenen Hünermiſt vermengt, auf die geſäete Beethen zu ſtreuen, wovon ſie ſterben.

Wenn ein Hagelwetter zu der Zeit die Winterfrucht erſchlägt, da ſolches noch im ſchoſſen oder der Bläthe iſt, ſo ſchlagen die Stöcke des Saamens wieder aus, treiben friſche Halmen, Stengel und Körner, weswegen das Umackern zu unterlaſſen iſt.

Engliſche oder ſogenannte Saubohnen, iſt ſehr nutzlich unter andern auch darum, weil das Wild ihnen keinen Schaden thut.

Den Miſtabel in einem Faß auf die Aecker, vor der Saat, zu führen und allda durch einen hölzern durchlöcherten Kaſten auf die Beether lauffen zu laſſen, iſt mehr als halbe Thungung. Um nun die Miſtlauche zu ſammlen, muß gleich außer dem Stall eine aufgemauerte Grube oder Kaſten, etlich Schu weit und tief gehalten werden, worein ſolche aus dem Stall lauft.

Gänß- Hüner- und Taubenmiſt, an einem trockenen Ort auf einem Haufen geſammlet, ein Jahr alſo liegen und verweſen laſſen, ſodann klein geſtoſſen und auf die Pflanzen geſäet, tunget vortrefflich.

Weyhererde alſo geſammlet, und ein Jahr auf Haufen liegen laſſen, tunget die Wieſen vortrefflich.

Weyherſtreu und Schlotben dienet zum Tung und vermehrt den Miſt.

Zweyjährig wohl verwahrter Saamen von Kraut, Kohl und allen Garten-Gewächſen, ſoll beſſere Pflanzen geben als der einjährige.

Gebrannter Gipß auf die Schnecken, ſo die Pflänzlein und Saamen abfreſſen, geſtreut, tödtet ſie gleich.

Da

Da die viele Unterraine zwischen den Aeckern, sehr viel Land auf einer Markung, unbrauchbar machen, und eine Retirade vor die Mäuse sind, welche so grosen Schaden auf dem Feld thun, auch nur durch böse Leute samt dem Getraid, abgegrasset oder abgehütet werden, so sollten sich die Nachbarn verstehen, solche umackern und Markstcine davor setzen, damit beeden Unheiten abgeholfen würde.

Wann ein Stück Vieh schön gehörnt werden soll, so muß man auf der Seite, wo das Horn hin wachsen soll, an dasselbe oben 2 bis 3 kleine Kerben, einer Messerrücken tief einschneiden oder sägen, so wächst es, sich umwendend, dahin.

Von Erbbirn und Kartoffeln soll man das Kraut nicht eher als kurz vor Michaelis abschneiden, weil sie alsdann größer werden.

Wann die Wiesen überschwemmt, und das Gras schleunig wird, soll man solches abhauen, dörren, sodann mit dem Stroh kurz schneiden, dann solche Heckerling durch ein Sieb raden, so fällt der Staub davon, und das gute bleibt alsdann ein Futter vor das Mast- nicht aber vor das Zucht- oder Gangvieh.

Das beste Präservativ gegen die Viehseuchen ist, wann das Rindvieh im Frühling und Herbst nicht ausgetrieben, sondern im Stall gefüttert wird.

Gipsstaub auf den jungen Saamen gestreut, vertreibt die Erdflöhe.

Untrügliches Mittel wider die Maulwürf in denen Gärten.

Man suchet nach, wie viele Maulwürfshauffen im Garten vorhanden sind: alsdann nimmt man eben so viel Nüsse, wovon die Schaale abgemachet ist, und kochet sie ein biß anderthalb Stunden lang nebst einer Handvoll Schierlingskraut (Cicuta) im Wasser: hernach stecket man in jedes Maulwurfs-Loch eine solche abgekochte Nuß hinein. Die Maulwürfe kommen bald und verzehren sie, weil sie Liebhaber von solchem Leckerbissen seyn: Alle aber die davon fressen, müssen sterben, und man findet sie den folgenden Morgen tod vor ihren Löchern. Diese Methode ist sicher und probat, die Gärten von diesen schädlichen Thieren zu befreyen. Man rathet indessen niemanden, dieses Mittel in solchen Gärten zu gebrauchen, die nicht mit Mauern und lebendigen Hecken oder Blanken eingemachet seyn, dann da das Schierlings-kraut ein Gift ist, so könnten leicht auch andere Thiere von diesen Nüssen fressen, und diese würden gewiß davon umkommen.

Ein anders:

Ein Hannöverischer Landmann hat entdeckt, um seine Felder dagegen zu bewahren: Man soll nemlich frischen Ziegenmist an die Stelle bringen lassen, wo Maul-wurf-Hügel wahrgenommen würden, durch dessen blossen Geruch sie alle verjaget werden.

Eine dauerhafte Ofenkütt.

Man nehme Kreide, die aber an keinem feuchten Ort gelegen haben muß, verwandle sie in Staub, und netze sie mit einem etwas starken Bier dergestalt, daß es ein Muß werde, das sich mittelst eines Pinsels in Fugen und Ritzen bequem einpinseln lasse; unter dieses Muß mische man die Wolle von einem Bärenfell, die man zuvor in kleinere Stücke zerschneiden muß, doch so daß es sich in dem Muß mit einstreichen lässet: Wann nun die Fugen des Ofens wohl ausgekratzt und gebürstet, so werden sie mit diesem Muß aus und voll gestrichen, jedoch nicht auf einmahl, sondern nach und nach, so wie der erste Einstreich wohl eingetrocknet ist.

Man macht auch aus Mehl, Feilspähne, Ziegelstaub und Eyerweiß eine Kütt, und bestreicht damit die vorher gereinigte Fugen.

Mittel dem Mangel an Butter abzuhelfen.

Man sammlet das unter dem Lein als ein Unkraut wachsende Kraut insgemein Dotter, auf lateinisch Myagrum genannt, der Saamen führet reichliches Oehl bey sich, hat einen süssen und angenehmen Geschmack, das ausgepreßte Oehl, braucht man zum kochen, statt des Butters, und ist wohlfeiler.

vide Gräfl. Wochentl. Anzeigen.

Dauerhafte Farbe die Wäsche zu zeichnen.

Man soll so viel Zinnober nehmen, daß man einen Reichsthaler damit bedecken kan, und einer Muscatennuß groß Eisen-Vitriol, beedes mit Leinöhl wohl untereinander gerührt, gibt eine Farbe, auf deren Dauer man sich verlassen darf.

Vier

Bier aus Queckenwurzeln zu brauen.

Man sammlet im Frühling und Herbst diese Wurzeln, wäschet im Wasser alle Unreinigkeit davon ab, schneidet solche auf einer Heckerlingbank ganz klein, trocknet diese sogleich wohl, daß sie nicht vorhero dumpfig werden, oder anfangen zu keimen, wann sie auf einer Maljdörre recht wohl und hart gedörret, werden sie auf der Mühl wie anders Maly gebrochen, und mit etwas Hopfen gesotten, mit etwas frischer Bierhefen versehen, dann auf die Kühle gethan, und dann in Fässer gefaßt. Diese Quecken werden nur im Herbst und Frühling, wann das Gras davon vertreibt ist, in Vorrath gesammlet, davon man das ganze Jahr sein Bier als einen gesunden Trank brauen kan. Wann der Acker gepflüget, geegt, und mit einem eisernen Rechen überzogen wird, so kan man dergleichen als ein Unkraut genug haben und den Acker damit reinigen.

Nachricht von wohlfeilen Feuereymern.

In allen wohl eingerichteten Policeyen ist eingeführt, daß jeder Unterthan sich einen Feuereymer anschaffen müsse, da aber die ledernen an manchen Orten 1 Thlr. biß 2 fl. kosten, so fällt diese Abgab einem neu angehenden Burger oder Gemeinds-Mann schwer. Man hat dahero wohlfeilere erfunden, welche, wie in Böhmen, nur von Stroh geflochten und mit Weyden zusammen geheftet sind, wie die Näpfe, worinnen man den Brod-Teig verwahret. Damit aber solche Wasser halten, werden sie inwendig verpicht und zum Gebrauch aufbehalten. Dazu gehört 3 Pf. Pech und ein halb Pf. Unschlitt, über dem Feuer zerlassen, mit etwas Ziegelmehl vermischt, dann die Feuereymer inwendig damit aufgegossen! der heiß gemachte Theer, wovon das Pf. 1 Groschen kostet, taugt ebenfalls dazu. Diese Art Feuereymer kan jeder Bauersmann machen und die Kosten des Lederwercks erspahren.

Vorschlag, mehr Korn zu bekommen, wann man die Braach liegen lässet.

Man soll nur die Braach einmahl mehr ackern, aber allemahl fremden i. e. etlich Stund weit entfernten guten wohlgeputzten Saamen dazu nehmen, so wird man viel mehr in die Mezen bekommen.

Bier wider die Säure zu bewahren und klar zu machen.

Auf einen Eimer Bier rechnet man vor 1 Groschen Hirschhorn, pulverisirt, wie zum Caffee. Dieses mit 2 Kannen von dem nehmlichen Bier ans Feuer gesetzt,

D 2

tel, daß es zusammen aufkocht, dann wird es so warm zusammen aufgeschüttet, in die Tonne oder den Eymer Bier gegossen, eine Nacht ruhig liegen gelassen, sodann aber gleich auf Flaschen, Krug oder Bouteillen gezogen. Es wird so hell, wie Rubin.

* * *

Ratten zu vertreiben.

Soll man Agtsteinsalz nehmen und in ihre Höhlen werffen.

* * *

Aus wilden Castanien und Eicheln Brod zu backen.

Man nehme geschählte wohl gereinigte Castanien, giese über 6 Pf. auf einem Rierbeisen geriebene Castanien 1 Pf. Wasser, reibe solche Materie herum, thue solche in ein Tuch und presse den bittern Saft davon, das zuruck gebliebene Mehl ist als, dann weiß und trocken. Reibe dieses Mehl mit hinlänglichem Wasser, lasse die Milchartige Feuchtigkeit durch ein feines Haarsieb in ein mit Wasser gefülltes Gefäß lauffen, so erhält man davon ein sehr feines Mehl (foecula) das bey mäßiger Wärme getrocknet werden muß, so weiß und ohne Geschmack mit den Mehl verbacken werden kan. Es gibt auch Haarpoudre und gute Stärke.

Vortrefliches Recept recht gute Unschlitt-Lichter zu giessen,

von

H. C. I,

Wie die Unschlitt-Lichter zubereitet werden können, daß sie fast gar nicht dämpfen.

Es ist ein gewöhnlicher Fehler bey den Unschlitt-Lichtern, daß sie sehr stark dämpfen. Di ser Dampf ist für die Gesundheit höchst nachtheilig, weil sich derselbe auf die Brust legt und ein Beklemmen verursacht. Wenn man in den Winternächten bey stark dämpfenden Unschlitt-Lichtern arbeitet, ist der Speichel und der Schleim, den man des andern Morgens beym Aufstehen auswirft, ganz schwarz. Man glaubt also allen denen, welche bey Lichte vieles arbeiten, keinen geringen Dienst zu erweisen, wenn man ihnen eine Anweisung gibt, wie die Unschlitt-Lichter zubereitet werden können, daß sie eine stete und helle Flamme von sich geben, ohne zu dämpfen. Diese Zubereitung kann ohne grosse Mühe und Aufwand, in einem jeden Haußhalten geschehen und man hat dafur das Vergnügen, ungemein schöne Lichter zu brennen. Daher ist auch nachstehende Anweisung, welche sich auf eine vieljährige Erfahrung grün, det, ganz genau, deutlich und umständlich abgefaßt worden, damit bey Ausübung

der

darselben kein Zweifel und keine Ungewißheit übrig bleibe. Es ist aber hierbey folgendes zu beobachten.

1.) Wie das Unschlitt auszulassen ist.

Man nimmt zwey Theile Ochsen- und einen Theil Schaaf-Unschlitt. Ochsen-Unschlitt allein ist zu fett und nicht vest genug; wenn es aber mit dem dritten Theil Schaaf-Unschlitt vermengt wird, gibt es recht veste Lichter. Wenn man ausserdem auch etwas Bock-Unschlitt darzu nimmt, werden die Lichter so vest und hart, daß sie den Wachslichtern nicht viel nachgeben. Inzwischen kann man das Bock-Unschlitt, weil dasselbe nur zu gewissen Zeiten im Jahr zu bekommen ist, ohne Bedenken und Nachtheil weglassen. Dieses Unschlitt wird, wann es in kleine Stücke zerschnitten ist, zusammen in eine eiserne Pfanne oder in einen Kessel gethan und über das Feuer gesetzt. Nur darf, wie bisweilen gewöhnlich ist, kein Wasser darzu gegossen werden, weil sonst das Unschlitt nach dem Auslassen nicht mehr geläutert werden kann, wie nachgehends gezeiget werden wird. Man hat nicht zu befürchten, daß das Unschlitt auf diese Art anbrenne, weil man demselben durch beständiges Aufrühren vom Boden der Pfannen oder des Kessels, mit einem hölzernen Kochlöffel zuvorkommen kann. Dieses Unschlitt ist, wenn es über dem Feuer zu zerschmelzen anfängt, etwas trüb; es wird aber, wenn es einige Zeit kocht, schön helle. Wenn es nun recht klar und helle kocht, wird die Pfanne oder der Kessel von dem Feuer weggenommen, und das zerschmolzene Unschlitt, nebst den Grüben, mit einem großen eisernen Schaumlöffel, der keine Löcher hat, in ein aus ziemlich feinem Haustuch verfertigtes Säcklein, welches an den beyden untern Ecken Bändelein haben muß, damit man dasselbe ohne die Finger zu verbrennen, auf die Seite und in die Höhe wenden und heben kann, gegossen, aus welchem das Unschlitt in die darunter gesetzte Schüssel, hölzernen Kübel oder Kufe läuft. Ohngeachtet dieses ausgelassene Unschlitt, wenn es erkaltet, bereits recht weiß ist; so würden doch die daraus verfertigten Lichter sehr stark dämpfen, wenn das Unschlitt nicht erst würde geläutert werden. Die übrig gebliebenen und zum Theil nur halb ausgebratenen Unschlitt-Grüben, werden in der Pfanne oder in dem Kessel, wieder zum Feuer gebracht und, nachdem etwas Wasser darzu gegossen worden, ganz ausgebraten. Aus dem Unschlitt, welches man alsdenn erhält, können Lichter zum Gebrauch in die Kuche und zum Waschen gegossen, oder gezogen werden.

2.) Wie das ausgelassene Unschlitt geläutert wird.

Wenn das Unschlitt auf oben beschriebene Art ausgelassen ist, wird es des andern Tages geläutert. Dieses geschieht auf folgende Art: Man nimmt von dem ausgelassenen Unschlitt z. E. sechs Pfund, zerschneidet dasselbe in etwas kleine Stücke oder Brocken und thut es in eben die eiserne Pfanne oder Kessel, in welchem es ausgelassen worden. Zu diesen sechs Pfund Unschlitt gießt man reines Wasser, und

zwar

zwar auf jedes Pfund Unschlitt eine viertel Maas Wasser. Ferner thut man noch
zu jeden Pfund Unschlitt ein Quintlein Potasche. Wenn diese drey Stücke beysammen in der Pfanne oder in dem Keßel sind, wird die Pfanne oder der Keßel über
das Feuer gesetzt und das Unschlitt unter beständigen Umrühren mit einem hölzernen
Kochlöffel, gekocht. Wenn das Unschlitt zerschmoljen ist und anfängt aufzuwallen,
so steigt es mit einem mal in die Höhe und wenn man nicht eilfertig genug ist, die
Pfanne oder den Keßel vom Feuer hinwegzubringen, so lauft ein Theil des Unschlitts
heraus; daher muß man, um dieses zu verhüten, nicht zuviel Unschlitt in die Pfanne
thun und wenigstens den dritten Theil von der Pfanne leer lassen, und überhaupt
kein allzustarkes und jähes Feuer darunter machen. Anfänglich wird das Unschlitt,
wenn es kocht, wie ein Mehlbrey, nach Verfluß einer halben Stunde aber, wird
dasselbe wie eine Sulze, und so lang das Wasser, welches anfangs zu dem Unschlitt
gegossen worden, nicht verkocht und verdampft ist, steigen immer Blasen in die Höhe, und so lang dieses geschieht, darf man sicher glauben, daß das Wasser noch immer nicht ganz verdampft ist. Nach Verlauf einer kleinen Stunde, wird das Unschlitt immer dicker und sulzigter, bekommt auf der Oberfläche Runzeln, in denen bereits reines Unschlitt zum Vorschein kommt, welches auch von dem hölzernen Kochlöffel, wenn derselbe in die Höhe gehoben wird, in hellen Tropfen herabläuft, fängt
auch an wieder stärker aufzuwallen und in die Höhe zu steigen. Wann dieses geschieht, muß das Unschlitt zuweilen vom Feuer weggenommen werden, damit man,
wann dasselbe zu brausen aufhört und sich etwas gesetzt hat, nachsehen kann, ob die
Läuterung zu Ende ist, oder ob das Unschlitt noch länger kochen muß. Daher ist eine
Pfanne, weil sie mit leichter Mühe vom Feuer weggehoben werden kann, zum Läutern des Unschlitts bequemer, als ein Keßel: Das sichre und untrügliche Kennzeichen,
daß das Unschlitt sattsam geläutert und nicht mehr über das Feuer gebracht werden
darf, ist der bräunliche Käß, welcher, wann das Unschlitt von dem Feuer weggenommen worden, und zu brausen aufgehöret hat, auf demselben stehet, und daß man
man mit dem hölzernen Kochlöffel durch diesen Käß hinwegfähret und denselben von
einander theilet, oder ihn auch nur mit dem Munde von dem Rande der Pfanne weg-
bläßt, man ganz deutlich auf den Boden der eisernen Pfanne, und ohne daß auf dem
Boden der Pfanne noch ein solcher Käß liegt, wie durch klares und helles Wasser,
hinabsehen kann. Ist dieses, so darf das Unschlitt nicht mehr über das Feuer gebracht werden, weil es sonst verbrennen und schwarz werden würde. Dieser bräune Käß ist eigentlich dasjenige, was bey den Lichtern den Dampf verursacht, und der durch das Läutern von dem Unschlitt abgesondert wird.
Und in diesem Käse bestehet der ganze Abgang, den man durch das Läutern an dem
Gewichte des Unschlitts verliert, und welcher ohngefähr bey sechs Pfund ausgelassenen Unschlitt ein viertel Pfund betragen mag. Kann man nun ganz klar auf den
Boden der Pfanne durch das Unschlitt hinabsehen, so wird dasselbe mit einem grossen eisernen Löffel aus der Pfanne herausgefaßt und in das oben beschriebene aus seinem

…dem keinen Tuch verfertigte Säcklein gegossen; alsdenn hängt sich der braune Käß innen an dem Säcklein an, das Unschlitt selbst aber laust, wie das reineste Bronnen-Wasser, durch dasselbe in das darunter gesetzte Gefäß hinab. Es ist sehr nöthig, daß man kein blödes und abgetragenes, sondern ein dickes und bestes Tuch zu dem Säcklein nimmt, weil sonst der braune Käß, nebst dem Unschlitt, durch das Säcklein dringt und alles wieder verderbt. Um eben dieser Ursache willen darf man auch das Säcklein, um das Unschlitt völlig herauszubringen, nicht zusammen drücken noch winden, sondern man kann dasselbe nur sachte von einer Seite zur andern wenden, so wird das Unschlitt, welches ohnehin, so lang es noch ziemlich heiß ist, aus der Pfanne in das Säcklein gegossen wird, bis auf den letzten Tropfen herauslauffen. Der in dem Säcklein zurückgebliebene braune Käß kann zum Waschen der Handtücher, die man in der Küche führt, so gut als die beste Seife gebraucht werden.

3.) Wie der Docht, oder der Lichter-Zacken zu verfertigen ist.

Der Docht oder Lichter-Zacken kann entweder aus gesponnener Baumwolle oder aus gebleichtem werkenem Garn verfertiget werden. Diejenigen Lichter, deren Docht oder Zacken bloß von gesponnener Baumwolle gemacht ist, brennen zwar eine etwas längere Zeit, als diejenigen, deren Zacken von Garn ist; sie geben aber keine recht helle Flamme von sich. Am besten ist es, wenn man den dritten Theil gesponnene Baumwolle und zwey Theile gebleichtes werkenes Garn nimmt. Das stächserne Garn ist zu klar und brennt nicht so gut, als das werkene Garn. Nur muß eben genanntes werkenes Garn recht weiß gebleicht, von der Spinnerin nicht stark gedreht seyn, keine Spissen und einen ziemlich starken Faden haben. Das beste Garn von dieser Art ist auf der Frankfurter Messe zu bekommen. Es ist dasselbe ungemein weiß gebleicht, hat sehr lange Stränge, der Faden hat die gehörige Dicke und legt sich nicht stark ins Gewicht. So ungleich auch der Faden von diesem Garn, dem Ansehen nach ist, weil er nicht stark gedreht ist, so gibt doch dasselbe ohne Streit die besten Lichter-Zacken. Die Dicke dieser Lichter-Zacken muß sich nach der Dicke der Lichter richten; denn dicke Lichter erfordern auch einen dicken Zacken, besonders wenn sie recht helle brennen sollen. Inzwischen kann man auch nicht verlangen, daß Lichter, welche einen starken Zacken haben und eine große und starke Flamme von sich geben, eben so lange Zeit brennen sollen, als diejenigen, deren Zacken etwas schwächer ist. Es kommt hierbey auf eines jeden Belieben an. Diese Zacken werden noch etwas länger, als der Lichter-Form oder Model ist, gemacht und an dem Ende mit Wachs etwas gestrichen, damit sie fest zusammen halten und nicht auseinander fallen, wann sie in den Lichter-Form, von welchem gleich geredet werden wird, gelassen werden. Es gilt gleich viel, ob man die Lichter-Zacken ein paarmal mit Unschlitt überfähret, oder nicht. Wer es thun will, nimmt zwey Theile geläutertes Unschlitt und einen Theil weisses Wachs, läßt dasselbe am Feuer, doch daß es nicht durch die

Flamme

4) Wie die Lichter gegossen werden.

Zum Lichter-Gießen muß man besondere Formen oder Model haben, welche entweder aus Zinn, aus Glas oder auch aus weiß verzinnten Blech verfertiget werden. Die blechernen Formen sind die wohlfeilsten und auch die bequemsten. Ein solcher blecherner Form bestehet aus vier oder aus sechs Röhren, welche oben durch einen aufrechtstehenden Rand, der wenigstens einen Zoll hoch seyn muß, miteinander befestiget sind. Dieser Rand muß oben auf den beyden schmalen Seiten, einen kleinen Aufschnitt haben, damit in demselben das eiserne Stänglein, an welches die Lichter-Zacken gesteckt werden, und welches daher glatt gefeilt seyn muß, fest liege. Auch die Röhren müssen inwendig recht hübsch polirt seyn, damit die Lichter eine ebene Fläche und Glanz erhalten. Eben so müssen auch die Röhren unten, ein zugespitztes Käpplein bekommen und keine um vieles größere Oefnung haben, als b e Lichter-Zacken dicke sind. An das vorhin erwähnte eiserne Stänglein werden nun die Lichter-Zacken, welche wie gewöhnlich, oben mit einem Faden umschlungen seyn müssen, gesteckt und in die Röhren hinabgelassen. und weil diese Röhren zugespitzt und die Zacken unten mit Wachs bestrichen sind, so fallen sie gern durch die Röhren und kommen bey dem zugespitzten Ende der Röhren zum Vorschein. Alsdenn werden alle mal die Zacken derjenigen Röhren, welche am nächsten beysammen sind, wenn man sie vorher ein paarmal zwischen den Fingern gedreht hat, zusammen gebunden, und die Oefnung der Röhren, welche durch den Zacken nicht ganz ausgefüllet wird, mit etwas Wachs verschlossen. Wer den Lichtern einen starken Glanz geben will, führt mit einer Federspuhle, welche in feines Baum = Oehl getaucht ist, in den Röhren ein paarmal auf und ab. Dieses geschieht am besten. wann die Lichter = Zacken bereits in die Röhren eingezogen sind. Nur muß das Baum-Oehl keinen üblen Geruch haben, weil ihn sonst die Lichter behalten. Noch ist zu bemerken, daß die Lichter-Forme, sowohl die von Zinn, als von Blech, wenn sie das erstemal gebraucht werden, den Lichtern etwas blaue Flecken geben, welches aber nicht mehr geschieht, wenn zum zweyten und drittenmal Lichter in denselben gegossen werden.

Das Gießen der Lichter selbst, geschieht auf folgende Art. Man thut von dem geläuterten Unschlitt so viel, als zu Füllung der Lichter-Forme nöthig ist, in einen irdenen Hafen und setzt denselben in heiße Asche, oder inwendig in dem Ofen auf die heiße Matte, oder zum Feuer, doch so, daß die Flamme das Unschlitt nicht anbrennt. Wann das Unschlitt geschmolzen und so heiß ist, daß man den Finger in demselben, ohne sich zu verbrennen, erleiden kann, so ist die rechte Zeit zum Gießen. Ist das
Unschlitt

Unschlitt wärmer oder kälter, als eben erst gesagt worden, so taugt es nichts, weil die Lichter davon gewiß allemal fließen werden. Den Lichter-Form setzt man eine Hand-breit in kaltes Wasser, damit das Wachs, mit welchem die untre Oefnung der Röh-ren zugestopft ist, nicht, wenn das warme Unschlitt hineingegossen wird, erwärmt werde und herab falle; so bald aber der Lichter-Form mit Unschlitt vollgegossen ist, kann derselbe ohne Bedenken aus dem Wasser herausgenommen und an einen kühlen Ort gestellet werden, wo sodann das Unschlitt in kurzer Zeit erkaltet. Nach Ver-lauf einer Viertelstunde, müssen die Lichter-Formen, weil sich das Unschlitt in den Röhren gern setzt, mit Unschlitt ausgegossen werden. Wenn die Lichter erkaltet sind, welches nach Beschaffenheit der kalten oder warmen Jahrszeit in einer, zwo, oder drey Stunden geschieht, werden sie aus dem Form heraus gezogen, welches auch gar leicht von statten gehet. Die an dem Lichter-Form unten zusammen gebundenen Lich-ter-Zacken werden entzwey geschnitten, das vorgemachte Wachs hinweg genommen und zum fernern Gebrauch aufbewahrt, das oben in dem Rande des Lichter-Forms sich befindende Unschlitt, bis dahin, wo die Röhren ihren Anfang nehmen, h. raus gestochen, welches Unschlitt aufs neue in den Unschlitt-Hafen gethan und zerlassen wird, und die Lichter, entweder alle zugleich, oder einzeln mit Hülfe des eisernen Stängleins, herausgezogen. Sollte allenfals, welches sich aber selten, wann die Lichter-Zacken tüchtig gemacht sind, ereignet, ein Zacken, beym Herausziehen der Lich-ter, entzwey reissen, so muß man, wenn das Licht nicht auf die gewöhnliche Weise heraus gebracht werden kann, aussen auf die Röhren, in welcher das Licht steckt, ringsherum etwas heisses Wasser gießen, da sodann das Licht, welches durch das Aufgiessen des heissen Wassers etwas geschmolzen ist und den Glanz verlohren hat, gewiß herausgebracht werden kann. Wenn man zur Winterszeit Lichter gießt, darf man die Lichter-Forme nicht unmittelbar in die freye Luft setzen, weil sonst die Lichter von der strengen Kälte Springe bekommen. Noch ist zu erinnern, daß man mit diesen Lichtern eben so wenig, wie mit Wachslichtern, im Hause herum lauffen darf, weil sie sonst gar zu stark abfliessen; ferner, wenn sie mit der Licht-Scheere geputzt werden, muß man den Zacken nicht allzukurz abputzen: denn die Flamme löset das Unschlitt gar zu geschwind auf, und weil sie das Dasselbe, wegen Kürze des Zackens nicht aufzehren kann, so bricht das Unschlitt, welches, wie man zu sagen pflegt, ein Schüs-selein macht, irgendwo durch und fließt an dem Lichte herab.

Wer einmal die vorzügliche Güte dieser Lichter, welche sehr schön in die Augen fallen, kennt, wird gewiß anstatt dämpfende Lichter zu kauffen, die geringe Mühe nicht scheuen, sie selbst zu machen. Wer ein paar Lichter-Forme sich angeschaft hat und des Tages dreymal Lichter gießt, kann mit aller Bequemlichkeit in Zeit einer Woche, die ganze Lichter Bedürfniß für den Winter, zusammen bringen; besonders, wenn einige Haushalten sich versehen, ihre Lichter-Forme einander zu leihen.

Arzneymittel gegen das faulende Fieber und andere Krankheiten.

Das Königliche Collegium Medicum in Stockholm, hat das Theer-Wasser als
ein untrügliches Mittel bekannt gemacht, in Carolina solle es auch als ein Präservativ gegen die Kinderblattern getrunken werden.

Dieses Wasser soll also gemacht werden: Man nehme 2 Pf. Theer und 2 Pf.
kaltes Wasser, giese beydes zusammen, rühre beydes wohl um, lasse es stehen, bis
sich der Theer auf den Boden des Gefäßes gesetzet hat, sodann wird ein Glaß von
diesem klaren Wasser abgegossen und getrunken. Wann diß geschehen, so wird
abermal frisch Wasser über solchen Theer gegossen, umgerührt und stehen gelassen,
auch so lang damit fortgefahren, als der Theer sich noch hinlänglich mit dem Wasser
impraegniret, welches der Geschmack und Geruch zu erkennen gibt.

Vor die Rose.

Wird saure Milch in einen Topf oder Kessel ans Feuer gestellet, daß sie heiß wird
und zerrinnet; alsdann wird das Dicke mit einer Kelle heraus gehoben, auf ein
doppeltes oder dreyfaches Tuch, eines Fingers dick, solchergestalt geleget, daß es über
die Rose reichet, und so warm es nur immer gelitten werden kann, umgeleget und
verbunden.

Ist die Rose nicht gar zu alt, und auf das höchste, biß vor dem Aufbruch, gekommen, kann selbige vermittelst Auflegung eines Umschlags, in einer Nacht vertrieben werden.

Es ist ein allgemeines Vorurtheil, daß alles was naß ist, vor die Rose schädlich
wäre; man hat aber das Gegentheil, selbst beym Gebrauch dieses Mittels erfahren.

Von der Schweins-Zucht.

Wir können nicht umhin, unsern Landsleuten die so nöthige Schweins-Zucht
abermals, auf das nachdrücklichste anzuempfehlen, da es ein so gar wichtiger
Articul im Haußhalten ist.

Man weiß, daß das Schweine-Fleisch sowohl zur Speise als Schmelzung der
Gemüsser unentbehrlich ist, Knecht und Mägde wollen seit Schweinen-Fleisch zur
Kost haben, und wer ist? der nicht gerne geräucherte Schinken mit Appetit genießet, und
der Speck ist in den Küchen ohnentbehrlich.

Da die Getraid-Theurung seit einigen Jahren in unsern Franken auch so groß
gewesen, hat es freylich an Fütterung gefehlt und die Schweins-Zucht hat merklich
abgenommen, so daß man die Schweine aus Ungarn und andern entfernten Orten
herkommen lassen, viele 1000 fl. daher außer Land schicken, und in Städten das
Pfund Schweine Fleisch vor 10 bis 12 kr. bezahlen müssen.

Gleich-

Gleichwohl finden sich noch Mittel dieses nützliche Vieh zu ernähren, es beginnet Gottlob! das Getraid wieder wohlfeiler zu werden, es fehlt nicht alle Jahr an Eichel- und Buchen-Mast, die Erdbiren, Tangeres und Ruben dienen auch zur Nahrung und in denen Aeckern, wo jene gestanden, bleiben so viele zuruck, die man nicht alle heraus bringen kan, daß die Schweine solche fleißig heraus zu wühlen wissen und sich mit dem süssen Quecken-Graß füttern. An statt also so viele 1000 fl. aus unsern Geld-armen Franken, ausser Land zu schicken, sollte kein Ort, kein Wirth, Braur, Müller, Beck und Bauer seyn, der nicht die Schweinezucht sich angelegen seyn liese.

So wie aber bey aller Viehzucht es auf gute Art ankommt, so ist auch bey denen Schweinen darauf das Augenmerk zu richten, vornehmlich aber sind die Eber, Beißen oder das ganze Vieh, wie es an einigen Orten genennt wird, nicht durch die armen Hirten anschaffen zu lassen, als welche um der Wohlfeile willen, nach kleiner Waar trachten, sondern die Gemeind kan aus ihrer Gemeind-Cassa so viel Geld entnehmen und einen tüchtigen Beissen erkauffen.

Die Zucht-Sau muß lang gestreckt, hoch und starck von Beinen und Knochen, dabey lang und spitznasig seyn. Ferner muß eine Zucht-Sau völlig 2 Jahr alt seyn, wann sie zum erstenmal Junge wirfft. Der beste Wurf ist, wann man die Sauen im November begehen lässet, da sie im Februario ihre Jungen werffen und färcheln, indem eine Sau 16 Wochen geht; Man thut wohl, alle Schweins-Mütter um solche Zeit belauffen zu lassen, weil es in der Wartung seinen Nutzen hat: Es geschiehet nicht selten, daß eine Sau mehrere und die andere weniger Ferckeln wirfft, als sie zum Saugen Warzen hat, oder sonst zu schwach ist, ihre Jungen zu ernähren, andere sind geneigt, ihre Ferckeln, wann deren zu viel, zu fressen oder zu erdrucken, in diesem Fall kan man sich helfen, und die Jungen bey verschiedenen Sauen vertheilen, wiewohl diese nicht gerne mehr fremde Junge annehmen, wann die ihrige schon über 5 Tag alt sind. Das Begehen oder den Wurf verschiedener Sauen zu gleicher Zeit zu bewürcken, gibt man denenselben einige Tage reines Korn zu fressen, das sie zum läufig werden reizet.

Wann die Schweins-Mutter geworffen hat, muß man denselbigen mit körnigem Futter, Kleyen, Abgang von grünen Gemüssen, Milch und Spühlig gütlich thun, um den Zufluß der Milch zu vermehren, welches auch verhindert, daß sie ihre Jungen nicht fressen.

Eine Hauptsache ist, daß der Stall von einer Zucht-Sau, so werffen soll, nicht zu enge sey, indem durch den Fehler der kleinen Ställe das toddrucken der Jungen befördert wird, ingleichen muß ein solcher Stall nicht zu sehr mit Mist oder Stroh angefüllet seyn, weil die Ferckeln sich sonst darinn verkriechen und durch die Sau erstickt werden.

Nach Verlauf 3 Wochen oder sobald die Jungen Neigung zum Fressen zeigen, muß man denselben anfänglich etwas Futter-Gerste oder ander Getraid grob schroten und mit Milch und Spühlig laulecht anfeuchten lassen, bis sie die Körner zermalmen können: es muß diß Füttern aber zu der Zeit geschehen, wann die Alte, unter den Hirthen auf das Feld getrieben worden: Nach 4 Wochen lauffen die Jungen schon mit der Alten, auf die Brach-Aecker, wann solche nicht zu weit entfernet find. Sechs Wochen sind zum saugen genug. Wann die Sau hierauf wieder zum Eber gelassen wird, so geschiehet der zweyte Wurf um Jacobi, und da finden Alt und Junge die abgefallene Körner in den Stopfel-Aeckern. Eine Zucht-Sau soll man höchstens 6 Jahr behalten.

Wann man einmal eine gute Art hat, so pflegt man solcher Zucht einem jungen Eber nachzuziehen. Je jünger dieser ist, je besser bekommen die Sauen: Ein Eber taugt aber nicht länger als 2 Jahr zur Zucht. Von 9 halbjährigen Beißen und 24. Schweins-Müttern kan man zu 180 Junge ziehen. Brandweinspühlig allein ist zu hitzig, dahero mit Kuchenspühlig zu vermischen und nicht warm zu geben.

Im Winter kan man die Schwein-Ställe nicht warm genug halten und vor der Kälte mit Stroh allenthalben verwahren.

Weil die Sauen viel sauffen, so machen sie auch den Stall sehr naß, deswegen muß die Bäurin, die Läger so offen halten, daß der Urin durch und ablauffen könne und die Schweine nicht in der Nässe liegen dörffen, welches schädlich ist.

Schweinen muß man Liebstöckl oder Angelica-Kraut ins Trinken legen und es an solchem nicht fehlen lassen, im Sommer muß man sie öfters in die Schwemm treiben, daß sie sich abkühlen.

Wie das Salz allem Vieh nutzet, so ist auch gut, ihnen solches auf trockenes Futter zu werffen. Wann die Schweine in die Eichel-Mast getrieben werden, darf man es an öftern sauffen nicht fehlen lassen, dann die Eichel brennen sonst.

Wann mehrere Lausings-Schwein in einem Stall beysammen sind, so werden in denen Trögen Latten schreg hingenagelt, daß nur eine mit dem Kopf darzwischen hinein kan, sonst vertreiben sie einander und die kleinen werden verkürzt.

Wann man besorgt, daß in der Schweins-Zucht einige von denen sogenannten Finnen angestecket, so ist dieses an den weißen Blättern zu erkennen, welche sich unter der Zunge zeigen, wie auch an der Gurmme, welche sehe hirscherig wird. Das bewährteste Mittel dagegen ist, daß solchen Schweinen 3 bis 4 Tag in der Folge des Morgens, wann sie hungerig sind, auf ein wenig Schrot, so viele Senf-Körner gegeben werden, als man mit 3 Fingern fassen kan.

Die Blattern oder sogenannten Pocken, welche denen Saug-Schweinlein zustoßen, und oftmals, aus Unwissenheit der Bäurin oder Vieh-Magd, nicht bemerket werden, sind zu erkennen, wann die Augen denselben zu schwären anfangen und wann sie sterben, auffschwellen und der Bauch ganz blau wird. Das bewährte sie ist, daß man sie einige Tage mit frischer Kuh-Milch tränke.

vid. Braunschweigl. Landwirthschafftl. Nachrichten.

Auch die Schweine haben eine Art Fieber, welches man daher merket, wann das Schwein den Kopf hängen lässet, und matt wird. Die Cur ist eine Aderlaß hinter den Ohren, denn am Schwanz.

Wider die Seuche der Schweine ist folgendes Mittel: Man macht einen guten warmen Trank, läßt das Schwein den Nachmittag und des Nachts nichts fressen, bis dieser ihnen gegeben wird. Man schüttet ein halbes Pfund graues gemahlnes Leber-Kraut und ein Stück rothen Ocker so groß wie ein Ey, mit so viel pulverisirten Salpeter dazu, als auf einen ganzen Gulden liegen kan. Das Schwein wird nach dem Fasten begierig davon fressen und sauffen.

Nach 4 oder 5 Stunden setze man den Trank dem Schwein nochmal vor, in allem Futter muß sich etwas Salpeter und eine gute Menge Leber-Kraut finden.

Reinlichkeit und eine gute Wartung muß den Arzney-Mitteln zu Hülffe kommen, sonst wirst du nichts ausrichten.

Vor die Gelbsucht, welches man an denen Augen und Lefzen siehet, und an der Geschwulst unter den Kienladen. Die Cur ist diese:

Zerquetschet eine gute Quantität Scheel-Wurz, presset den Saft aus, gieffet den vierten Theil Wein-Eßig dazu, quetschet eine gute Quantität Holzläuse in einem Mörsner, macht damit einen warmen Trank, giesset soviel ein, als das Schwein auf einmal fressen kan, schüttet einen Röffel von den Saft und Wein-Eßig und ein viertel Pfund von gequetschten Holzläusen dazu. Das Schwein muß 3 Stund vorher und 6 Stund hernach fasten.

Wider die Schwäche des Magens wird dem Schwein alle Tag eine halbe Unze Mithridat unter das Futter gegeben.

Von denen Masern.

Diß ist eine gemeine Krankheit derer Schweine und zeigt sich an der Röthe der Augen und der Haut, ingleichen an ihrem Eckel vor dem Futter. Das Gegen-Mittel ist: selbiges einen Tag fasten zu lassen, hernach unter das warme Futter 2c. Körner Hirschhornsalz und 2 Unzen Ammoniac, welches solang fort zu setzen bis das Schwein wieder gesund ist.

Von der Schlaffsucht.

Wenn das Schwein den ganzen Tag schlummert und das Futter stehen lässet, so nehmet eine Quantität Portulac, auf französisch Pourpier Sauvage, quetschet es und presset den Saft heraus. Laßt es den Nachmittag und Abend fasten, des Morgens gebt unter dem warmen gemischten Futter ein Röffel von dem Saft dazu. Wenn das Schwein sich nicht darauf bricht, so muß die Cur den andern Tag wiederhohlet werden.

Für

38

Für das geschwollene

Das Schwein so diese Krankheit hat, lauft schro
lich darüber. Die Cur ist: Quetschet eine Quantität
Blätter und Knospen, preßt den Saft heraus, hierzu
dem Schwein unter den gemischten Futter eine Nössel t

Für den Durchlauf.

Der Durchlauf so von schlechtem Futter entsteht,
benimmt alles Fleisch. Die Cur ist: Man schüttet ein
darunter, dann auch Tormentill-Wurzeln.

Wann die Schweine Beulen bekommen, muß m
werden, hernach solche aufschneiden, und die Materie l
Ort mit Talch und Theer beschmieren.

Für geschwührige Ohre

Wann die Schweine von denen Hunden gebissen
Geschwäre bekommen, so erwärmet Wein-Eßig, wasl
macht eine Salbe von Theer und Talch und setzet etwas
die geschwürige Stellen.

Von denen Finnen ist oben schon erwehnt. A
Krankheit ist, so müssen die Gesunden von denen Kranke
warme Futter eine Unze Venetianischen Theriac gethon,
Pfund Schweinspeck, dann eine Nössel Theer darunter
damit gerieben.

Anweisung, wie die vortreflichen Telboer S

Der Acker muß sandig und mit Schaafmist gedungt, d
geegt seyn. Der Saame wird vor der Aussaat mit
sonst fällt er zu dick aus. Acht Tag vor oder nach Quar
im Zeichen des Fisch oder der Waag aber NB. im Alne
gesäet, sonst wachsen die Rüben mehr ins Kraut als in de
mit 3 Fuhren Mist betungt, streut man einen Eßlöffel b
sodann mit einem Strauch aber nicht tief unter die Erde.
das Kraut anfangt gelblicht zu werden, thut man die Rü
ein Sieb die Erde davon, schneidet das Kräuterich am
... thut die angesteckte davon, die andern bewahret ma
Sand den ganzen Winter über.

Haupt Summa. Gulden.	Für ein Jahr Interesse. fl.	kr.	pf.	Für ein Monat. fl.	kr.	pf.	Für ein halb Monat. fl.	kr.	pf.	Für eine Woche. fl.	kr.	pf.	In einen Tag. fl.	kr.	pf.
1000	40			3	20		1	40			48			6	2½
900	36			3			1	30			41			6	
800	32			2	40		1	20			37			5	1½
700	28			2	20		1	10			32	1½		4	2½
600	24			2			1				27	2½		4	
500	20			1	40			50			23			3	1½
400	16			1	20			40			18	2¾		2	½
300	12			1				30			13	3½		2	
200	8				40			20			9	1		1	1½
100	4				20			10			4	2			2½
90	3	36			18			9			4				2½
80	3	12			16			8			3	1½			2¼
70	2	48			14			7			3	½			1½
60	2	24			12			6			2	2½			1¾
50	2				10			5			2	1			1½
40	1	36			8			4			1	3			1⅓
30	1	12			6			3			1	1½			½
20		48			4			2			2½				½
10		24			2			1			2				⅓
9		21	2¾		1	3⅓			3½		1½				¼
8		19	½		1	2⅔			3½		1½				⅓
7		1?	1½		1	1¾			1½		1½				⅓
6		14	1½		1	½			2⅓		1½				⅓
5		12			1				2		1				¼
4		9	2½			3⅓			1½		½				¼
3		7	½			2½			1½		½				½
2		4	3½			1½			½		½				⅓
1		2	1½			½			½		½				⅓

Für das Jahr. Haupt-Summa.	Für drey viertel Jahr.			Für ein halb des Jahr.			Für ein viertel Jahr.			Für ein Monat oder 30 Tag.			Für ein Woch...	
Gulden.	fl.	kr.	pf.	fl.	kr.	pf.	fl.	kr.	pf.	fl.	kr.	pf.	fl.	kr.
500	375			250			125			41	40		9	4
400	300			200			100			33	20		7	40
300	225			150			75			25			5	50
200	150			100			50			16	40		3	53
100	75			50			25			8	20		1	56
90	67	30		45			22	30		7	30		1	45
80	60			40			20			6	40		1	33
70	52	30		35			17	30		5	50		1	21
60	45			30			15			5			1	10
50	37	30		25			12	30		4	10			58
40	30			20			10			3	20			46
30	22	30		15			7	30		2	30			35
26	19	30		13			6	30		2	10			30
24	18			12			6			2				28
20	15			10			5			1	40		23	
18	13	30		9			4	30		1	30		22	
16	12			8			4			1	20		18	
14	10	30		7			3	30		1	10		16	1
10	7	30		5			2	30			50		11	
9	6	45		4	30		2	15			45		10	2
8	6			4			2				40		9	1
7	5	15		3	30		1	45			35		8	
6	4	30		3			1	30			30		7	2
5	3	45		2	30		1	15			25		5	2
4	3			2			1				20		4	1
3	2	15		1	30			45			15		3	3
2	1	30		1				30			10		1	1
1		45			30			15			5			

Fränkische
oekonomisch = landwirthschaftliche
Manichfaltigkeiten.

des

Ersten Bandes
Sechstes Stück.

Schwabach,
Gedruckt und verlegt von Johann Gottlieb Mizler, Hochfürstl. privil. Buchdrucker.
1 7 7 7.

Innhalt.

Die Absicht unserer Fränkisch-oeconomischen Sammlungen ist hauptsächlich diese, daß wir dem Landmann zum besten allerhand nützliche Regeln abhandeln, woraus er sich hie und da zu seinem Nutzen etwas wählen könne.

Extract eines Schreibens, über eine der besten, wohlfeilsten und beständigsten Verbesserungen des Ackerbaues.

Auf die mir neulich vorgelegte Frage: wie derjenige Schaden und Ruin der Aecker, welcher daher entstehet, wenn dieselben durch Regengüsse, durch den Pflug und andere Zufälle ihres guten Erdreichs beraubt worden sind, am besten zu verhüten oder zu ersetzen seye, dienet zur Antwort, wie meine bisherige Erfahrung mich gelehret, daß das Erde anfahren das beste Hülfsmittel in solchem Fall seye.

Man findet diese anzufahrende Erde, entweder in den Schlammgruben oder in den Feldern und Wiesen. Bey den Schlammgruben bedarf es keiner mühsamen Untersuchung. In denen Feldern aber kan man die zusammen gezogene gute Erde durch die Anhöhen und Hügel, oder auch wenn man mit dem Grabscheid forscht, und selbige an diesem und jenem Ort tiefer als an andern findet, gar leicht entdecken. Liegt viel gute Erde an einem Orte; so kan man nach Proportion einen Stich tief mit dem Grabscheid und die abfallende Brocken mit der Schaufel ausladen lassen. Widrigenfalls nimmt man weniger, und lässet auch nicht schaufeln, damit der Ort nicht zu dürftig werde. In den Wiesen beobachtet man die Erde auf gleiche Weise. Man findet sie sonderlich in der Gegend wohin sich der Zug des Wassers richtet. Damit aber den Wiesen kein Schaden zugefüget werde, so sticht man an dem Ort, wo man die Erde wegnehmen will, mit dem Grabscheid Linien in den Rasen zu 3 Elen weit aus einander. Hierauf wird der Rasen unter sich abgeschält und abgestochen und in so viel möglich grossen Rollen vor sich hinaufgerollt, so daß die Erde bloß da lieget. Diese läßt man sodann nach Proportion der Tiefe ausstechen und abfahren. Inzwischen werden die Rasen-Rollen, zumal bey trockenem Wetter fleißig begossen. Wenn die gesuchte Erde ab und auf das Feld gefahren ist, so macht man den Boden fein eben und rollt die Rasen-Rollen wieder zurück, wodurch die Wiesen wie vorher bedeckt und das Wachsthum des Grases durch

das

das Aufflockern und Hervorbringung der geruheten Erde, ungleich mehr beförderi wird. Man erwählet gemeiniglich, besonders zu dem Erdfahren in Wiesen, den Herbst, weil hier keine Nutzung verlohren geht, und weil sich während des Winters der Rasen wieder setzen kan, auch die gewonnene Erde durch die an sich gezogenen Winter-Feuchtigkeiten desto mürber und fruchtbarer wird. Die hierdurch erbeutete Erde führet man auf diejenigen Plätze wo der Boden am magersten ist und schüttet selbige auf Haufen so dicht an einander als es der erlangte Vorrath erlaubet, in diesen Haufen bleibt selbige bis kurz vor dem Ackern des Feldes, worauf sie sich befindet, stehen, wo sie alsdenn zerstreuet wird, weil diese gute Erde sonst mit Unkraut verwüsten würde. Das beste Geschirr zu diesem Erde fahren, ist ein Schutt oder Keplkarn, weil das Abladen damit geschwinde vor sich gehet. Im Winter hat man besonders hierzu gebaute dergleichen Schlitten. Der Nutzen des Erdefahrens ist an sich besonders in hiesiger Gegend beträchtlich. Ehedem haben die Bauern fast mehr als die Helfte ihrer Felder aus Mangel des Mists mit Kalch düngen müssen. Seitdem sie aber fleißig Erde gefahren, haben sie ihre Felder so stark melioriret, daß sie ein weit mehrers an Strohe erbauen und ihre Felder fast durchaus mit Mist überdüngen können. Nicht zu gedenken daß sie hierdurch an der Düngung selbst und die vorhin benöthigten Ausgaben vor Kalch ersparen. Es gewinnet daher hierdurch der Bauer nicht nur ein beträchtliches Geld, sondern er verbessert auch sein Feld, lernet solches genauer kennen und mehrere Aufmerksamkeit darauf richten. Das Feld selbst bekommt durchaus guten Boden und die Früchte wachsen darinnen in größerer Menge und Vollkommenheit. Man hat Nachricht, daß dieses Erde fahren in gewissen Distrikten von Engelland sehr getrieben wird. Man führt daselbst so gar den Boden eines Stück Feldes auf ein anders und von diesem wiederum auf jenes. Wenn nur ein Stück einen schwerern und ein anders einen lichtern Boden hat; so vermengt man sie zusammen, wodurch beyde ungemein verbessert werden, und im ersten Jahr ohne weitere Düngung reichlich tragen ꝛc.

Von Anlegung eines oeconomischen Gartens.

Daß die Landwirthschaft an vielen Orten noch verbessert werden könne, ist ohne Zweifel; daß es aber nicht geschiehet, daran ist die Nachläßigkeit der Menschen Schuld; und da man dieses einsiehet; so ist es ein löbliches und höchstrühmliches Verfahren, wenn sich vornehme und gelehrte Hauswirthe mit vereinigten Kräften zusammen thun, und gemeinschaftlich zur bessern Aufnahme derselben arbeiten. Schweden ist uns wohl mit einem guten Exempel vorgegangen; man hat den Nutzen davon lernen einsehen, man ist ihnen nachgefolget, und wie rühmlich ist es nicht? Es ist also wohl nicht überflüßig, wenn gelehrte und erfahrne Landwirthe auf den Einfall gerathen sind, einen oeconomischen Garten anzulegen und darinnen allerhand Haus-
wirth-

wirthschaftliche Verfuche anzuſtellen. Ueber einen ſolchen anzulegenden Garten will ich meine Gedanken kürzlich eröfnen. 1) Dieſer Garten muß ſimple eingerichtet werden. Hecken, Bäume, Einfaſſungen von Buchsbaum, müſſen gänzlich wegbleiben, dann dieſe zehren das Land, ſaugen die Feuchtigkeit aus, und verhindern den freyen Zugang der Luft. Damit aber doch die Quartiere ordentlich eingefaßt bleiben, ſo müſte ein Aufſeher über dieſen Garten dahin ſehen, daß er ſolche mit gewiſſen oeconomiſchen Kräutern die ſich dazu ſchicken, bepflanzte; z. E. Lucerne, Eſparſette, Krotgras oder auch andere Sorten Kräuter, als Wayd, Tinctura, Serratula u. d. g. oder man könnte ſie mit nützlichen Pflanzen, als Thimian, Salbey, Lavendel und Spic bepflanzen, denn dieſe zehren nicht ſo ſehr und ſind in der Wirthſchaft brauchbar. 2) Müſſen die Quartiere in das Quadrat und nicht im Triangel angelegt werden, denn da es ein Garten zum Nutzen und Verſuchen ſeyn ſoll, müſſen alle Künſteleyen hinweg bleiben, weil in Betracht durch die Triangel vieles Land unnütze wegfällt. 3) Wenn dieſer Garten in Quadrate getheilt wird; ſo kan man wie ich annehme, daß auch verſchiedene ausländiſche Bäume und Sträucher einheimiſch ſollen gemacht werden, ſolche beſonders dahin bringen. Um dieſes Quartier könnte man wohl eine Hecke von niedrigen auch zur Wirthſchaft gehörigen Sträuchern ziehen. 4) Da viele Gewächſe den Schatten lieben, ſo wäre dahin zu ſehen, (wenn anders nicht der Garten ſchon alſo lieget,) daß man ſolchen verſchaffete; keinesweges aber durch Hecken oder Bäume, ſondern durch Gebäude. 5) Wäre um dieſen Garten eine Mauer oder Wand, ſo könnte man zur Veränderung Spalier von fruchtbaren fremden Bäumen oder ſonſt andern anlegen und gebrauchen. 6) Verſuchte es ſich ſchon von ſelbſt, daß die Quartiere ſo einzutheilen ſind, daß in dem einen lauter Wirthſchaftliches Getreyd in einem andern allerhand Futter in einem dritten Farbkräuter, wieder in einem andern Sträucher und fremde Holzarten geſäet und gepflanzet werden. 7) Die Anzeigung der Gewächſe kan ich nicht genau beſtimmen, indeme ich ſelbſt nicht wiſſen kan, was man für fremde und ausländiſche Saamen und Pflanzen dörfte kommen laſſen, und die mir ſelbſt nicht bekannt ſeyn dörften. 8) Die Eintheilung von vielerley Erdreich iſt höchſt nöthig; in Betracht deſſen, daß es auf Verſuche ankommt, und man wiſſen muß, in welchem Boden dieſes oder jenes Gewächs am beſten gedeyhet. Ueberhaupt habe ich angemerket, daß alle Pflanzen, nur wenige ausgenommen, in einem guten Erdreich beſſer wachſen. Nun iſt nicht aller Orten ſolch fruchtbares Erdreich; und man will es doch nutzen. Dahero iſt es billig daß man Verſuche damit anſtelle, und dem Landmann Anweiſung darzu giebt.

Leipziger Intelligenz Blätter.

A 3   Von

Von Vermehrung der Bäume durch die Knospen,
aus dem Englischen.

Herr Barnes hat uns in seiner Methode die Bäume und blühende Stauden zu vermehren, folgende Art, es vermittelst der Knospen zu thun, vorgeschlagen.

Die gewöhnliche Art Bäume durch Pfropfreiser und Ableger zu vermehren, zeiget uns, daß wenn man ein Sprößlein, von welcher Art Bäume es auch sey, solchergestalt in die Erde stecket, daß es unterwärts Wurzel fassen kan, am obern Theil sich alsbald alles übrige bildet, was zu einem vollkommenen Baum gehöret. Erhält man auf diese Weise erst Wurzeln, so folgen die andern Theile ganz natürlich nach. Allein, eben dieses geschiehet nicht allemal. Es giebt Bäume, die weder in dem einen noch in dem andern dieser beyden Fälle wieder Wurzeln fassen, und wenn sie es thäten; so wäre dennoch die Anzahl derer, die man auf diese Art erhielt noch sehr geringe, weil ein Baum nur eine gewisse Anzahl von Zweigen zu dieser Absicht liefern kan. So oft ich die Ableger, welche nicht fortgekommen waren, untersuchte, habe ich allemal gefunden daß das Uebel daher entstanden war, weil der Theil von welchen man hoffte daß er Wurzeln treiben sollte, in die Fäulnus gegangen. Diese Gefahr äussert sich nur sodann, wenn dieser frisch abgeschnittene Theil mit keiner Schale mehr bedeckt ist. Es war natürlich auf den Einfall zu kommen, daß wenn man ein Mittel erfände, diesen Theil des Zweigs vor der Fäulnus zu bewahren, alle diese Ableger, die gemeiniglich zurück bleiben, gewiß ausschlagen und aufwachsen würden. Als ich meine Gedanken einem meiner Bekannten hierüber mittheilte, trat dieser edle Freund nicht nur meiner Meinung bey, sondern gab mir überdieß ein Recept, die Fäulnus von dem abgeschnittenen Ende der Ableger abzuhalten. Er rieth mir hiernächst den Versuch an vielen kleinern Reisern als man gemeiniglich darzu nimmt, und den blosen Knospen zu machen. Jedes Blat an einem Baum oder Staude hat gemeiniglich an seinem Stiel eine junge Knospe und es ist zuverläßig daß jede dieser Knospen in sich selbst die Grundlage zu einem Baum ihrer Art in sich verschließt; daher scheinet es mir vernünftig zu glauben, daß jeder Zweig so viel neue Pflanzen geben kann, als er Blätter hat, wenn man ihn nur in so viele Stücke zertheilet, und daß eben diese Zubereitung die entblößten Enden jedes Theils vor der Fäulnus bewahren würde. Der Vortheil eines solchen Verfahrens, leuchtete mir gleich sehr ein; denn dadurch würde man statt einer, sehr viele Pflanzen erhalten, und die Sache schien mir der gesunden Vernunft so gemäß zu seyn, daß ich mich entschlos den Versuch zu machen.

Man hat zu dieser Absicht unter dem Nahmen des Baumwachses oder vegetabilischer Mumien schon verschiedene harzige Mischungen vorgeschlagen, welche man beym Agricola und vielen andern finden kan: allein, nach vielen wiederholten Erfahzungen die mit der größten Vorsicht angestellt worden, habe ich folgendes am besten befunden.

Man läßt in einem großen irdenen Topfe 2½ Pf. gemeines Pech und ½ Pf. Therpentin zusammen schmelzen; so bald alles zergangen, thut man 6 Quintlein zerstoßnen Aloe hinzu, rührt alles fleißig zusammen um, und setzt diese Vermischung ans Feuer. Wenn sie einen Augenblick helle gebrennt muß man sie sehr veste zudecken, wodurch die Flamme verlöschet. Hierauf rührt man sie nochmals gut durcheinander und bringt sie wieder ans Feuer; dieses thut man zu drey verschiedenenmalen und zwar in der freyen Luft, weil sonst das Haus in Brand gerathen könnte. Man muß immer eine sehr paßliche Stürze zum Topf bey der Hand haben. Wenn die Mischung zum drittenmal abgeflammt hat, läßt man sie nochmals schmelzen und thut noch 3 Unzen gelbes, klein und dünn geschnittenes Wachs, nebst 6. Quintlein zerstoffenen Mastix hinzu. Hierauf läßt man alles zusammen schmelzen, bis es vollkommen unter einander gemischt ist. Endlich drückt man das ganze durch reine Leinwand in eine kupferne Pfanne, und läßt es darinnen kalt werden.

Will man sich dieses Verwahrungsmittels bedienen, so schlägt man ein Stück davon ab, setzt es in einem kleinen irdenen Topf über ein gelindes Feuer, und läßt es so lange darinnen bis es weich genug ist, um es über den entblößten Theil des Ablegers kleben zu können; doch muß dieses nicht zu warm geschehen. Diese Umkleidung hat die Eigenschaft alle Feuchtigkeit gänzlich abzuhalten. Der Theil welcher mit diesem Baumwachs umklebt ist, wird nie frieren, so lange die übrigen Theile noch einiges Leben haben; und so bald dieser zarte Theil in Sicherheit gebracht ist, wird die Natur alles nöthige zum Wachsthum beytragen. Ich habe dieses alles in der Ausübung vor wahr befunden, und nach vielen wiederholten Versuchen an verschiedenen Arten von Bäumen bemerkt, daß ich von einem Stück eines Zweiges so viel gute Pflanzen ziehen konnte, als es Blätter hatte.

Nichts schien damahls so seltsam, als Pflanzen durch Ableger fortbringen zu wollen, da Laurembergzuerst den Vorschlag that. Was ist indessen jetzo gemeiner, als das Absenken? Das Wachsthum der Ableger geschiehet auf eben diese Art, als das, was wir hier in Vorschlag gebracht. Man hat hinlänglichen Grund zu glauben, daß die Fortpflanzung durch bloße Knospen bald eben so gemein seyn wird; und in der That, wenn man die gehörige Mühe und Vorsicht anwenden will, wird man damit eben so glücklich bey allen Bäumen und Stauden seyn, welche Knospen von ihrer eigenen Gattung haben, als bey denen die erst gepfropfet worden.

Es giebt viele Bäume und Stauden, welche gar keine Knospen haben, dergleichen sind fast ohne Ausnahme alle diejenigen, die in heißen Ländern wachsen.
Au-

Andere haben Knospen, die nur zur Hervorbringung gewisser Theile, und nicht des ganzen Baumes gehören, daher sie zu unserer Absicht nicht dienlich seyn können. Der Alaternus und der Oleander, der spanische Holunder, der Sadebaum und die empfindliche Pflanze (Sensitiva) sind unter einer Menge anderer, solche Beyspiele von Bäumen und Stauden, welche gar keine Knospen haben, folglich kan bey ihnen die vorgeschlagene Art der Fortpflanzung nicht angebracht werden. Die Erle hat Knospen zum Wachsthum der Blätter, welche aber keine Blüthentheile enthalten; man kann also aus ihnen keine vollkommene Pflanze ziehen. Der Pappelbaum hat seine eigene Knospen zu den Blüthen, und andere zu den Blättern. Wenn man demnach Blüthen-Knospen zur Fortpflanzung brauchen wollte, dürfte man sich nicht einbilden, einen Pappelbaum daraus zu ziehen. Die Haselstaude hat Knospen, welche die Blätter und weiblichen Blüthen in sich verschliessen; die Fiechte und die Tanne enthalten in ihren Knospen zugleich die männlichen Blüthen und die Blätter. Wie könnten solche Knospen wohl fortkommen? und was würden sie hervorbringen? Ein wichtiger Gegenstand der Neubegierde, welcher wohl würdig wäre, daß man einige Versuche darüber anstellte! Ueberhaupt aber enthält die Knospe eines Baums die wesentlichen Theile eines vollkommenen Baums, und muß folglich einen vollkommenen Baum hervorbringen können. Das ist die natürliche Beschaffenheit der Knospen. Deßhalb können die meisten Gattungen von Bäumen sehr leicht und in grosser Menge nach der vorgeschlagenen Methode hervorgebracht werden. Es entstehet, meiner Meynung nach, noch ein anderer sehr beträchtlicher Vortheil aus dieser Unternehmung, obgleich die wenigen Erfahrungen, die ich darüber sammlen können, mir noch nicht gestatten, mit aller der Zuversicht zu behaupten, die ich in Ansehung anderer Vorschläge hegen kan. Ich meyne nemlich, daß die durch Knospen erzeugten Bäume natürlicher Weise schöner und frischer seyn müssen als alle die auf jede andere Art, das Säen ausgenommen, hervorgebracht worden; denn bey dem Absenkern wird der Umlauf der Säfte sehr gehindert, und bey den Pfropfreisern ist es ungewiß, wo der Grund-Stof des Wachsthums am ersten wirken wird. In einem und dem andern Fall also wird die Natur in ihrem Verfahren gestört, und die Säfte leiden in ihrem Umlauf einen grossen Anstoß. Wir sehen den Erfolg hiervon in der Natur. Beym Wachsthum der Fiechten und an vielen andern Bayspielen bemerken wir es augenscheinlich. Wenn wir hingegen eine Knospe einsetzen; so schiesset der Baum an seiner natürlichen Stelle, gerade in die Höhe; die Säfte haben keine Umwege zu thun, und es findet sich in ihrem Wachsthum keine Hinderung. Von dem Augenblick an, da der Grund-Stof anfängt, sich zu entwickeln führt er beständig fort zu wachsen; so lange er noch in der Knospe eingeschlossen ist, bleibt er daselbst in Ruhe, wie die Pflanze im Saamen Korn, biß die Natur ihn hervorkommen läßt. Die Kunst thut bey dem angegebenen Verfahren eben dasselbe, und der Erfolg ist in keinem Stücke verschieden; der Baum wächst auf die nemliche Art, als die Sprosse an ihrem Zweige würde gewachsen seyn. So viel man Knospen an einem Baume hat, so viel Bäume von gleicher Gattung kan man durch sie hervorbringen, wenn der Gärtner sie wohl in Acht nimmt; denn eine jede Knospe ist nichts anders, als ein junger Baum.

Der Herr Verfasser hat noch nicht bestimmt, was ihm die Erfahrungen und Versuche bey Fortpflanzung der Bäume durch die Blätter weiter entdeckt haben; indessen ist Herr Barnes in Vermehrung der Bäume durch die Theile der Wurzel und durch grosse Zweige sehr glücklich gewesen, wenn er in jedem Fall die abgeschnittenen Enden durch das oben angeführte Baumwachs vor allen Zufällen sorgfältig verwahret hat. Er beschließt sein Werk mit folgenden Anmerkungen.

Wie man die Bäume durch die Wurzel vermehren soll.

Um eine neue Pflanze von denen Gattungen die weder durchs Absenken noch durchs Pfropfen fortkommen würden, durch die Wurzeln zu vermehren, bediene ich mich folgender Methode: ich nehme die Erde von einer guten Wurzel eines Baums ab, die im Durchmesser ohngefehr ½ Zoll und mehr, nach Beschaffenheit der Natur und des Wachsthums des Baumes beträgt. Bey kleinen und zarten Bäumen sind noch kleinere Wurzeln zureichend. Ich hebe sie aus der Erde heraus, schneide zwey drittel in der Quere durch, putze auf den Seiten alle Fasern der Wurzel 6 bis 8 Zoll weit ab, und beklebe hierauf alle verletzte Stellen mit lauem Baumwachs. Den durchschnittenen Theil der Wurzel lasse ich über 5 Zoll lang über der Erde, und erhalte ihn vermittelst einer gespaltenen Ruthe, in dieser Stellung. Auf solche Weise behält sie noch ihre eigene Fasern, und hat während der ganzen Zeit, in welcher sie auf solche Art über der Erde erhalten wird, alle Vortheile des allgemeinen Wachsthums.

Man sagte sonst, daß die Zweige und Wurzeln der Bäume, natürlicher Weise in nichts von einander unterschieden wären, ausser daß jene in der freyen Luft, und diese sich in der Erde befänden. Wenn also ein Theil der Wurzel an die freye Luft gebracht wird, so muß das, was daraus wächst, die Natur eines Zweiges oder Pfropfreises, und nicht mehr einer Wurzel haben.

Die günstigste Zeit zu dieser Unternehmung ist der Frühling; und wenn man alle nöthige Vorsicht anwendet, wird sie niemals fehl schlagen. Man wird junge Zweige bekommen, die von dem Theil der Wurzel getrieben worden, der in der freyen Luft schwebt. Dieser neu angetriebene Anschuß, bleibt so, bis er im folgenden Frühjahr etwas stärker wird. Alsdenn kan man ihn sogleich abschneiden, und er wird gewiß und geschwinde fortkommen.

Ich habe auf solche Weise Pflanzen von gefüllten Oleander vom Baumwollen Baum und verschiedenen andern Bäumen erzogen, welche nach der gewöhnlichen Art ihres Anbaues am schwersten zu erhalten und fortzubringen sind.

Nutzen des Salzes bey den Thier[

Daß überhaupt das Salz selbst, denen Thieren sehr zuträglich [
fahrung, und die Amerikaner insonderheit bedienen sich desselb
nicht ohne grossen Nutzen. Alle Thiere die gespaltene Klauen habe
sehr begierig darauf. Selbst die Pferde und auch die Schaafe [
suchen in denen Gegenden, wo dergleichen zu finden sind, die Salz
man behauptet, daß diese Thiere den gewöhnlichen Krankheiten we
sind, als andere. Man thut deshalben sehr wohl, wenn man dar
das Futter, und insonderheit unter das Heu etwas Salz mischt.
durch den häufigen Regen etwa verdorben und in Fäulung gerathe
nur, wenn man solches einfahren läst, Lagenweise Salz darzwisch
und es gewissermaffen ordentlich einpökeln: Die Thiere werden es
gerne fressen, sondern es wird selbigen auch eben so gut bekommen, al
Heu.

Von den Krankheiten der Schaafe, und zwar ers[
unbekannten Krankheiten und denen davor zu gebr[
Mitteln.

Die bekannten Krankheiten der Schaafe sind diejenigen, welche ihr
men, Kennzeichen und darwider bewährte Mittel haben: unb
jenigen, wobey sich zwar äussert, daß das Viehe nicht gesund sey, ma
eigentlich weiß, was ihm fehlet, und daher bey der Cur mehr präserva
gehen muß.

Nasse Witterung, nasse Winde und nasses grünes Futter, so
fliessenden und stehenden Wassern und sumpfigten Orten, ist den (
schädlich, und man muß dieses durch vorläufige Anstalten allezeit, gan
in nassen Jahren und in nassen Jahrszeiten verhüten, ja es zeigen di
henden Ursachen solcher Krankheiten der Schaafe nicht eben allezeit
erst oft lange darnach in zwey oder 3 Jahren ihre schädliche Wirkunge

Starke Kälte ist die andere allgemeine Ursache der Krankheiten
So dienlich ihnen eine gelinde Kälte ist, so schädlich wird sie ihnen, we
ist; sie werden dadurch schwach und untauglich.

Auch muß unter die allgemeinen Ursachen oft unbekannter Kran
net werden: eine starke Hitze, weil die Schaafe ein schwaches Gehirn u

sen Körper haben, und also die Feuchtigkeiten die sonst das Geblüt in einer immergleichen Bewegung erhalten, leichtlich zu sehr auszudünsten.

Endlich verursachet der Schrecken mancherley böse Zufälle, besonders bey trächtigen Schaafen. Wäre es nun möglich, daß ein Haußwirth seine Heerde vor allen diesen Ursachen völlig bewahren könnte, so würde man wenig von Schaafkrankheiten hören; allein da dieses allemal nicht geschehen kan, bisweilen auch es zu verhüten der gehörige Fleiß nicht angewendet wird, so kommt es auch, daß vielmal die Heerden mit Krankheit befallen werden, die man nicht kennet, und dahero keine andere, als praeservativ oder allgemeine Mittel dagegen gebraucht werden können.

Folgendes von einem sehr erfahrnen Haußwirth erfundene Schaaf-Pulver, ist in allen unbekannten auch ansteckenden Krankheiten der Schaafe viele Jahre mit Nutzen gebraucht worden. Es bestehet in folgendem.

Man nehme: Scorbienkraut 6 gute Hände voll, Schafgarbe, Lungenkraut, Leberkraut, Ehrenpreis von jedem 3 Hände voll. Wachholderbeeren, die klar zerstoßen 1 Kanne oder Maas. Schwalbenwurzel, eine Hand voll, Wermuthsknospen, 3 Hände voll, das Kraut von Liebstöckel 2 Hände voll.

Diese Sachen werden, jedes nach seiner Art klein gemacht; die Kräuter und Wurzeln klein geschnitten, und wenn alles dürre ist, wird es in eine Schachtel gethan und aufgehoben. Findet man nun, daß ein oder etliche Schaafe krank werden wollen, so stellet man sie alleine, und giebt ihnen von diesem Pulver mit etwas wenig gekochten Haber und Salz, einen oder zwey Löffel voll. Dieses hat viele kranke Schaafe besund gemacht, auch die andern vor allerhand Zufällen praeserviret, denen man die Helfte von obiger Dose praeservative gegeben hat.

Eine General-Regel ist, daß die Schäfer-Knechte es sogleich anzeigen, wenn eines oder das andere Schaaf krank werden sollte, damit man gleich anfänglich dazu thun, und das nöthige besorgen könne. Inmittelst sollen die kranken Schaafe gleich in einen kleinern Stall allein gesperrt, und vom Schaafmeister selbst getränkt und gefüttert werden.

Aeusserliche Kennzeichen kranker Schaafe, von denen man nicht weiß, was ihnen eigentlich fehlet, sind: Wenn sie um Martini gebogene krumme Schweife haben, ingleichen wenn sie im Jan. und Febr. kein Erlenlaub fressen, ferner, wenn die Stern in den Augen nicht roth, sondern bleich und gelblicht sind. So auch, wenn man sie beym Rücken in die Höhe hebet, und die Rückgradshaut nicht steif anhält, sondern solche

B 2

solche mit samt der Wolle gleichsam fahren lässet. Bey solchen Merkmahlen muß man auf der Huth seyn, und die hier vorgeschriebene Mittel gebrauchen, worunter auch hauptsächlich folgendes gehöret:

Man nehme: gedörrte Holunderbeeren, oder auch frische, die mit Mehl geknetet und im Ofen gebacken werden,
gedörrte Wachholderbeere, von jedem 1 Pfund,
gedörrte oder frische Schafgarben,
Dille, Wermuth, Liebstöckel, von jedem ein halb Pfund,
Salz, eine Metze,

zerschneide und mische alles unter einander, und gieb es ihnen in schmale Rinnen. Hiervon haben bey anderthalb Hundert Schaafe genug, und wer es ihun kann, und will seine Schaafe wohl in Acht nehmen, kann ihnen dieses alle 14 Tage im Sommer bey trockenem Wetter, daß sie sich durch Saufen nicht Schaden thun, im Winter aber alle Monat geben. Oder man nehme

Spiesglaß, Antimonium crudum,
Roßschwefel, Sulph. caballin,

von jedem gleich viel, und gebe davon einem Schaaf ein halbes Loth, und einem Lamm ein Viertel Loth, unter naß gemachten Haber nüchtern, und lasse sie zwey Stund drauf fasten.

Wenn man eine Seuche oder die Pocken besorget, so kann man Wachholder-
beeren, die recht reif sind, backen, im Salz zerreiben, und also den Schaafen mit zu fressen geben, als welches die bösen Feuchtigkeiten bey diesem Viehe, welche es bey nassen Jahren eingesauget, zertheilet, und sie vor der besorglichen Krankheit bewahren wird. Zur Abwechselung kann man den Schaafen auch gedörrte und zerriebne Wermuth fressen lassen, so dißfalls auch gar gute Wirkung thun wird.

Weil aber oftmals schon so viele böse Feuchtigkeiten sich in die Theile bey den Schaafen gezogen, und dahero mit diesem Precautionsmitteln nicht viel auszurichten ist, so kann man, wenn auch schon die giftige Feuchtigkeit sich nach einem gewissen Ort der Thiere gezogen, am füglichsten die Salben und weisen Andorn gebrauchen. Man drückt den Saft aus, und giebt davon den Schaafen 14 Tage nacheinander einen guten Trunk ein, welches bey den Schaafen die sich schon festgesetzte Feuchtigkeiten zertheilen und sie gesund erhalten wird.

Es ist zwar unstreitig, daß dieses Mittel die besten Dienste bey den Schaafen leistet, wenn man es im Frühling gebrauchet, doch wird es auch zu anderer Zeit wohl gebraucht werden, und man kann Haußwirthe genug aufstellen, die den Nutzen dieses oft von ihnen probirten Mittels zur Gnüge erfahren.

Es pflegen auch manchmahl die Schaafe unvermuthet und bey dem besten Futter sehr abzunehmen, wodurch selbige zur Zucht untauglich werden, und auch zum
Schlachten nicht zu gebrauchen sind. Man kann dagegen folgendes Mittel gebrauchen: Man muß den Schaafen erst Morgens von den Holunderbeeren, alsdann
aber 8 Tag hintereinander die Früchte oder Saat von Schaflinsen, oder Lombardi-
schen Linsen zu fressen geben, als welche überhaupt zur Mastung der Schaafe vortrefflich sind.

Oefters kommen die Schaafe auf eine giftige Weide, welches die Hirten nicht
wohl merken: solches erkennet man bald, wenn ihnen der Bauch schnell aufläuft;
sie wollen auch alsdann nicht fressen, und fallen zuweilen nieder. Die lasse man ihnen bald die Ader, in der Oberlippen, und gebe ihnen Theriac mit Menschenharn
vermischt ein, das hilft von Grund an.

Wenn man im Frühling vermerket, es möchte etwa Gift gefallen seyn, so muß
man sofort den Schaafen etwas zur Verwahrung eingeben, und nicht erst warten,
biß sie nicht mehr fressen können, weil sonst alle Mittel vergebens sind, wenn man
zu spät kommt. Das Viehe stirbt augenblicklich, hauptsächlich an Orten, wo ohnehin fette Weide ist. Zur Vorsicht können aber die bereits angeführten Mittel, oder
folgendes gebraucht werden:

Hundskoth, Unholdenkraut, Schellkraut, jedes gleich viel, thut dazu gereinigten Salpeter, und vermischt es, macht es zu einem Pulver, und
gebt davon ein.

Oder man nimmt auch nur Oleum rusci mit Salz, und giebt davon ein.

Von den äusserlich bekannten Zufällen der Schaafe, und den Mitteln dagegen.

Wenn die Schaafe eine Geschwulst bekommen am Kopf, Backen und Ohren, als
wenn sie aufgeblasen wären, so haben sie den Brand oder die Wassersucht des
Hauptes, sie können nicht gegen den Wind gehen, und lauffen vor Angst von der
Heerde. Diese Krankheit entstehet, wenn die Schaafe von jungen Heidekorn fressen, welches auf dem Acker hervorwächst von dem ausgefallenen Saamen, wo vorher Heidekorn gestanden. Es ist also dieses nicht allgemein, sondern nur in Heide-
ländern gewöhnlich, kann auch verhütet werden, wenn das Viehe nach der Ernde
nicht in solcherley Stoppeln getrieben wird. Inzwischen muß einmahl vor allemahl
beobachtet werden, daß die ausgefallene Saat durchgängig vermieden werden müsse,
weil die Schaafe davon im Blut ersticken können. Das einige Mittel wider obbe-
schriebenen Brand ist, daß man die Haut mit einem Messer schröpfe, ihnen auch
Salpeter oder Salzwasser zu sauffen gebe, oder Vitriol ins Wasser thue, daß sie

davon

davon trinken. Beym Schröpfen läuft ein gelblicht Wasser heraus, ses nicht geschiehet, so hilft nichts.

Hat ein Schaaf ein Bein gebrochen, so muß es wie bey and= Menschen zurecht gemacht, das Bein in Wolle, die mit Wein ob= und Oehl genetzet ist, umwunden und geschienet werden. Hernach r ten Eßig, thut dazu das Pulver von Weyhrauch, Myrrhen und E gleich viel, und giebts dem Schaaf ein.

Die Schaafe werden zwischen den Klauen oft wund, und als= solches nur ausgewischt und Theer hinein geschmiert wird, so heilet es Schaaf hinket nicht mehr.

Hätte es sich aber an einem andern Ort wund gerieben, so nimm Pech, Schwefel, Leinöhl und Eßig, mischt es untereinander und sch= so wird es bald heil werden.

Wenn ein Schaaf ein Fell über das Aug bekommet, so ist dartu gebrauchen:

1) Das Pulver von der Benedictenwurzel ins Auge getha=
2) Butter, das Auge damit zu schmieren;
3) Salz im Munde zergehen lassen, und ins Auge gespritzt
4) Vitriol im Wasser zergehen lassen, und ins Auge gespri=
5) Einen Maulwurf zu Pulver verbrannt, und in die Auge

Winterszeit werden zuweilen Schaafe ausserdem blind: Wen= nem Feder-Kiel zartgeschabten Schieferstein in die Augen bläset, und cher Wiederholung nicht besser wird, so ists am besten, gleichwie a Fall, abgeschlachtet, weil es nichts böses ist.

Wenn ein Schaaf ein äusserlich Geschwür am Leibe hat, so mu= net und hernach Leinöhl oder weich Pech auf die Wunde geleget werden= auch aus weichem Pech und Schweinen Schmeer eine Salbe mach= auf die Wunde legen, manche thun unter die Salbe auch Eßig.

Denen Lämmern geschwäret zuweilen der Nabel, wird fauligt, u Alsdann nehmet Alaun, Schwefel und Eßig, mischet es, und leget es

Die Hämmel bekommen auch zuweilen Nabel-Geschwür, welch= backner Wolle, so sich einfrißt, herrühret. Da nun dieses nichts üble man am besten, daß solche Hämmel abgeschlachtet werden, denn es hilf

Die Schaafe bekommen grindige Mäuler und böse Flechten an t wenn sie von den Kräutern gefressen, darauf der böse Mehlthau gefall= von andern Ursachen. Dann nehmet Isop und Salz gleich viel, zerstoß get es beydes unter einander, und reibet ihnen das Maul, die Lippen und die Gaumen im Halse damit, so vergeht es.

Säug-Lämmern gehet es bisweilen auch so, daß sie grindige Mäuler bekommen: wenn diese mit etwas frischen Eyer-Dotter und Honig vermischt, geschmieret werden, so heilet der Grind ab, und die Lämmer bleiben munter.

Wenn die Schaafe lange Zeit in dem Mist gestanden, so wird ihnen das Horn an den Füßen erweichet, daß sie zu hinken anfangen, oder sonst nicht wohl gehen können. Bey solcher Beschaffenheit muß man ihnen das Horn an den Spitzen, da es am meisten verdorben ist, abschneiden, und ungelöschten Kalch darüber schlagen, und immer abwechseln, biß daß das Horn wieder hart worden ist.

Die Schaafe haben keine Läuse, sondern Zecken oder Tecken, so auch Holzböcke genennet werden (redivii, sive riccini) es sind kleine rauhe fahle Würmgen, grösser und dicker als die Wanzen. Diese beissen sich in die Haut, saugen das Blut aus, und wenn die Schaafe viel haben, nehmen sie davon ab, und haben die Zeckensucht. Die Schaafe bekommen solche im Jenner, verlieren sie im Frühling, nachdem sie geschoren worden, und bleiben sodann wieder biß zum Jenner frey. Wenn man spühret, daß die Schaafe davon abnehmen, soll man sie von den andern absondern, und folgende Mittel gebrauchen:

1) Man nimmt lebendigen Schwefel, Calmus-Wurzel, Kukus-Kern, von jedem gleich viel, machet mit Brandwein, Eßig und Butter eine Salbe drey Abend damit nacheinander, wäschet es hernach mit einer Lauge von Asche wieder ab. Oder

2) Schwefel, Galgant, jedes gleich viel, Campher, Wachs, eine Salbe daraus gemacht, die Wolle von einander gethan, und die Haut damit geschmiert.

Wenn ein Schaaf eine Wunde in der Haut bekommen, z. E. wenn es bey dem Scheeren geschnitten worden; so soll man eine Salbe von weichen Pech, Wachs und Inselt machen und auflegen. Oder man kann auch Kühn-Oehl oder Brandwein darauf giessen, so heilt es bald. Die Schaafscherer sind manchmal so unbedachtsam, daß sie die Schaafe in die Ribben stechen, daß sie geschwellen und davon sterben. Wenn die Haut nur ein wenig verletzt ist, so heilet es bald; aber die Stiche mit der Spitze der Scheere, heilen nicht bald.

Wenn ein Schaaf einen Kropf bekommt, welches von nasser Weide und Schlagregen entstehet, so ist es entweder ein Wasser-Kropf, oder ein Eyter-Kropf, welches Geschwülste am Halse sind, zuweilen wie ein Gäns-Ey groß. Die Schäfer nehmen sodann einen Pfriemen oder spitziges Messer, stechen darein, da denn wenn

es ein Waſſer-Kropf iſt, Waſſer herausgehet, und dadurch den
wird. Gehet aber Eoter heraus, oder Blut mit Waſſer, ſo iſt wei
ſen. Die Schaafe ſind faul und ſterben.

Die Lämmer bekommen im erſten halben Jahr manchmahl D
Dieſes iſt ein dickes Knie, wo in dem Gelenke auch in den Knochen g
Es können aber ſolche Lämmer geſchlachtet, und nur das Bein wegge
An erwachſenen Schaafen äuſſert ſich ſolches noch mehr, daß ſie die 2
ſchen Fell und Fleiſch bekommen. Hier nimmt man gedörrtes Salz
ten Kalch, und-giebt es denen Schaafen zu freſſen, läßt ſie aber nicht
Einige geben ihnen auch klein geſtoſſene Leinkuchen in Waſſer ein.

Säuglämmer bekommen auch die ſogenannte Kröte. Zwiſch
beinen fahren Blattern auf, aus der Naſe und aus den Augen läuft
Materie, auch aus dem Halſe Schleim. Am Hintern werden ſie
an zu ſtinken, und müſſen ſterben, es hilft nichts darfür. Wenn M
böſe Euter bekommen, iſt es ſelten von guter Folge. Wenn fleißig a
mit Honig ſchmieren nicht bald hilft, müſſen ſie ſterben.

Es bekommen auch die Schaafe den Trap oder Drabe; ſie bei
die Beine, werden contract, und müſſen ſterben. Einige rathen
und Wachholder-Beer dafür.

Die Pocken oder Blattern, ſind eine von den häuptſächlichſten E
heiten, ſo zwar ihren Grund in der innerlichen Dſpoſition haben, die
unter die äuſſerliche Krankheiten ſetzen kann, weil ſie ſich äuſſerlich zeigen
ſe bekommen ſolche ſowohl in den Hundstagen, als auch im Winter
Zeiten, ſo daſſ auch wohl eine ganze Heerde damit angeſteckt wird. D
ſo bald man ſie bey einem Schaafe wahrnimmt, ſolches ſogleich von d
ſondern, und in einem Stall allein laſſen, biß es völlig geſund iſt. Ld
iſt es gut, wo nicht, ſo iſt die Luft und Winde inficirt. Dann an den
pockicht Schaaf frißt, und ein anderes hinzukömmt, wird letzteres a
wie auch, wenn ſie an Oerter kommen, wo pockigte Haſen oder Schn
Daher iſt zu rathen, daß man Winterszeit das Viehe im Stall war
aller Orten die Löcher feſt zumache, und Sommerszeiten 24 Stunden
in die Horden ſchlage, und ſie 2 Tag und Nächte zuſammen laſſe.
eins das andere gar geſchwinde anſtecken, welches ſo gefährlich nicht
wenn die Krankheit einzeln unter die Schaafe kommt; die Pocken kom
Art und beſſer heraus. Man kann auch die damit behaftete Schaafe
ſchwitzen laſſen, daß man ſie in einen Stall beſonders ſtelle, der eine Elle
friſchen Pferde-Miſt belegt iſt. Wenn ſie nun darinnen geſchwitzet,
ganz naß, als ob ſie mit Waſſer begoſſen wären, heraus, und crepiren

Tag. Diejenige aber so leben bleiben, verlieren die Pocken in weniger Zeit. Die übergebliebenen enthält man drey Tage von kalten Wasser, suchet aber eine gute Wiese aus, wo das kleinste Graß wächset, thut sie dahinein, und zwar täglich von Schlag zu Schlage, wie man mit dem Hurdenschlag verfähret, und läst sie darauf weiden. Dieses ist ihnen eine gute Purganz, woran sie sich gesund fressen. Unter 10 Wochen aber wird keines wieder recht gesund.

Wer aber zu diesem Schwitzen keine Gelegenheit hat, der kann den Schaafen zu Heraustreibung der Pocken folgende Medicamente geben:

1) Süßholz, 1 Pfund,
   Ebereschen, 1 Pfund,
   Gereinigten Salpeter, für 1 Groschen,
   Drachenblut, 1 Groschen,

zerschneidet und zerstosset es, und machet ein gröblich Pulver daraus, und mischet es mit Gersten-Maltz. Diese Dosis ist für 100 Stück.

2) Linsen, Rübsamen, Wachholderbeeren, von jedem gleich viel. Entzian, Ingwer, Calmus von jedem gleich viel; aus diesem allen machet man ein gröbliche Pulver, und giebt den Schaafen davon ein.

3) Schwefel-Blume, 1 Untze,
   Leinöhl, 6 Untzen,

man mische es und digerirt es an einem warmen Ort, biß die Schwefelblumen aufgelößt sind, und giebt davon einem jeden Schaaf ein halb Loth. Dieses ist fürtrefflich zu gebrauchen, denn es treibet die Pocken heraus, worauf es eigentlich ankommt, und heilet auch die Narben wieder, so wohl inn- als auswendig. Es kann über den dritten Tag wieder eingegeben werden.

Wenn die Pocken herausgekommen, so sind es rothe erhabene Hügelgen; erstlich kommen sie unter der Brust heraus, hernach schwären sie, und werden weis, dann trocknen sie und fallen mit der Wolle ab: die Schaafe werden kahl, nachdem sie viel oder wenig Pocken gehabt. Zuweilen schwären ihnen die Augen aus dem Kopf heraus, und wenn die Pocken nicht heraus kommen, so sterben sie.

Ein Schaaf das die Pocken gehabt hat, und davon kömmt, kann dasselbe Jahr nicht gegessen werden, es darf auch kein ander Vieh auf diese Weide kommen.

Man will zwar behaupten, daß diejenigen Schaafe, so die Pocken einmal gehabt haben, solche niemals wieder bekämen, sondern nur der Zuwachs einer Heerde, und auch dieser nicht, wo nicht ein pockichtes frembdes Schaaf unter die Heerde kommt. Jedoch wird dieses von vielen Hauswirthen widersprochen, die beobachtet haben wollen, daß sich die Pocken fast alle 7 Jahr äusserten, und von den Hasen und Staaren herrührten, dahero auch dieselben folgendes alljährliches Präservativ recommandiren:

Man nehme : Saffafraß, 1 Pfund,
Saffaparille, 1 Pfund,
Süßholz, 2 Pfund,
Paradießholz, ½ Pfund,
Buchenholz, 8 Pfund,

alles durcheinander zu Asche gebrannt, und durch ein Haar-Sie mische darunter

Hirschhorn, 1 Pfund,
Enzian, 2 Loth,
Haberweiß, 2 Loth,
Präparirtes Eisenblech, 2 Loth,
Campher vor 2 Groschen,
geflossene Linden-Schwämme, 8 Loth,
Lerchen-Schwamm, 4 Loth,

dieses wird alles unter einander zu Pulver gemacht, biß zum Gebra Stück Schaafe ½ Pfund zur Herbst-Zeit fünf Wochen nacheinand chen einmahl. Dieses Mittel vertreibt die Aegel und innerlichen sehr oft bewährt gefunden worden.

Mittel zu verhindern, daß in den Gärten das Graß gen und Aleen nicht so häufig hervorwachsei

Die Spaziergänge und Aleen in den Gärten von dem beständig Grase zu reinigen, macht den Gärtnern nicht nur viele Mühe auch sehr viel Zeit weg. Man hat ein sehr leichtes und bequemes diesem Uebel mit wenigem abzuhelfen. Das Salz überhaupt, wen Quantität unter die Erde gemischet wird, befördert den Wachsthum wenn sich aber dessen zu viel darinn befindet, so hindert es den Wac man also die Spaziergänge mit Salz dick bestreuen wollte, so wäre gleich erreicht; da aber dieses zu kostbar seyn würde, so ist man auf gefallen: Man nimmt das Pickel-Wasser von dem gesalzenen Fleisc den Häringen, und läßt selbiges über den Weg hingiessen, und da mehrentheils hiezu noch zu scharf ist, so vermischt man es vorhero Wasser. Bey einer darauf folgenden starken Sonnenhitze, wird eine Kruste machen; in diesem Fall darf man aber nur dann und wa über giessen, so wird es sich auflösen, und in den Boden hineinzieh daß man dadurch das Hervorwachsen des Grases verhindert, werd leicht Insecten an diesem Ort aufhalten, und wenn man damit ei fortführet, so werden die Gänge und Ufen beständig rein und von allem Unkraut gesäubert bleiben.

Das Peckelwasser ist auch ungemein gut für die Schaafe. Wenn man diese Thiere nach der Scheerung damit wäschet, so werden sie nicht leicht Läuse bekommen, und die Wolle selbst wird besser davon wachsen.

Bewährtes Mittel wider den Biß eines tollen Hundes.

Man nehme 24 Gran gegrabenen Zinober, 24 Gran künstlichen Zinober, 16 Gran Egyptische Feigen, und zerreibe dieses zusammen zu einem feinen Pulver, und gebe es der verletzten Person, so bald als es möglich, in einer Tasse Thee oder Brandwein. Dreyßig Tage nachher muß man ihr eine gleiche Portion geben, und etwann nach Verlauf eines Monats noch einmahl. Sollte man aber gleich nach geschehenem Bisse Merkzeichen von einer zu besorgenden Raserey verspühren, so muß man dieses Mittel dreymahl hintereinander, nemlich alle Stunden einmahl nehmen. Man begreift von selbst, daß man die Portion nach dem Alter des Kranken einrichten muß; die vorgeschriebne, diese ist für erwachsene Leute; Kindern giebt man weniger.

Wie man den berühmten Pest-Eßig (Vinaigre de quatre Voleurs) verfertiget.

Diesen Nahmen soll er daher haben, daß da einmahl zur Pestzeit 4 Spitzbuben in die Häuser gegangen, alles geraubet, und sogar die Kranken ermordet, sie sich mit nichts als diesem Eßig wider die Seuche verwahret: Man nimmt Raute, Salbey, Münze, Wermuth und Lavendel, von jedem eine Handvoll, gießt zwey Maas guten Wein-Eßig daran, setzt es in einem irdenen wohl bedeckten Topf oder Hafen auf heiße Asche und läßt es 4 Tag also stehen. Nachdem wird der Eßig durchgeseiget, in gläserne Flaschen gethan, und mit Kork wohl zugestopft. In jede Flasche, so ein halb Maas enthält, thut man ein halb Loth Campfer. Zum Gebrauch spühlt man sich den Mund damit aus, reibt die Schläfe und Lenden damit, und ziehet es durch die Nasenlöcher: man thut besonders wohl, wenn man es auf einen Schwamm in Büchslein bey sich trägt, und so oft daran riecht, als man sich angesteckten Orten oder Personen nähert.

Gewisses und unschädliches Mittel wider die Ratten und Mäuse.

Man nehme einen oder ein Paar frische vorhero gut ausgesottene Wasch-Schwämme, schneide solche in kleine Stücken so groß wie Haselnüsse; brate dieselben gut in Butter, doch so, daß sie zwar bräunlicht gelb werden, und in der Butter klein zusammen lauffen, aber ja nicht verbrennen. Dann setze man deren, nachdem man sie aus der braunen Butter genommen, an alle Orte des Hauses, wo dergleichen Ungeziefer ist, herum, und zwar in gehöriger Masse, damit sich das Ungeziefer auch recht satt fressen kann; als woran sehr viel gelegen ist. Nächstdem muß zugleich neben jedem Scherben solches gebratenen Schwammes, einen Napf Wasser, der feste steht, und von dem Ungeziefer nicht umgeflossen werden kann, dazu setzen. So bald nun die Ratte oder Maus von diesem Gebratenen frißt, so fängt die braune Butter sie im Magen, wegen des darinnen befindlichen Salzes, an zu brennen, dahero sie mit dem heftigsten Durste nach dem Wasser lauffen, und in starker Portion davon sauffen. Weil nun der Schwamm seine Schwamm-Art behalten, (wie oben erinnert worden, daß er nicht zu braun werden dürfe, sondern nur gut einschrumpfe) so quillt er von dem gesoffenen Wasser über die Massen auf, so daß die Thiere davon crepiren und gar bersten müssen.

Mittel für ein übles Gehör.

Man nimmt einen alten Oehl-Krug der nicht rein gemacht ist, sondern wo noch Oehl darinnen klebet, wickelt ihn in rohen Brod-Teig ein, macht von dem nemlichen Teig einen Pfropf darauf, und läßt ihn im Backofen backen. Wenn das geschehen, so wird der Pfropf weggethan, und den Dunst lässet man so heiß, als es zu leiden ist, ins Ohr. Das Mittel muß aber einige Zeit, und die Woche verschiedene mahle gebraucht werden.

Wie die silbernen Geschirre zu putzen.

Die silbernen Geschirre werden am besten auf folgende Weise gereiniget und gepu-tzet. Man nimmt Frauen-Eis, brennt solches, und zerstößt es auf das zärte-ste. Alsdann nimmt man Weinstein, stösset ihn ebenfalls sehr zart, und vermischt solchen mit dem Frauen-Eis; mit diesem gemischten Frauen-Eis und Weinstein, reibet man anfänglich mit einer Bürste, und sodann mit einem Leder das Geschirre trocken ab, als wodurch solches theils rein Schmutze gereiniget wird, theils einen schönen Glanz erhält, hat aber das Silbergeschirr Flecken und dergleichen, so reibet und putzet man solches zum erstenmahl naß mit obigem Frauen-Eis und Weinstein; und zuletzt wie vorher trocken ab.

Eine sehr gute Art grüne Erbsen einzumachen.

Es werden ausgeschälte Erbsen, die nicht zu alt sind, in eine irdene Schüssel gethan und gesalzen, auf ein Maas etwann 2 gute Hände voll Salz, dann lösset man selbige unter einander schwitzen, biß das Salz zergangen und thut sie in eine gläserne
Bou-

Bouteille, die nicht ganz voll gemacht wird; diese wird mit einem Korckstöpsel zuge-
macht, und in kochend Wasser gethan, woselbst sie eine Weile kochen muß; wenn
dieses geschehen, wird die Bouteille verpicht und umgelehnt in frischem Sande bis
zum Gebrauch verwahret.

Kütt, so zu eisernen Oefen zu gebrauchen, welcher dem Feuer wiederstehet, wenn er recht gemacht wird.

Man nimmt ungelöschten Kalch, frischen Quarck, etwas Seifensiederlauge, von
dem besten Hammerschlag, so bey einem Schlosser oder Schmid unter dem
Amboß vorgenommen wird. Der Kalch und Hammerschlag wird durch einen Durch-
schlag gesiebet, in eine hölzerne Mulde oder Faß geschüttet, und so viel Quarck und
Lauge dazu gethan biß man siehet, daß der Kalch genässet wird, mit einer Maurerkelle
bey einer halben Stunde lang fein durchgearbeitet je länger je besser, wird er zu dünne
durch die Länge der Arbeit, so wird er mit trockner Materie versetzet, bis er zum Gebrauch recht wird. Die Fugen werden zuvor mit frischem Rindsblut ausgebürstet,
auch wenn der Ofen gesetzt ist, wird der Kütt wiederum mit Rindsblut überzogen.
Ist bey einem Seifensieder halbgesottene Fluß zu bekommen, so ist derselbe besser als
die Lauge. Es wird auch unter dem Gebrauch immer drein gearbeitet.

Ein Mittel den Fischen den morastigen Geschmack zu nehmen.

Die aus morastigen Wasser genommene Fische werden in einen Eymer mit reinem
Quell oder Bronnenwasser geleget, und darein eine Portion Salz geworfen.
In solchen gesalzenem Wasser werden die noch lebende Fische mit einem Quast wohl
umgequästet. Dies geschiehet drey oder höchstens viermal, so daß jedesmal frisches
Wasser genommen wird. Alsdann kann man den Fisch sicher herausnehmen und
kochen. Man ist durch unwidersprechliche Proben überzeugt, daß auf diese Weise
aller morstige Geschmack vergehet, zum Beweise, daß derselbe anfänglich blos in den
Kiefern der Fische sitzet, hernach aber unter dem Kochen sich in das Fleisch ziehet.

Mittel den Rocken lange zu conserviren und ihn vor Ungeziefer und besonders vor Ratzen zu bewahren.

So bald man den Rocken gedroschen hat, würfelt und reiniget man denselben nicht,
sondern nimmt den ganzen Hauffen, den Rocken mit der Spreu, leget all in
das Kornbehältnuß und lässet es so liegen. Wenn er so in seiner Spreu liegen bleibt,
kan er viele Jahre aufbehalten werden, ohne einigen Schaden zu nehmen. Man hat
auch nicht nöthig ihn umzuwenden, da er weder dumpfigt wird noch zusammen bren-
net. Rocken der so 3. 4. und mehrere Jahre gelegen hat, ist zur Saat gebrauchet
worden, und man hat gefunden, daß fast alles aufgegangen ist, so daß man eine

reiche

reiche Ernde davon bekommen. Nur ist dabey zu merken, daß das Getreyd auf dem Acker wohl trocken geworden seyn müsse, ehe es eingefahren wird.

Um zu verhindern daß die Ratzen und Mäuse auf den Korn Böden und Magazinen keinen Schaden thun, darf man nur Reiser von faul Baumholz (Frangula) darüber legen; der Geruch von diesem Holz ist den Ratzen und Mäusen so zuwider, daß sie sich alle verlauffen. Auch die Maulwürfe kan man damit vertreiben, wenn man Reiser von diesem Holz in ihre Gänge steckt.

Eine Composition die Steinfugen und die Steine selbst, es sey in Kellern, Bronnen oder in Gebäuden unter oder überm Wasser so vest
zusammen zu verbinden und zu verkütten, daß sie dem Wasser, der Luft und Wärme widerstehen, dicht bleiben und durchaus keine Risse bekommen.

Nehmet 3 Maas guten Steinkalch der ohne Wasser bloß an der Luft gelöschet und in Pulver zerfallen ist, 2½ Hände voll gut geklopfte Rehehare oder kurze Kuhhare, 1 Maas Eisenspähn oder Feilstaub, 1½ Maas fein geflossenes und durchgesiebtes Pulver von weissen Kiesel, 1½ Maas geflossenes und durchgesiebtes Glaß, 1½ Maas gesiebtes Ziegelmehl, von Ziegeln, die noch nicht feucht geworden, 1½ do. von Bimsstein.

Unter dieses alles mengt man 2½ Flaschen Leinöhl und läßt es mit einem breiten doppelten kalten Hammer gut durcheinander schlagen, kan auch die Materie anfangs theilen und sie nach und nach in die Klumpen thun, zuletzt aber läßt man obermassen gut durch einander arbeiten, damit es sich bequem traktiren lasse. Ist das Mengsel nachdem es wacker geschlagen und unter einander gearbeitet worden, noch zu trocken und zu hart, so thut man noch etwas Oehl und im Fall es zu weich ist, noch etwas von gedachten Pulvermengsel hinzu damit die Masse mässig steif wird. Diesen Stein-Leim nun zu gebrauchen müssen sowohl der Stein als die Fugen zuvor gut mit Leinöhl, worunter Silberglätte gekocht ist, genugsam bestrichen werden.

Practisches Mittel wider die innerliche Fäulung bey Schaaf- und Gaiß-Viehe.

Woher die Fäulung entstehet, ist so bekannt als ihre Folgen. Nachstehendes Mittel ist nicht alleine praeservativisch, sondern auch, wie die Erfahrung gelehret, würklich curativisch.

Man nimmt von den Wachholder-Sträuchen, die äussern weichen Spitzen, sammt den Nadeln, hacket solche auf einem Stock so klein als thunlich, und mischet davon Abends und Morgens für 3 Stücke Schaafe jedesmahl eine gute Handvoll unter das trockene Futter. Die Schaafe fressen es sehr gerne, werden frisch und munter, und es ist dieses eine der unvergleichlichsten Anwendungen in der Landwirthschaft, besonders kan sich der Nutzen davon bey grossen Schäfereyen zeigen.

Der

Verzeichniß

der vornehmsten europäischen Münzen nach ihrem gangbaren Werth.

Namen der Münzsorten.	Länder.	Werth der Münzen in ihrem Vaterlande.	Werth der Münzen nach ihrem Gelde.	Werth der Münzen nach dem Convent. 20. fl. Fuß. fl. kr. pf.	24. fl. Fuß. fl. kr. pf.
Achtehalber	in Preussen	4 thun 1 Gulden	2 Ggr.		
Albertusthaler	Niederlande	8 Schill. Fläml.	1 Rthlr. 6 Ggr.		
Albus	Cölln	3⅓ Pf.	10 St. 3 Ggr.		
Albus	Hessen	9. Pf.	3 kr.		
Albus	im Reich	2. Kr.			
Altin	Rußland	3 Copiken	1 Gr. 6 Pf.		
Altin	Türken	1 Ducat	2 Rthl. 2 Ggr.		
Angster	Schweiz	240 — 1 Gulden	4 gute Pf.		
Asper, großer	Türken		60 thun 1 Rthlr.		
Asper, kleiner			120 - 17½ Gr.		
Attine	Pohlen	9 Groschen	9 kr.		
Bajoccho	Rom	10 — 1 Paolo	4 Pf.		
Batzen, gute	in Franken rc.	5 kr.	12 — 1 Gulden		
Batzen, leichte	im Reich	4 kr.	15 — 1 Gulden		
Batzen, gute	Schweiz	15 — 1 Gulden	18 — 1 Gulden		
Batzen, kurze	Zürch	16 — 1 Gulden	4 kr.		
Bernathaler	Bern		1 Rthlr. 6 Ggr.		
Bessi	Venedig	½ Soldo	1 Pf.		
Blaffert	Cölln	10 — 1 Rthlr.	4½ kr.		
* Blanc	Frankreich	5 Den.			
Blanc	Holland	2 Deut.	4 Pf.		
* Blaumüser	Cölln, Cleve, Münster		3 Ggr.		
Bolognino	Bologna	4 Quadrini			
Brunner	Pohlen	20 — 1 Gulden	1 kr. 2 Pf.		
Caboletto	Genua	6½ Soldi	1 Ggr.		
Caragrouch	Türken	160 Aspres	1 Rthlr. 2 Ggr.		
Caroline, Carld'or	im Reich			9 12 —	11
Carlino del Regno	Neapolis	10 Grani	4 Ggr.		
Carlino	Maltha	12 Grani	5 Ggr.		

Carlino

Namen der Münzsorten.	Länder.	Werth der Münzen in ihrem Vaterland.	Werth der Münzen nach teutschem Gelde.	Werth der Münzen nach dem Convent. co. fl.		
				fl. kr. pf.	fl. kr. pf.	
Carlino	Sicilien	10 Grani	2 Ggr.			
Carolin	Schweden	20 Oehr	10 Ggr.			
Caroliner, Carolus	Engelland		6fl. 45 kr.			
Cassetto	Italien	2 Soldi	4 Pf.			
Castillan	Spanien	14 Reales				
Copek, silberne	Rußland	2 Mososkes	4 Pf.			
Copek, kupferne		2 Denger	4 Pf.			
Copek, goldene		⅓ Ducat				
*Cornados	Spanien	½ Maravedis				
Crazi, Crazia	Italien	⅓ Paolo	1 Ggr.			
Croche	Basel	7½ Rappen				
Croon	Amsterdam	2 Gulden	1 Rthlr. 2Ggr.			
Croon	Dännemark	4 Mark Dänisch	16 Ggr.			
Croon	Engelland	5 Schill. Sterl.	1 Rthlr. 14Ggr			
Croon	Genua		1 Rthlr. 20Ggr			
Croon	Mantua, Rom, Savoyen		1 Rthlr. 12Ggr			
Croon	Meyland, Venedig	8 Lire	1 Rthlr. 14Ggr			
*Croone	Bern	25 Batzen				
Crusade, goldene	Portugal	10 Real	1 R.4Gr.3 Pf.			
Crusade, silberne		500 Rees	17 Gr.			
Crusade	Spanien	10 Realen	1 Rthlr. 4 12gr.			
Denaro, Denier	Italien	12thun 1 Soldo	⅓ Pf.			
	Frankreich	12 — 1 Sous	⅓ Pf.			
Denger, Dennige	Rußland	⅓ Copek	2 Pf.			
Deut	Holland	8 thun 1 Stuver	⅓ Pf.			
Deut	Cleve	8 — 1 Stuver	5 — 3 Pf.			
Dickthaler, Philippsthaler	Spanien		1 R.2Gr.8 Pf.			
Dickthaler	Westphalen		1 R.2Gr.8 Pf.			
Doppelgen	Holland	2 Stuver	16 Pf.			
Doppia, Dupplone	Florenz	30 Paoli	3 Rthlr. 18 Gr.			
	Meyland	21 Lire	4 R.3Gr.3 Pf.			

Namen der Münz- sorten.	Länder.	Werth der Münzen in ihrem Vaterlande.	Werth der Thalen nach teutschem Gelde.	Werth der Münzen nach dem Convent. 20. fl. Fus.			24. fl. Fus.		
				fl.	kr.	pf.	fl.	kr.	pf.
Doppia, Dupplone	Venedig .	37½ Lire .	5 Rthlr.						
. . .	Genua .	19 Lire, 2 Soldi	3 R. 23gr. 6pf.						
. Pistolet 1731	Spanien .	40 Real .	5 Rthlr. .	7	18	—	8	45	—
. . 1745	Braunschweig	. . .	. . .	7	17	—	8	45	—
	Parma, Man- tua . .		9 fl. 22 kr.						
. . .	Basel . .	2 Plappert	4 kr. .						
Double Louis .	Frankreich	48 Livres .	10 Rthlr.						
Drier	Sachsen,								
Drenguldenstück	Brandenburg	3 Pf. .							
Dregling	Holland	60 Stüver .	2 fl. 26 kr. 1pf.						
	Hamburg,								
	Holstein	3 Pf. .	1½ Pf. .						
	Sachsen,								
Drittelstück .	Brandenburg	⅓ Gulden					—		
	Braun- schweig ꝛc.								
Ducat .	Oesterreich			4	10	—	5	—	
. .	Schweden	4½ L. Silbern.	1 Rthlr. 4 Gr.						
. .	Ungarn			4	11	—	5	1	
. 1749	Preussen	2 Rthlr. 18 Ggr.		4	10	—	5	—	
. .	Rußland	230 Copeden		4	6	—	4	55	
. 1739. 40. 45.									
52. 54	Rom			4	9	—	4	58	
. doppelte 1753	Sachsen	. . .		8	20	—	10	—	
. 1753	Zürch	. . .		4	10	—	5	—	
. 1733	Bamb. Würzb.	. . .		4	10	—	5	—	
. 1742	Br. Lüneburg.	. . .		4	9	—	4	58	
. 1749	Würtemberg	. . .		4	10	—	5	—	
1756	Königseck- Erbs			4	10	—	5	—	
. .	Holland	5 Guld. 5 Stüver		4	9	—	4	58	
. .	Hamburg	7 Mark corr.	2 Rthl. 8 Ggr.						
. von Silber	Florenz	7 Lire .	1 Rthlr. 18 Gr.						

Mannichfaltigt. 1 B. 6 St.   D   Ducat

Namen der Münzsorten.	Länder.	Werth der Münzen in ihrem Vaterlande.	Werth der Münzen jtzt nach teutschem Gelde.	Werth der Münzen nach dem Courant. 20 fl. Fuß.		24 fl. Fuß.	
				fl.	kr.	fl.	kr.
Ducat von Silber	Portugall .	10 Real .	1 R. 4 Gr. 3 Pf.				
de Plata	Spanien .	11 Real de Pl.	1 Rthlr. 8 Gr.				
de Velon	. .	11 Real de V.	18 Gr. 4 Pf.				
	Türcey .		2 Rthlr. 8 Gr.				
di Banco	Venedig .	24 Grossetti	1 Rthlr. 8 Gr.				
Corrente		6½ Lire .	1 R. 2 Gr. 8 Pf.				
del Regno	Neapolis .	10 Carlini .	1 Rthlr. 16 Gr.				
Ducaton, goldene	Holland .	15 Gulden .	bis 9 Rthlr.				
silberne		3 Gulden . .	1 Rthlr. 18 Gr.				
	Meyland, Venedig .	11 Lire .	1 Rthlr. 6 Gr.				
	Hamburg .	3 Mark 12 Schl.	1 R. 18 Gr. 6 Pf.				
Dürgen . .	Niedersachsen	3 Schill. lübisch.	1½ Ggr.				
	Preussen .	3 Pszln. Gr.	3 Kr.				
Daier . .	Holland .	2 Pf. .	16 thun 15 g. Pf.				
Ecu . .	Frankreich .	3 Livres .	18 — 19 Gr.				
Engelot, Angelot	Engelland .		3 Rthl. 20 Gr.				
Fardingh .	Engelland .	¼ Penny .	1¼ Pf.				
Settemännchen	Cölln .	117 — 1 Rthlr.	2½ Pf.				
Settemännchen	Cleve . .	⅓ Stüver .	5 — 4 Ggr.				
Filippo . .	Venedig .	8 Lire 10 Soldi	1 Rthlr. 4 Ggr.				
Filippo . .	Meyland .	7 Lire . .	2 fl. 8 kr.				
Fledermaus .	Reich, Schless.		5 — 1 Ggr.				
Jinrich . .	Bremen .	18 — 1 Rthlr.	1 Gr. 4 Pf.				
Franc . .	Frankreich .	20 Sols Tourn.	6½ Gr.				
Frelampe .	Frankreich .	15 Den. .	4½ Pf.				
Friedrichs d'or	Preussen .	5 Rthlr. .		7	17	8	45
Gazetta .	Rom .	7 Quadrini .	2½ Pf.				
Genueser .	Genua .	7 Lire 12 Soldi	2 Rthlr. 2 Gr.				
Giulio, Julier	Livorno .	8 Crazie .	8 Ggr. .				
Görtling .	Westphalen .	3 — 1 Margr.	3 thun 8 Pf.				
Geldgulden .	Amsterdam .	28 Stüver .	19 Ggr.				
Geldgulden	im Reich .	. .	. .	3	4	3	40
Grano .	Malta .	6 Piccoli .	5 Pf. .				
Grano . .	Sicilien .	6 Piccoli .	6 Pfm. .				

Grlwe

Namen der Münz-sorten.	Länder.	Werth der Münzen in ihrem Vaterlande.	Werth der Mün-zen nach dem teut-schem Gelde.	Werth der Münzen nach dem Convent. 20. fl. Fuß. fl. kr. pf.	24 fl. Fuß. fl. kr. pf.
*Griwe . .	Rußland .	10 Copeken .	3 Gr. 2¼ Pf.		
Groat . .	England .	4 Pennys .	2 Ggr.		
Gröschel . .	f. Fledermaus				
Croot . .	Bremen .	5 Schwaaren	4 Pf.		
Groot, Flämisch .	Niederlande	⅔ Stüver .	6 Pf.		
Groot . .	Brabant .	⅓ Stüver .	3 Pf.		
Groot . .	Cölln .	4 Pf. .			
Gros . .	Lothringen .	10 D. Tourn.			
Grosche, guter .	im Reich .		1 Gr.		
Grosche . .	Pohlen, groß	3 Schillinge	½ Kr.		
Grosche . .	klein Pohlen	6 Schillinge .	1 Kr.		
Grosche . .	Preussen .	6 Schillinge .	1 Kr.		
Grosche . .	Riga .	6 Schillinge	1 Kr.		
Grosche, Kayser, Silber .	Reich u. Schle-sien .		3 Kr.		
*Grossetti di Banco	Venedig .	24 — 1 Ducat	1 Gr. 4 Pf.		
Grotjin, Grotjen	Holland .	4 Mten .	2 Kr.		
Guinee . .	England .	21 Schillinge	6 Rthlr. 13 Gr.		
Gulden, Florin .	Amsterdam .	20 Stüver .	bis 14 Ggr.		
. .	Cleve .	20 Stüver .	8 Ggr.		
. .	Cölln .	20 Stüver .	13 Ggr.		
. .	Hamburg .	24 Schill.	bis 16 gl. 4 Pf.		
. .	Ostfriesland .		8 Gr. 10½ Pf.		
. .	groß Pohlen .	30 Groschen	4 Gr.		
. .	klein Pohlen .	30 Groschen	8 Gr.		
. .	Preussen .	30 Groschen	8 Gr.		
. 1760	Nürnberg .		.	1 —	1 1 t
. Conventions,	im Reich .		.	1 —	1 1 2
. Herrn	Cölln .	40 Albus .	1 Rthlr.		
*Gulden . .	Meissen .	21 Gr. .			
* Gulden, Fränkisch .	Franken .	1 fl. 15 kr. .			
Gulden .	Basel, St. Gall	15 gute Batzen	18 Batzen		
Gulden .	Zürch .	16 kurze Batzen	1 fl. 4 kr.		
Gulden .	Geneve .	20 Schillinge	8½ Kr.		

D 2   Gulden

Namen der Münzsorten.	Länder.	Werth der Münzen in ihrem Vaterlande.	Werth der Münzen nach fremdschein Gelde.	Werth der Münzen nach dem Convent. 20 fl. Fuß.			24 fl. Fuß.		
				fl.	kr.	pf.	fl.	kr.	pf.
Gulden, halbe 1745	Bayern	:	.	—	17	—	32	2	
Gulden, von verschiedenen Jahren				—	25	2	30	8	
Gulden,	Würtemberg			—	25	2	30	3	
Gulden, halbe Convent	im Reich	:	:	—	30	—	36	—	
Gulden	Mecklenburg		12 Ggr.						
Gulden	Aachen		10 Kr.						
Gulden	Koffel, lüttich	20 Stüber	10 Ggr.						
Hapeny	Engelland	½ Penny	3 Pf.						
Heller	Cöln		10 thun 3 Pf.						
Heller	im Reich		5 thun 4 Pf.						
Juliee, Giulio	Rom	10 Bajocchi	3 Gr. 4 Pf.						
*Kaufmannsthaler	Niedersachsen	33 Schill. lbl.	16 Gr. 6 Pf.						
Königsthaler	s. Dickthaler								
Köpfstück	Salzburg			—	20	—	24	—	
Kopfstück 1750	Nürnberg		.	—	10	—	24	—	
Kopfstück 1760	Augsburg		.	—	20	—	24½		
Kopfstück, Conv.	im Reich		.	—	20	—	24	—	
Kreutzer	im Reich	4 Pf.							
5 Kreutzer, Conv.				—	5	—	6	—	
Kreutzthaler	s. Albertusthal.								
Kupferthaler	Schweden	32 Oehr Kupfer	5 Gr. 4 Pf.						
Scheidemünze	Bayern	2½ Kr.							
Liard	Frankreich	3 Deniers	1 Pf.						
*Lira	Venedig	10 Cassette	3 Gr. 2½ Pf.						
Lira corrente	Genua	20 Soldi	5 Gr.						
Lira di Banco		100 Soldi	17 fl. 42 kr.						
Lira	Lucca	20 Soldi	5 Gr.						
Lira	Turin	20 Soldi	7 Gr.						
Lira	Meyland	20 Soldi	4 Gr. 9 Pf.						
Lira	Florenz	12 Crazie	6 Gr.						
Lira	Livorno	20 Soldi	6 Gr.						
Lira	Bologna	20 Soldi	6 Gr. 8 Pf.						

*Livre

Namen der Münz-sorten.	Länder.	Werth der Münzen in ihrem Vater-lande.	Werth der Mün-tzen nach teut-schem Gelde.	Werth der M. nach dem Co. 20. fl. Fuß.			
				fl.	kr.	pf.	fl.
*Livre Tournois	Frankreich	20 Sous Tour	6½ Groschen				
*Livre Parisis	. .	10 Sous Parisis	bis 8 Gr.				
*Livre . .	Geneve .	20 Sous .	10 Gr.				
Livre . .	Schweiz .	20 Sous .	9 Gr.				
Löwenthaler .	Holland .	bis 42 Stüver	1 Rthlr. 4 Gr.				
Louis, Ecu d'ar- gent, laubthaler .	Frankreich .	6 Livres .	. .	2	16	—	2
Louis, halber .	. .	3 Livres .	. .	1	8	—	1
Louis blanc, gantzer	. .	3 Liv. 12 Sous	. .	1	25	—	2
Louis blanc, halber	. .	. .	. .		56	—	1
Louis d'or, Schild-	. .	14 Livres .	. .	8	55	—	10
Louis d'or, Sonnen-	. .	. .	. .	8	50	—	10
Louis d'or, Pistole, alter . .	. .	. .	. .	7	20	—	8
Madouine, Pistole	Piemont .	18 Lire .	5 Rthlr. 2 Ggr.				
*Maille, Obole	Frankreich .	2 Pites .					
Mangur . .	Türken .	24 thun 1 Asper					
Marrevedis .	Spanien .	510 — 1 Piaster	etwas über 1 Pf.				
Mariengroschen	Niedersachsen	2 Matthier .	8 Pf.				
Mark, doppelt	Bremen .	48 Groot .	16 Ggr.				
Mark, einfach, Enkele .		24 Groot .	8 Ggr.				
Mark, Dänische	Dännemark	16 Schillinge	4 Gr.				
Mark, Reichs .	. .	20 Schillinge	5 Gr.				
*Mark Goldes und Silbers .	England	5 Pf. Sterl.	4 Rthlr. 4 Gr.				
*Mark . .	Görlitz .	24 Weißgr.	18 Gr. 8 Pf.				
Mark lübisch .	Niedersachsen	16 Schill. lübisch	8 Gr.				
*Mark lüb. Banco	Hamburg .	. .	10 Gr. 8 Pf.				
*Mark, Pohlnisch	Pohlen .	20 Groschen	10 Kr.				
*Mark, Preußisch	Preußen .	20 Groschen	20 Kr.				
*Mark, Rigisch	Riga .	6 Pohln. Groschel	3 Kr.				
*Mark, schwere	Schlesien .	32 Sgr. .	1 fl. 36 kr.				
Mark, leichte .	. .	21½ Sgr. .	1 fl. 4 kr.				

Namen der Münzsorten.	Länder.	Werth der Münzen in ihrem Vaterlande.	Werth der Mü [zen] nach teut schem Gelde.
*Mark, Schottisch	Schottland	14 Schill. 4 Pen.	3 Rthlr. 12 G
Mark, Kupferm.	Schweden	8 Oehr Kupferg.	1 Gr. 4 Pf.
*Mark, Silberm.		8 Oehr Silberg.	4 Gr.
*Mark,	Zittau	28 Weißgr.	21 Gr. 9½ Pf.
*Mark löthigen Goldes	im Reich	72 Goldfl.	96 Rthlr.
Matte, Piaster	Spanien	8 Real	1 R. 6 gr. 10 pf
Matthier	Braunschweig	4 Pf.	
Max d'or	Bayern		
*Millerees	Portugal	1000 Rees	1 Rthlr. 17 Gr.
Miltrain	Portugal	½ Moeda	
Mirliton	Frankreich		bis 5 Rthlr.
Moeda d'oro	Portugal	2000 Rees	
Mosoffkes	Rußland	½ Copek	2 Pf.
Myt	Holland		½ Kr.
*Nobel	Engelland	⅓ Pfund Sterl.	2 Rthlr. 2 Gr.
Oehr, Rundstück kupfer	Schweden	32-1 ThL. Kpfm.	2 Pf.
Oehr, silber		32-1 T. Silbm.	6 Pf.
Oehrlein, kupfer			4 Heller
Oncia	Sicilien	30 Tarini	5 Rthlr.
Ortje	Holland	2 Deut	1½ Pf.
Paolo, Julier	Rom	10 Bajocchi	3 Gr. 4 Pf.
Paras	Türkey	3 Asper	7 bis 9 Pf.
Patagon marqué	Portugal	15 Real	1 Rthlr. 1 Gr.
— non marqué		12½ Real	20 Gr. 10 Pf.
Penny	Engelland	4 Farthings	7 bis 8 Pf.
*Peso	Spanien	1000 - 1200 Duc.	
Petermännchen	Trier	3 thun 5 Kr.	
— — große		5 Kr.	
Pfennig, guter	im Reich	12 thun 1 Ggr.	
— — leichter		4 — Kr.	
— — lübisch	Niedersachsen		½ guter Pf.
*Pfennig	Holland	1/12 Stüver	

Namen der Münzsorten.	Länder.	Werth der Münzen in ihrem Vaterlande.	Werth der Münzen nach teutschem Gelde.	Werth der Münzen nach dem Convent. 20. fl. Fus.			24. fl. Fus.		
				fl.	kr.	pf.	fl.	kr.	pf.
* Pfennig, Flämisch	Niederlande	1½ Schill. Fläml.	. .						
Pfennig . .	Dännemark	12 thun 1 Schill.	$\frac{1}{4}$ Pf.						
. .	Pohlen .	. .	$\frac{1}{6}$ Pf.						
* Pfund Flämisch	Niederlande	20 Schill. Fläm.	3 Rthl. 10 Gr.						
* Pfund Sterling	Engelland .	20 Schillinge	6 Rthlr. 8 Gr.						
Piaster .	Spanien .	8 Real Silberm.	1 Rth 6 Gr. 10 Pf.						
Piccolo .	Venedig .	. .	3 Pf.						
* Piccolo .	Sicilien .	8 thun 1 Ponto	1 Pf.						
Pietot .	Maltha .	1$\frac{1}{3}$ Grano	1 Pf.						
Pignatelle .	Rom .	. .	3$\frac{1}{2}$ Pf.						
* Pite .	Frankreich .	$\frac{1}{2}$ Maille .							
Plappert .	Basel .	6 Rappen .	2 Kr.						
Plappert .	Pohlen .	25 thun 1 Gulden							
Polcher .	Pohlen .	$\frac{1}{2}$ Gr.	$\frac{5}{2}$ Kr.						
Polbrack, Brummer	Pohlen .	1$\frac{1}{8}$ Groschen	1$\frac{1}{2}$ Kr.						
Poltin, Polding	Rußland .	6 thun 1 Altin	3 Pf.						
Poltina, Poltinnik	Rußland .	50 Copeken .	15 Sgr.						
Poltura .	Ungarn .	$\frac{1}{8}$ Kaysergroschen	1$\frac{1}{2}$ kr.						
Poluzke .	Rußland .	$\frac{1}{4}$ Copek .	1 Pf.						
Quadruple .	Spanien .	4 Pistolen							
Quadruple .	Frankreich .	4 Louis d'or							
Quartillo .	Spanien .	8$\frac{1}{2}$ Marav.							
Quarto .	Spanien .	4 Marav.							
Quatrino .	Rom .	5 thun 1 Bajoc	$\frac{1}{8}$ Pf.						
Quatrino .	Florenz .	3 — 1 Soldo							
Quatrino .	Neapolis .	3 — Grano							
Quatrino .	Piemont .	4 — 1 Soldo							
Quilo .	Florenz .	13 Sold. 4 Den.							
Räder-Albus .	Cölln .	16 Cöllnische Pf	3 Kr.						
Rädergulden .	. .	24 Räd. Albus	1 fl. 12 kr.						
* Rädergulden .	Wittgenstein	48 kr. .							
Rappe . .	Schweiz .	9 thun 1 Batzen	180 thun 1 fl.						
Reale de Plata	Spanien	34 Mar. d. Pl.	3 Gr. 1 Pf.						
* Reale de Velon	. .	34 Mar. d. V.	1 Gr. 8 Pf.						

Reale

Namen der Münz-sorten.	Länder.	Werth der Münzen in ihrem Vater-lande.	Werth der Mün-zen nach teut-schem Gelde.
Reale in Gold	. .	. .	1 Rthlr. 3 Ggr.
Reale de Flandre	. .	. .	2½ Rthlr.
Ree . .	Portugal	400 --1 Crusad.	½ Pf.
Reichsthaler .	Amsterdam	2½ fl.	1 Rthlr. 10 Gr.
˙Reichsthlr. Banco	.	.	1 Rthlr. 11½ Gr.
Reichsthaler .	Dännemark	8 Mark .	1 Rthlr. 12 Gr.
Reichsthaler .	Rußland	.	16 Ggr.
Reichsthaler .	inn Reich	.	24 Ggr.
Reichsthaler, Croon	Engelland	5 Schill. Sterl.	1 Rthlr. 14 Ggr.
Reuter d'or ;	Holland .	.	bis 4 Rthlr.
*Rizé . .	Türkey .	1 Beutel von 15000 Ducaten	
Rosenobel .	Engelland .	.	5 Rthlr. 20 Gr.
Rubel . .	Rußland .	100 Copeken	1 Rthl. 6 Gr.
Rup . .	Türkey .	½ Piaster .	.
Scerifi . .	Türkey .	1 Ducat .	1 Rthlr. 16 Gr.
Schaap . .	Ostfriesland	27 thun1 Rthlr.	10½ Pf.
Scheldal .	Dännemark	32 Schill. tbl.	16 Ggr.
Scherif .	s. Scerifi		
Schilling .	Amsterdam	6 Stüver .	bis 4 Gr. 3 Pf.
Schilling . .	Cleve .	.	3 Gr.
Schilling .	Dännemark	12 Pf. .	3½ Pf.
Schilling Sterling	Engelland .	12 Pence .	7 Gr. 9 Pf.
Schilling .	Hamburg .	2 Sößling .	6 Pf.
Schilling .	Ostfriesland	.	2 Gr. 8 Pf.
Schilling .	Grospohlen	3 thun 1 Gr.	15 thun 8 Pf.
Schilling .	Kleinpohlen	.	1 1/11 Pf.
Schilling .	Preussen .	.	1 1/11 Pfen.
Schilling .	Basel, St. Gallen	16⅓ thun 1 fl.	3 Kr.
Schilling ;	Zürch	40 — 1 fl.	4 Pf.
Schilling .	Lucern .	48 — 1 fl.	.
Schilling . .	Geneve .	12 Pf. .	.
Schilling ;	Venedig .	12 Denari .	1 Gr. 4 Pf.

Namen der Münzsorten.	Länder.	Werth der Münzen in ihrem Vaterlande.	Werth der Münzen nach teutschem Gelde.	Werth der Münzen nach dem Convent. 20 fl. Fuß. fl. kr. pf.	24 fl. Fuß. fl. kr. pf.
Schilling .	Würtemberg	28 thun 1 fl.	2 kr.		
Schilling, schwarz	Riga .		15 thun 3 Pf.		
Schilling .	Baaden .		2 kr.		
Schilling .	Brabant .	10 Stüver .	15 kr.		
Schilling .	Bremen .	7½ Schwar	6 Pf.		
Schilling Flämmisch	Niederlande	6 Stüver ,	3 Ggr.		
Schilling Lübisch	Lübeck .	12 Pf. Lübisch	6 Pf.		
Schilling .	Lüttich .	10 Stüver .	15 kr.		
Schilling .	Maynz .	28 thun 1 fl.	2 kr.		
Schilling .	Hinterpommern		8 Pf.		
Schilling, Räder	Cölln .		6 Pf.		
Schilling .	Bern .	8 Pf.	60 thun 1 Rthlr		
Schilling .	Italien .	12 Denari			
Schilling .	Würzburg .		7 thun 5 Ggr.		
Schlaute .	Schweden .	3 Oehr Kupferm.	6 Pf.		
* Schock, altes	Sachsen .	20 Ggr.			
* Schock, neues,		60 Ggr.	2½ Rthlr.		
* Schock .	Magdeburg	8 Schil. 4 Pf.			
* Schock, groß	Schlesien .	60 Ggr. .	2 Rthlr.		
* Schock, klein		40 Ggr. .	1 Rthlr. 8 Gr.		
Schostack .	Großpohlen	3 thun 1 Tympf			
Schostack .	Ungarn .		5 — 8 Gr.		
Schonper, Octavo	Spanien .	2 Maraved.	2½ Pf.		
Schwar .	Bremen .	5 thun 1 Groot	15 thun 16 Pf.		
Scudo d'argento	Genua .	7 Lire 12 Soldi	1 Rthlr. 9 Gr.		
Scudo di Cambio	. .	4 Lire .	17 Gr.		
Scudo d'argento	Venedig .	9 Lire 10 Soldi	1 Rthlr. 6 Gr.		
Scudo di St. Marco		9 Lire 12 Soldi	1 R. 6 Gr. 8½ Pf.		
Scudo di Papa	Rom .	10 Paoli .	1 Rthlr. 16 Gr.		
Scudo corrente	Neapolis .	11 Carlini .	1 Rthlr. 16 Gr.		
Scudo d'oro	. .	19 Carlini .	2 Rthlr.		
* Scudo stampadora .	Rom .	50 Quadrini	2 Rthlr. 4 Gr.		
Sechser	Obersachsen	½ Ggr. .	6 Pf.		

Mannichfaltigk. 1 B. 6 St.   C   Sichr.

Namen der Münz-sorten.	Länder.	Werth der Münzen in ihrem Vater-lande.	Werth der Münzen ins nach teut-schem Gelde.
Sechsling, Söß-ling	Hamburg	½ Schilling .	3 Pf.
*Semi Pite	Frankreich	½ Den. Tour.	
Sequin	f. Scerifi		
Sequin, Zechin	Venedig	22 Lire corr.	bis 3 Rthlr.
Severin	Holland	15 Gulden	
*Sixpence	Engelland	6 Pence	3 Gr. 6 Pf.
*Soldo	Bologna .	85 thun 1 Piaster	
*Soldo	Florenz	120 -- 1 Piaster	
*Soldo di paghe	Genua .	115 — 1 Piaster	
*Soldo d'prö		20 — 1 Piaster	
*Soldo di Cambio	Mayland .	146 sind so	
*Soldo Imperiale		viel wie 106.	117 thun 1 Rthl
*Soldo	Venedig .	124-- 1 Ducato	3 Pf.
*Soldo Banco		12 Grossi	53 ⅟₁₆ Kr.
*Squ, Sols Tourn.	Frankreich	4 Liards	4 Pfen.
*Sou Parisis		15 Den.	5 Pf.
Sous		12 Den.	3½ Pf.
Stoorck	Holland	2½ Stüber	1 Gr. 8 Pf.
Stück von Achten	f. Piaster		
Stüver	Holland .	2 Groot Fläm.	8 Pf.
Stüver	Brabant	2 Groot. Fläm.	6 Pf.
Stüver	Cleve	2 Fettmännchen	5 thun 2 Gr.
Stüver	Ostfriesland		9 — 4 Ggr.
*Tarino	Neapolis	2 Carlini	bis 8 Gr.
*Tarino	Sicilien	12 — 1 Scudo	bis 4 Gr.
Tarino	Malta	20 Grani	
Testone	Florenz	2 Lire .	bis 12 Gr.
Testone	Rom	30 Bajocchi	10 Gr.
*Testone	Portugal	100 Rees	4 Gr. 2 Pf.
Thaler, Banco	Hamburg	1½ Reichsgulden	1 Rthlr. 10 Gr.
Thaler, Banco	Schweden		1 R. 8 Gr. 8 Pf.
Thaler courant	Cöln		23 Gr. 4½ Pf.
Thaler courant	Hamburg	2 Mark	1 Rthlr. 6 Gr.

Namen der Münzsorten	Länder.	Werth der Münzen in ihrem Vaterlande.	Werth der Münzen nach teutschem Gelde.	Werth der Münzen nach dem Convent. 20. fl. Fuß.			24 fl. Fuß.		
				fl.	kr.	pf.	fl.	kr.	pf.
Thaler courant	Schweden	32 Oehr Silbm.	1 Rthlr. 6 Pf.						
Thaler, Croon	Amsterdam	.	18 Gr. 9 Pf.						
Thaler, Croon	Clsve .	.	12 Gr.						
Thaler, doppelt Croon	Dännemark	8 Mark .	1 Rthlr. 14 Gr. 6 Pf						
• Thaler, Ecu	Frankreich	3 Livres .	19 Gr. 3 Pf.						
Thaler, Kupfer	Schweden	32 Oehr Kupfm.	3 Gr. 8 Pf.						
Thaler, Species	Cölln	78 Albus	1 Thaler.						
Thaler Species	Schweden	32 Silber Oehr	16 Gr. 4 Pf.						
Thaler Species	Ungarn	.	1 Rthlr. 8 Gr.						
Thaler, Compner	Holland	28 Stüver	.						
Thaler, 1½ Crone	Dännemark	6 Mark Dänisch	1 Rthlr. 3 Ggr.						
Thaler 1 Crone	.	4 Mark .	18 Gr. 9 Pf.						
Thaler, Daalder	Holland	30 Stüver .	18 Gr. 9 Pf.						
Thaler, harter	im Reich .	1 Speciesthaler	2 fl.						
• Thaler, Zahl	Schlesien .	24 Ggr. .	19 Gr. 2½ Pf.						
Thaler, alte Species	Oesterreich	.	.	2	13	1	2	40	
Thaler, Convantions	im Reich	.	.	2	—	1	1	24	
Thaler	Schweiz	1 Kaiserfl. 56 kr.	1 Rthlr. 6 Gr.						
Tourc, Turc	Lothringen .	18 Sous	.						
Tult .	Türkey	: .	8 Gr.						
Tympf	Pohlen, Preussen	30 Pohln. Gr.	18 Kr.						
Tympf	Schlesien	.	18 Kr.						
Varding	Liefland .	1½ Gr.	60 thun 1 Rthl.						
Vierer	Obersachsen	4 Pf.	5 — 1 Ggr.						
Vintin, Ventin	Portugal .	20 Rees	10 Pf.						
Weißgroschen	Böhmen .	7 Weißpf.	1½ Kr.						
Weißgroschen .	Schlesien .	12 Heller	2 Kr.						
Weißohr .	Schweden .	1 Silberöhr	4 Pf.						
Weißpfennig, oder Witten	Niedersachsen	.	2 Pf.						
Weißpfennig oder Albus .	im Reich .	.	2 Kr.						

Namen der Münzsorten.	Länder.	Werth der Münzen in ihrem Vaterlande.	Werth der Münzen nach teutschem Gelde.	Werth der Mün nach dem Convent. 20. fl. 24. fl. Fuß. Fuß fl. kr. gl. fl. kr.
Zechin . .	f. Sequin			
Zechin .	Türkey	414 Asper	2 Rthlr.15 Gr.	
Zweybrittelstücke	Teutschland	1 Gulden .	.	
Zweyer	Sachsen	2 Pf.		
Zwölföhr .	Schweden	12 Oehr Kupfm.	2 Gr.	

Da es in Europa so viele hundert Arten von Münzen giebt, die im Werth von einander unterschieden sind; so wird es nicht allein zur Curiosität vieler Leser ti sondern auch in verschiedenem andern Betracht keine ganz unnütze und überflüssige ? seyn, daß auch in diesen Mannigfaltigkeiten dieses Verzeichniß der vornehmsten europäischen sorten nach dem Werthe, den sie sowohl in ihrem Vaterlande, als nach deutschem auch, so viel die in Deutschland coursirende Münzen betrift, nach dem Convention haben, beygefüget worden.

Es sind zugleich die nicht wirklich geprägte, sondern fingirte Münzen, die man chenmünzen nennet, und nach welchen in verschiedenen Landen Buch- und Rechnung ten zu werden pfleget, mit aufgeführet, und dieselben, zum Unterschied der wirklich g ten Münzen, mit einem * bemerket worden. Bey dem Werthe der Münzen in Vaterlande, sind auch die dortige Münzsorten angenommen; und bey dem Wertl deutschen Gelde, wird bey denen Thalern, Groschen und Pfennigen, gut Geld, 1 Thaler 24 gute Groschen, und der Groschen 12. gute Pfennige macht, verstande Gulden und Kreuzer aber nach Rheinischer Währung.

www.ingramcontent.com/pod-product-compliance
Lightning Source LLC
Chambersburg PA
CBHW021528210326
41599CB00012B/1417